在路上 ①

从律师助理到成功执业（第二版）

谢长宇 著

ON THE ROAD (1)
FROM PARALEGAL TO SUCCESSFUL PRACTICE
(SECOND EDITION)

北京大学出版社
PEKING UNIVERSITY PRESS

图书在版编目(CIP)数据

在路上：从律师助理到成功执业. 1 / 谢长宇著. 2版. -- 北京：北京大学出版社, 2025.8. -- (律师阶梯). -- ISBN 978-7-301-36413-0

Ⅰ. D926.5

中国国家版本馆 CIP 数据核字第 2025D6A869 号

书　　　名	在路上（1）：从律师助理到成功执业（第二版） ZAILUSHANG（1）：CONG LÜSHI ZHULI DAO CHENGGONG ZHIYE（DE-ER BAN）
著作责任者	谢长宇　著
丛书策划	陆建华
责任编辑	李　蹊　费　悦
标准书号	ISBN 978-7-301-36413-0
出版发行	北京大学出版社
地　　　址	北京市海淀区成府路 205 号　100871
网　　　址	http://www.pup.cn　http://www.yandayuanzhao.com
电子邮箱	编辑部 yandayuanzhao@pup.cn　总编室 zpup@pup.cn
新浪微博	@北京大学出版社　@北大出版社燕大元照法律图书
电　　　话	邮购部 010-62752015　发行部 010-62750672 编辑部 010-62117788
印　刷　者	北京汇林印务有限公司
经　销　者	新华书店
	650 毫米×980 毫米　16 开本　16.5 印张　213 千字 2010 年 3 月第 1 版 2025 年 8 月第 2 版　2025 年 8 月第 1 次印刷
定　　　价	79.00 元

未经许可，不得以任何方式复制或抄袭本书之部分或全部内容。
版权所有，侵权必究
举报电话：010-62752024　电子邮箱：fd@pup.cn
图书如有印装质量问题，请与出版部联系，电话：010-62756370

前言

2007年,我出版了《在路上——从律师助理到成功执业》,后来又陆续出版了第二本《在路上:从律师助理到成功执业(2)——你的客户在哪里》和第三本《在路上:从律师助理到成功执业(3)——公司法务有前途》。这三本书,是我当时从业的一些心得感受。当时的想法是,如果能给后来入行的年轻朋友们小小的启发和帮助就很好了。

这三本书出版后,加印了很多次,有不少年轻律师朋友读过。我偶尔参加行业活动,会有年轻律师表示看过我的书且颇有收获,这令我比较开心。

这些年过去,我仍在行业中工作,仍旧会坚持自己执业之初的一些想法,但对原来的观点也有一些调整和改变,有些看法和思考会更加深刻。因此,我想重新做一些表达。

我们大多数人,大概懵懵懂懂地学了法律,通过国家统一法律职业资格考试取得法律职业资格,辗转进入律师行业。多年以后,回想自己曾经的选择、过往的经历、取得的成绩、受到的挫折、喟然的感悟,你是不是还在坚持寻找理想,抑或将理想深埋心底,只在醺然时才喃喃提起?

二十多年前,我还是一位进入法律职场不久的年轻律师,虽然办了一家律师事务所,带了几位律师助理,但在长沙行业内只算个"nobody"。现在,我仍然是那个"nobody",但我在职场已经算是个老家伙了:头发已经稀疏、面目已经沧桑、言辞已经闪烁,渐渐活成了自己讨厌的样子。万幸我还能够独立思考,还能够作出大致正确的判断,还能够为我的朋友、我的客户提供观点,还能搭建一些规则和方案解决法律、商业上的问题。对于行业内的年轻律师，我偶尔也为他们做一场讲座，讲讲心得，也会将案件转介绍给年轻律师，也会参与一些案件的前期策划，讲一讲案件的代理思路。

这十几年的时间里，行业有什么变化？可以说，有极大变化，也可以说，并没有什么变化。

行业内的变化是，进入行业的人越来越多，客户的需求和选择越来越丰富，行业的管理规范越来越复杂，法律规则越来越繁杂，需要掌握的工具也越来越精致，我们越来越"卷"。

行业内没变化的是，这些年过去，年轻律师的收入还是没有提高多少，没有资源的年轻律师还是难以起步。年轻律师该掌握哪些基础工作技能，该如何有效沟通，如何获得客户的信任和委托，如何建立自己的执业领域和风格，如何在行业中满足自己生存的基础条件等问题，十几年过去，仍然困扰着年轻同行，仍然是"To be, or not to be, that is the question"。资源仍在不断向大咖们集中，尤其对年轻人不友好。一边是打开闸门放水，一边是放任自生自灭，大多数年轻律师们的焦虑感、迷茫感、无助感、失望感、彷徨感，和十多年前毫无二致，甚至更加强烈。

学习法律的人，应当是通透、聪明的那群人。

我们学了很多的法律知识，却还不了解这个世界的运行规则；我们学了很多的法律知识，却还不懂得万物的周期规律；我们学了很多的法律知识，却还洞察不了人性的要点；我们学了很多的法律知识，却还不谙人情世故；我们学了很多的法律知识，却看不到利益交换；我们学了很多的法律知识，却没法在关键时刻作出选择和判断。

因为，这些知识还没有被充分运用，还没有产生智慧。既要有知识储备，还要能生出智慧，才能工作熨帖、生活顺畅。

那有没有这样一本书，阅读之后，可以让我们大致了解这个行业的基本规则和底层逻辑；可以让我们大致作出在哪里执业，选哪个领域，拜哪类老师的基本判断；可以让我们找到进入行业的基础通道，能在短时间内安身立命；可以让我们快速获得基础的工作技能，然后提升技能"打怪升级"；可以让我们得到客户的信任以及同客户一起成长的机会。

那有没有这样一本书,只需要花很短时间就可以阅读完且没有反复阅读的必要;就像和一位兄长聊天,轻松且愉快,不立规矩,没有说教,只有分享,没有训导,只有鼓励,在我们需要的时候,提供支持和建议;又像一个很久没有谋面的朋友,热情却又克制,睿智却不张扬,施以帮助却不求回报。多年以后,久别重逢,它仍在那向你微笑。

那有没有这样一本书,可以将枯燥的法律工作,化为一个个小案例、小故事,让年轻同行或有所得;又穿插一些诗歌、典故,引入古今中外的经典,也讲点历史,谈点经济,说点哲学,虽东拉西扯,但始终不偏离法律职业的主题,掩卷之后,还能留下半点余味。

这就是我理想中这本书的样子。

谢长宇

2025 年 2 月

目 录

第一章 我们要什么 / 001

第一节 "老板,你要什么?" / 002
第二节 破除困惑 / 005
第三节 律师的禀赋 / 010

第二章 理解律师职业 / 021

第一节 律师职业的本质 / 023
第二节 律师的类型 / 027
第三节 律师的层级 / 031

第三章 律师的收入与发展路径 / 035

第一节 律师的收入 / 036
第二节 律师的发展路径 / 042

4 第四章 找到第一份律师助理工作 / **051**

第一节 适合你的律所在哪里？/ 054
第二节 好的老师 / 060
第三节 如何面试 / 065

5 第五章 如何做好第一份工 / **069**

第一节 律师助理不能有的职场思维 / 071
第二节 律师助理的职业化要求和工作守则 / 080
第三节 律师助理的工作内容 / 084

6 第六章 律师助理的基本工作技能 / **091**

第一节 如何进行法律检索 / 093
第二节 如何解答法律咨询 / 099
第三节 如何起草律师函 / 105
第四节 如何起草和审查合同 / 109
第五节 如何做调解 / 114

7 第七章 律师助理的升级技能 / **121**

第一节 如何代理诉讼案件 / 123
第二节 如何担任法律顾问 / 145
第三节 如何做尽职调查 / 157
第四节 如何设计员工合伙人计划 / 170

第八章 律师助理的知识管理 / 189

第一节　养成专注一个领域的能力 / 195
第二节　律师助理常用的知识管理图表 / 200

第九章 如何设计律师法律服务产品 / 209

第一节　一个完整的商业模式 / 212
第二节　法律服务产品设计 / 218

第十章 迈出独立执业的第一步 / 233

第一节　你准备好开始独立执业了吗？/ 236
第二节　获取自己的第一波客户 / 242
第三节　和客户一起成长 / 248

后记 / 253

第一章
我们要什么

　　法的门前站着一个守门人，有个乡下人来到他面前，请求进门去见法。守门人说，现在还不能放他进去。乡下人问，过一会儿是否允许他进去？"可能吧，"守门人答道，"但现在不行。"

　　通向法的门像往常一样敞开着，守门人照例站在门的一旁，于是乡下人探身向门内窥望。守门人看到了，笑着说："如果你这么想去进去，就进去吧，不必得到我的允许。不过，你要注意，我是有权力的，而我只是最卑微的一个。……"

——《法的门前》

> 我们现在已经站到律师职业的门口。
>
> 我至今记得自己初次申请执业的场景,是去一家市属律师事务所的办公室,一位朋友陪着我,我们衣着都很土气,办公室在老式办公楼里,陈设简单。接待我的一位老律师问,你有没有案源啊?我当时二十来岁,从乡下来到长沙才几年,不认识几个人,更加不知道什么是案源。我还以为律师事务所会像企业一样,每个月给我发工资呢。当时,我所在的企业已经让我下岗,我口袋里的钱只够果腹。
>
> 在那时,我就像卡夫卡描写的乡下人一样,在那家律师事务所的门口探头探脑,东张西望,畏首畏尾。那位老律师像守卫一样,和蔼可亲地问我:"你可以进来的,你有案源吗?"我当时年轻气盛,血气方刚,认定这是最优选,就不再瞻前顾后,抬脚就迈入律师行业了。

第一节 "老板,你要什么?"

一、对可持续发展的解读

我做了二十几年的公司法律顾问。法律顾问会参与公司的战略制定,我说的第一句话基本是:老板,你要什么?

对于业务稳定发展的公司而言,思维比较清晰的老板一般会说,我要公司的可持续发展。这句话很虚吗?那要看怎么解读,或者怎么分解到后续的公司战略中去。

什么是公司的可持续发展?以我对一家企业实控人、控股股东或

者操盘手的了解以及工作经验来解读,至少有三层意思:

(1)**组织可掌控**。公司的政策制定话语权、组织管理权、利益分配权不偏离自己的掌握范围,控股股东的地位不被稀释。

(2)**文化可传承**。公司的使命、愿景、价值观可以贯彻执行,干部选拔符合公司的价值观。

(3)**利益可兑现**。公司有相对明确的商业模式,有稳定且在扩大的客户圈,有持续且可以自由支配的净现金流。

上述如果要落实到公司战略层面,那将是一个非常复杂的计划,如果要细化到执行层面,那将需要公司各级别人员全面且不折不扣地参与。

不同的老板会对"公司的可持续发展"赋予不同的含义,但上述三个含义必不可少,因为缺乏其中任何一点,都不可能达到"可持续发展"这个目标。

在往后的职业生涯中,我们问客户的第一个问题或者最关键的问题,一般都是"你要什么"。对一名律师而言,在与客户沟通的过程中,这应该是最为职业的一句话了。因为这句话可以穿透一切啰嗦和铺陈,直击本质。

我进入一家企业,和老板交谈的时候,第一个问题往往是:"老板,你要什么?"

有很多人是"既要、又要、还要"的,我做过很多公司的法律顾问,真正成功的企业往往都有清晰的目标,且坚持长期主义,在一个领域内深耕。

二、在律师这个职业里,你想要什么?

在进入行业前,这是需要认真思考清楚的问题。否则,在我们入行后,这个问题会不断困扰我们,会不断打击我们的信心,会让我们怀疑自己的选择,甚至会让我们放弃。

我入行时追求的很简单。我只想安身立命,想得到一份工作,想在长沙这个城市立足,不再需要家庭的支持和朋友的接济,如此而已。这是我做这个职业的初心,并没有多么远大的理想,我相信大多数人的初心也是如此。

要一份工作？要赚钱？要改变自己的命运？要获得安全感？要结识更多的朋友？要获得别人的尊重？要实现自己的价值？

要买个房子？买个车子？找个合适的对象？要帮助别人？要获得自己的幸福感和成就感？

要到最高人民法院打官司？要做上市公司的独立董事？要自己开一家全球连锁律师事务所？

入行之后，我们要的东西会很多。乱花渐欲迷人眼，很多人会忘记初心，尤其当自己在职业上取得了一定的成就，获得了一定的财富和资源后，往往不记得自己的来路了。

我们大多数律师，进入这行，能够安安心心，操持自己的手艺，为客户服务且得到回报，能在一地安身立命，能养家糊口，就已经非常值得珍惜，非常了不起了。如果有一天，我们能够在这个行当里得到成就，获得社会的尊重，顺带取得一些财富，那更要终日乾乾，保持谦卑，心存敬畏，行有所止。

一位年轻律师和我聊天。她说，首先，律师职业让她体现出自我价值，并且在办案过程中能获得满足感，这是其他职业没有办法带来的；其次，她认为律师职业是离人性最近的职业，婚姻家事律师可以用最短时间了解一对恋人是为何从热恋结婚到撕破脸如仇人般离婚，商事律师可以最近距离感受商战的残酷，刑事辩护律师可以看到嫌疑人对自由的渴望，也能够接触到人性险恶；最后，律师职业尽头不仅仅是律师，还要时刻提醒自己做"局外人"，将自己抽离，有上帝视角，既要感性能共情，又要理性能办事，要平衡个人价值观和职业道德。这个职业是挺苦，挺难的，但某种意义上说也挺酷的。每次觉得很累的时候，想想这些就还有动力，继续坚持自己的选择！

一位三年级（执业三年之意，下同）律师和我说，他做律师是因为律师职业是自由的。自由在于选择，可以选择做自己想做的事情，也可以选择不做，但是在其他公司上班是没有选择的，是必须得做的。

一位成熟律师总结说，作为一项职业，通过自己的专业获得认可，获得自律的人生，也是幸福的来源。

虽然律师只是三百六十行中的一个职业，但我们能够在这个职业中贴上属于自己的标签，找到自己的位置，并且在往后的职业生涯中，去修正、去完善、去坚持、去确认自己的标签和位置。**这是我们想要的。**

律师职业，是用自己的专业去帮助他人，用自己的专业获得回报，用自己的专业实现人格自由。做律师也好，做世界上任何一个合法的职业也好，其目的就是让自己的人生有价值，让自己的生活充实和满足。**这是我们想要的。**

当我们有机缘、有运气、有实力、有德行可以获得更多时，我们也应当坦荡接受。巧取投机，到头来皆是虚妄。

另外一点大部分人很难做到，就是该退的时候，要退。做到较高成就的时候，拿到较多财富的时候，很可能让自己卷入风波的时候，众人皆往的时候，要重温初心，要检讨自己何德何能，是否德不配位，然后要心生敬畏，要选择退出避让。

我们要什么？要得越小，所得越大；要得越精，所得越久；要得越薄，所得越厚；要做一个小而美且持续盈利的自己，不要做一个大而全却徒有其表的自己。

回到开头对"可持续发展"的解读，我们也可以思考下，怎么才能让自己的职业生涯可持续发展。

第二节　破除困惑

准备入行的朋友，以及开始实习的年轻律师，有大量的困惑。

孔子说，四十不惑。其实到了四十也不可能做到不惑。我虽然快到五十岁，也是整日很困惑。**人生而自由，却无往不在困惑之中。**

有位在校同学给我列了一个问题清单：

谢律师：

您好！

我是一个在校大学生，老师布置了一项任务：了解律师的职业生涯。我可以向您提些问题吗？谢谢您能在百忙中给我答复。

(1) 您是如何找到这份工作的？

(2) 目前，行业内要求从事这份工作的人应该具备什么样的教育和培训背景？

(3) 您认为做好这份工作应该具备哪些知识、技能和经验？

(4) 您认为什么样的个人品质、性格和能力对做好这份工作来说是重要的？

(5) 这份工作需要的个人品质、性格和能力同别的工作有什么不同吗？

(6) 行业内，用人单位对刚进入该领域工作的员工一般会提供哪些培训？

(7) 在行业内，先从什么样的工作岗位做起，才能学到最多的知识、最有益于发展？

(8) 据您所知，从事这种工作的人在单位或者行业内发展前景怎么样？

(9) 最近这个行业和工作因为科技进步、经济全球化发生变化了吗？

(10) 您如何看待该单位的组织文化和该领域的工作方式在将来的变化趋势？

(11) 您在做这份工作时，什么是最成功的，什么最具有挑战性？

(12) 就您的工作而言，您最喜欢什么，最不喜欢什么？

(13) 从事这份工作实现了您的人生价值吗？家庭对您现在的工作满意吗？

(14) 在您的工作领域里，初级职位和高级职位的薪水一般是什么水平？

(15) 据您所知，有什么职业杂志、行业网站或其他渠道能帮助我深入了解这个领域？

下面是从大所实习律师群中征集的问题清单：

(1) 实习律师的收入太少了，在北京生活都很难，有什么合法兼职的途径吗？

（2）实习律师要不要在这个阶段做新媒体呢？

（3）律所往往都在商圈，商圈的吃喝都很贵，如何低成本度过实习期？

（4）都说律师认识的人越多越好，我比较内向，该如何认识更多的人？

（5）律师该如何抗衡法律咨询公司呢？感觉自己马上就没有工作了。

（6）办理案件的程序上整体没有问题，但是一些细枝末节或者有本地特色的东西是完全不知道的。比如和法官如何沟通、什么时候寄送手续、手续都是什么、寄快递要注意什么一类细碎小事。虽然小，但是很重要。

（7）工作太多根本干不完，我时常感觉在重复做工，但是抽象总结能力不是很好，时间管理也不到位怎么办？

（8）作为实习律师和律师助理很多情况下会被拉到客户群，但是面对客户焦急的情绪完全没有招架之力，不知道该怎么安抚客户的情绪怎么办？往往自己以为很专业的回答，会让客户更恼火，还得带教老师出面解决。

（9）我有点搞不懂什么叫好文书。看不出文书的优劣，就不知道自己还应该怎么进步。自觉还算清晰简洁，都是三段论，结果带教老师说如果能多用一点法言法语就更好了。可能带教老师也不知道怎么点拨，现在我只对文书的优劣有一种抽象的感觉，需要大量阅读好的文书才能理解到。并且偶尔会怀疑，带教老师写的一定就是好文书吗，他的错误也很多。

（10）关于风险的防控，律师法和执业规范都很抽象，但是往往"坑"都在细节里，我可能在不经意间就会做违反执业规范的事情。比如说执行案件，我劝当事人去被执行人的家属店铺里张贴判决书，带教老师当时一直咳嗽，我不理解，后续他说这其实是教唆当事人用不恰当的手段解决问题，是违法的。

（11）由于我转行到律师行业，想请教或学习日常工作的方式、办理案件的流程把控、需要在什么时间节点完成什么事情，还有就是与法官、当事人沟通的方式方法,以及需要注意的问题。

(12)刚开始做律师助理对工作是没有预期的,似乎没有人能说明白律师助理和实习律师应该做什么,做多做少,边界在哪里。工作总是在不定的状态中,无法预见下一步是什么以及下一步的正确答案。

(13)很多律所培养实习律师没有什么计划性可言,也不存在一个合格律师的能力模型,律协的课都很脱离实际。我们在实习期内承接的工作很多情况下甚至和法律专业没有太大的关系。那么我在实习期要学什么才能成为一个好律师呢?

(14)我对未来非常迷茫,不知道自己的专业应该怎么选择,我甚至不太了解律师能做的业务有哪些。

(15)律协常常不说明要考察的内容,不知做到什么程度才可以做律师,总是让大家猜测。从实习到执业过程中应在何时做何事,无人向我们说明。

同样是十五个问题,是有区别的。

没有入行的朋友,问的问题都是形而上学的,他们还没有参与到行业中来,寻求的是职业方向和路径。而已经入行的一年级律师,困扰他们的大多是日常工作生活中遇到的问题,他们寻求的是解决问题的方法和技巧。如果问到一些高年级律师,他们的问题可能又有不同。

所以,不同执业阶段有不同的困惑,对应不同的解决方法。比如,一位三年级律师,他不会提出什么是好文书的问题,因为他经手的文书已经成千上万;他也不会问如何抗衡法律咨询公司,因为他知道,律师与法律咨询公司在客户心中,是两回事。但他可能会问,如何做一个好的企业法律顾问?客户在商业上的需求,我们怎么解决?如何突破目前的收入瓶颈?等等。

我现在的困惑是,要如何帮助客户运行和推广其商业模式?客户设置什么样的内控流程,才既能化解各种风险又不至于降低管理效能?哪种合伙模式最适合目前的客户的需求?等等。

每一位律师在不同的执业阶段都会有困惑。我们之所以有困惑,是因为我们在不停地工作,不断重复,停留在自己的领域和舒适区里。我们很少有大量的时间思考、学习、改进。

很多年轻的律师,就像被蒙着眼拉磨一样,自认为停下来都是罪过。也有不少年轻律师,没有客户、没有专长,还没有找到自己的位置。

《易经》有个"蛊卦",卦义是指一个人的生活环境和生活节奏长时间不变,并缺少和其他人的沟通,就容易产生自我怀疑,心理也会产生抑郁,出现问题。而对一个组织和团队来说,如果长时间没有新的观念,没有新的人才,没有新的投资人,组织就会僵化,业绩下滑就是必然。"蛊卦"其实是告诉我们,要破除内心的困惑,需要自我革新、自我调整,要时刻保持对新事物的接触和感知,顺应环境的变化。

热力学还有个"熵增定律",是指一个封闭系统随着时间推移,会变得越来越混乱,而且这是一件不可避免的事情。比如一个房子,只要没有人住,就会旧得很快。还有个说法是,很多人到了二十五岁就不再成长了,也是这个意思。所谓"流水不腐,户枢不蠹",也是例证。对个人而言,我们要破除自己的困惑,首先要不断优化和验证自己的认知系统,保持客观独立,不被自己的情绪左右,既不怨天尤人,也不盲目跟风,时时刻刻反思问题并进步。

我们刚刚入行,其实不用过度展望前程。如果做律师助理,就安安心心做好老师交代给自己的每一件工作,处理好每一个文书,准备好每一次会见,在工作中修行悟道,一心一用,日拱一卒,将基础构筑扎实,底蕴积累深厚,而不是眼高手低,头重脚轻。王阳明《传习录》中说的"人须在事上磨"也是指这个意思。

在一到两年的律师助理工作期间,要充分认识到自己的长处和不足,而不傲慢封闭;深刻理解行业的本质和运行规则,而不怨天尤人;清晰找到自己的定位和方向,而不稀里糊涂;坚持每日复盘和学习,而不浑浑噩噩。

要花三四年时间,通过"打呆仗"积累,我们才有可能做到融会贯通,眼光才能够更深刻,见解才能不泯然众人。这个时候,才能独立走江湖。

这是做律师助理的心法,也是破除困惑的心法。如果真的能做到心无挂碍,则无有恐怖,远离颠倒梦想。那还能有困惑吗?

如果还做不到,或请下载一个DeepSeek!据说,"能除一切苦"。

第三节 律师的禀赋

为什么我们投出很多简历,面试过很多律师事务所,见过不少高级合伙人,却很难拿到律师事务所的offer?又或者很难进入心仪的律师事务所或资深律师的团队?或者做了很多年律师,却一直很难在业务上突破?

我们很多应聘者精心准备自己的简历和PPT,精细准备自己的仪表和装备,却最终落选,或抱怨不公,或怀疑黑幕,却没有从自身找原因。

资深律师都有选择助理的经验,他们有明确的目标和指向,也或多或少有评价助理的标准。应聘者提供的简历其实都差不多,无非是学校、学历、经历有些许差别,而通过交谈,大致就可以判断出这个应聘者有没有可能做律师,能够做哪方面的工作,大概多久可以独立执业,能够在行业里做到什么程度。

每位资深律师,都会有评价助理的个人维度和指标。想要从事律师职业的人,除了毕业院校、学历、家庭背景、经历、人脉资源、外在形象等加持外(这些是外因,当然也很重要,我放在后面阐述),更重要的是自己内在的禀赋。

决定某位律师能否突破自身发展阶段有多种因素,时间、经验积累、运气机遇……更主要的还是律师内在的禀赋和外部的条件,以及如何将内外相结合。

早年,我和一群年轻律师在长沙的一家律师事务所工作,律所主任也是一位年轻律师。我们一起讨论案件、一起聚会、一起为客户服务,我们当时都穷,但我们也都怀抱理想、热情洋溢。到现在,我们这群人,有的是律师事务所主任,有的做了法官,有的是投资人,有的是政府部门领导干部,有的是高级合伙人,有的是授薪律师,有的自己开了公司，有的已经走散失去联络。我们的微信群中，偶尔还有人说话，还保持微弱的联系。人生际遇，有机遇、运气的成分，有经验财富积累的成分，但更多在于内在禀赋，我年轻的时候不相信这些，总觉得一个人要想成功，努力就行，勤奋就行。殊不知除了努力与勤奋，除了运气，一个人能否成功或者能否在社会中安身立命，内在的禀赋起决定作用。

所谓禀赋，就是一个人与生俱来的天赋和后天培养形成的素质。佛家有个相近似的词叫"根器"，指的是一个人与佛法的缘分。

《地藏菩萨本愿经》有言："吾亦分身千百亿，广设方便。或有利根，闻即信受；或有善果，勤劝成就；或有暗钝，久化方归；或有业重，不生敬仰。如是等辈众生，各各差别，分身度脱。"

即不同禀赋的人，对于佛法的感知是不同的，最后所得修为也不相同。

律师行业中，真的有做得很好的人，平时不见其有多努力，但一次性通过法律职业资格考试，一入行就做得风生水起，如鱼得水，大家也都喜欢、信任此人，有源源不断的客户追随，那就是天生吃这碗饭的；也有人的发展要稍微慢一些，但热爱职业，潜心专业，勤奋且诚恳，做事很扎实，也取得了很好的成就，帮助了很多人；有人考了很多次，做这个职业只为谋生，谈不上热爱，做的业务也没有多少亮点，一辈子寂寂无闻，倒也安稳；还有人对法律根本不生敬畏心，律师职业只是牟利的手段，其在行业内坑蒙拐骗，上蹿下跳，搞得天怒人怨，得罪不少人，害了不少人，最终也害了自己。究其原因，应该是各人的禀赋不同，最终结果也不同。

上面描述的这几种类型的律师我们身边都有，执业生涯中，稍微留心一点，也可以判断出这些律师的大概成就。

我们从事律师行业之前，还是要先评估一下自己的禀赋，也要**稍微判断一下自己和律师职业缘分的深浅，再做决定**。

一、好学

法学，应当是文科专业里较为难学的，我相信大家深有同感。在法学院四年时间里要学好本专业的几十门课程,才算初窥门径。通过法律职业资格考试拿到证,也才获得入门资格。往后执业,要根据不同的服务领域,不断学习更多理论、知识、技能。

比如,我是做法律顾问方向的,要做好这个方向,在法律方面,精通民法、公司法、劳动法、著作权法、商标法、专利法等部门法是基础;如果客户规模稍微大一些或者是股份公司,董事会有引进资本或者上市的考虑,法律顾问就要延伸研究证券法、风险/私募投资方面的法律法规;对不同的行业,比如医药制造/零售、医疗、教育、房地产、装修、装备制造、软件开发、餐饮等行业,法律顾问要熟悉行业的法律、行政法规、部门规章等,而且法律法规、部门规章等经常调整,我们得不断更新法律知识。

做法律顾问不能只懂法律,还要懂经营管理,否则没有办法辅助决策;也应懂人力资源,不然只会照搬劳动法,对具体工作没有指导意义。比如做连锁企业法律顾问,要对连锁企业的治理结构、加盟机制、产品服务特性、经营逻辑、合伙人机制、股权激励等有深入研究并且形成自己的独到见解。这需要不断学习、不断实践。

做资深的法律顾问,还需要懂财务管理、税收政策、国家产业政策、宏观经济政策等,要有能力和政府机构、同业、各中介机构打交道,对国家的产业政策、宏观经济政策能作出解读,能够判断自己服务的行业、企业所处的经营环境、政策风险和机会,能够给决策者提供准确、及时、有效的建议,这是资深法律顾问的价值所在。而要具备这些价值,就需要时时刻刻学习。

做专业领域服务的律师,除了懂得这个领域的法律法规,还要对领域内行业规范、技术要求、发展水平、前沿突破等都有所涉猎和研究。

法律会滞后于社会生活和商业活动,这是法律的特性。需要律师紧跟社会发展和科技进步的脚步,不能拘泥于所学的法律知识,做"冬烘先生"。

所以,"劝人学法,千刀万剐",这不是句玩笑话。而"敏而好学,不耻下问"这句话,是我们进入这个行当之日起就应当保持的状态。

我们可以对照下自己，有没有好学这个禀赋。

二、坚持

我的一位朋友是做牙医的，他和我认识快三十年了。他从一个牙科诊所做起，现在成立了连锁机构，是我们本地规模较大的口腔连锁，他在一线做了十年的口腔医生，个人服务了好几千的患者，他的机构应该服务过好几十万患者。他已经很多年没有在一线做医生了，但他现在还能够接到十多年前服务过的患者的电话，问他的诊所在哪，还需要他的服务；还会有患者找上门，说只有他调的咬合关系才舒服。

我有一位客户，做药品连锁，有几百家门店。老板有个习惯坚持了十几年，就是不管有多忙，每周都要随机去几家门店巡访。主要是看门店商品陈设、员工的服务状态以及销售情况。很多门店的员工并不一定认识老板，老板买单的时候会和员工交谈一下。这样做的好处是公司的管理层不敢懈怠，公司基本没有客户投诉。

我还有做银发产业的朋友，只做一个产品的销售，坚持在社区开设门店，服务社区的银发人群。他们工作的细致程度是无法想象的。当客户生病需要去医院时，客服可以事先挂号，早上开车接上客户去医院，陪同做完所有检查，然后送客户回来。客户家里各种家政事务，只要客服能够帮得上的，无论是修水管还是换家电，甚至翻修屋面，都帮客户做好。客户很多是老年人，平时做饭是难事，门店的客服可以提供定制饭食并送餐。解决自己服务的客户生活上的不便，是工作人员的职能之一。这是一个坚持做了十五年以上的销售公司的日常工作，销售反而不是主业了。

我社区边上有家便利店，是两个小哥毕业后的创业项目，牌子是自创的。我一向在这家店里购物，店铺早上八点开门，晚上十点关门，过年休息三天，初四就开门。小区周围铺面的经营户一直变动，可他们这个店在这里开了快十年。

我一个客户是做餐饮业的。老板年龄比我小，称呼我为谢兄。他经营的餐厅是黑珍珠餐厅。他做这行十几年,有一次对我说:"谢兄,我这个人笨,我只会做菜,我每天都在亲自寻找和尝试来自各地的食材,餐厅每季度都有新菜品推出。另外,我也相信,大家都希望吃到一口好饭,这是我认为这行可以做一辈子的原因。"这个餐厅,可以去四川省阿坝藏族羌族自治州地区的村落承包一块能培育出甜度很高的野苹果的地,定点供应餐厅,只为做端午的粽子,会在湖北省一个小村庄寻找一种长条的糯米,因为这种糯米更加接近儿时糯米的香糯,目的就是让客户得到最好的体验,吃一口好饭。

我做了二十几年的律师,接触过的、服务过的客户应该有好几千人,很多客户办完案件后,联系就不多了。我从未换过手机号码,所以我仍会接到以前客户的电话:"谢律师,你还在做律师吗?你的办公室在哪,我有一个事情找你。"

这些身边发生的事情都很普通,但能够说明一个道理,那就是做什么都不能"三天打鱼,两天晒网",准时"出摊"比什么都重要。从事一个职业,开一家公司,经营一个门市,开一间餐厅,开始并不难,起心动念就可以,但十年二十年做同一件事情,作为终身事业经营,且还要抵御各种诱惑,解决各种麻烦,其实不是一件很容易的事情。

我认识的牙医朋友、药品连锁的老板、黑珍珠餐厅的主理人、便利店的小哥以及我,都不是什么资质高的人,起点也不高,更算不上多么聪明。但都认一个道理,**做正确的事情,坚持做,长期做**。我们总是只看到人家的光鲜亮丽,却没有看到别人的负重前行。

我和一个朋友聊天,谈到未来的不确定性。我说,对未来的不确定性,没必要预判,预判也没有价值。但基本可以确定的是,我们具有的哪些能力是别人没有的。我们满足客户需求的能力,为客户创造价值的能力,我们对客户消费能力、消费习惯、消费理念的理解能力,这些是基本确定的。我们要做的事情就是以客户为中心,研究客户;以客户的需求为导向,客户需要什么样的价值,我们要体现这样的价值;我们的服务能力和创新能力应能够持续为客户创造价值。用确定性对冲不确定性的影响,也能得到不差的业绩。

我不知道我的职业生涯能够得到什么,未来也不确定,但能够确定的是我们每天坚持"出摊",电话号码不更换,线路保持畅通,微信及时回复。我们持续为客户输出服务,为每一位客户持续创造价值,接受客户委托后,我们尽力完成客户委托的案件,碰到困难,熬一熬、扛一扛,循环往复,春夏秋冬。律师,不是在开庭和开会,就是在开庭和开会的路上。

这里有个细节要说一下。做口腔医生和做律师,在收益快慢上是有区别的。做口腔医生,三十五岁前是能够赚到大钱的,很快会成为口腔机构的合伙人,学到高附加值的技能(种植、正畸技能),经手大量的病例,但四十五岁以后的口腔医生执业生涯是往下坡走的(这是一个手艺活,需要眼到、手到,还要会和患者沟通,还需要体力),口腔专业是一个前期专业,前面没有赚到钱,后面很难赚钱;而律师三十五岁前是赚不到大钱的,四十五岁往后才是律师的黄金年龄段,年富力强,技能娴熟,经验丰富,思维缜密,洞察世事,人脉深厚。律师职业是后发职业,所以说,**我们做律师要慢慢来,散散落落地干,才容易坚持下去,一开始就急急忙忙、风风火火,心态上容易崩溃。做具体业务时,方式方法上要认真仔细,做长远规划时,心态心境上要置身事外。做律师职业,我们要坚持长期主义。**

《论语·泰伯》中,曾子曰:"士不可以不弘毅,任重而道远。仁以为己任,不亦重乎?死而后已,不亦远乎?"这句话的意思是,作为一个士人或君子,必须有宽广、坚韧的品质,因为自己责任重大,道路遥远。

《晁错论》中也有一句话:"古之立大事者,不惟有超世之才,亦必有坚忍不拔之志。"我们不一定能够做成什么大事,也不一定有什么超世绝伦的才华,让我们坚持做一件事情,其他交给时间吧。

这是坚持的价值,是第二个禀赋。

三、良善

我做牙医的朋友,年龄和我差不多,会回忆往事。他说:"我创业的时候很难,诊所在长沙南门口,南门口人员熙攘,很多人找我看牙,会讨价还价,还有个别人赊账,要到三节(端午、中秋、春节)才结账。还价的时候,我会说,老哥,你说多少钱就多少钱,我一把钳子的事情，冇（没）关系。过节我有时也会去要账，条件确实不好的人，我倒提一壶油给人家。有的人会客客气气地给我钱，有的人会说，我搞得他牙齿很痛，他还没找我赔钱，冇得（没有）钱给我。我那个时候，骂又不好骂，打又打不过，总不可能为几百块钱的诊金打110，就算了。这样反而好，我的生意在那里做起来了。现在连锁的每家门店开业，做的第一个事情，就是将周边困难的人找到，上门送一些慰问品，像米面油这些日常的东西。"

团队的一位年轻律师接待完客户后对我说，谈案件的时候当事人哭了，他没有控制住，所以代理费减少了几千元。我对他说做得对，结善缘，得福报。我曾开过一家律师事务所，以前谈案件，我会取行业较低标准报价给客户，如果客户认为价格还是不能接受，我也会学我牙医朋友的话："老兄，你说多少就多少，我只是一支笔、一张嘴的事，冇（没）关系。"

有个客户，委托我们办一件合同纠纷案。立案后，对方马上将货款付给客户，并承担了诉讼费。案件的代理合同签了，代理费用也付了。客户付的费用，不是以达成目的来计算的，我们没有经过审判和执行阶段，案子就结案了，客户也没有要求退还代理费，但我们还是退还了客户50%的代理费。做律师也是做人。

和同事合作一个业务，我们一起做了几年。项目重大复杂，大家各出各的力。后来，我因为有事中途退出了，案件也没有到结算的时候，我对他说，后面的事情我就不参与了，让他多多担待，费用我也不要了，结案的时候全部归他。项目最后大概会收到几十万的管理费，但后面的工作也特别重要，我不参与就不能要。我不要，后面的关系好处理，我要也有道理，但他会为难。话说清楚，事不纠结，利益看淡，情分还在，这是做人。

有次我的助理开庭，打电话给我说："师父，法官要我撤诉，说我们浪费司法资源，如果不撤诉，就要当庭驳回，并要到客户的行政主管部门投诉客户。"我说："客户合理合法起诉，你合理合法代理，法官合理合法办案，不存在浪费资源。如果我们起诉不成立，法院可以驳回诉讼请求；如果法官以此刁难你，你要反驳；如果法官滥用职权，你要到庭长、院长那里去投诉他。你是律师,不能怂、不能怯场,坚决不撤诉,判输了可以上诉,撤诉了翻身的机会都没有。"于是,助理反驳回去,法官也就不再说撤诉的事情,也没有当庭驳回,而是仔细核对材料,好声好气和助理沟通。

我在基层法院开庭,肯定也遭法官诘难过。律师受法官诘难,如果是工作上的问题,那就受了,回去补充材料、改正。如果涉及人格尊严,或者故意挑毛病,那就要回击,因为他有恶意。开完庭,就去庭长办公室、院长办公室、纪检办公室,得罪就得罪,没什么好说的。

很多律师现在不太愿意做风险代理,担心做完业务当事人不给结账。早年,我做了很多风险代理,大多是江浙一带客户起诉长沙单位合同欠款的案件,标的额都不小。这些客户基本是网上联系的,交接资料也通过邮件,没有见过面。我在一个没什么名气的小所,案件办完,案款执行到客户那边,我才发函结算律师费,一般客户会很快将律师费电汇给我。有一次,一位客户从浙江嘉兴到我办公室,给我一张银行本票(我当时从来没有见过银行本票的样子),对我说:"谢律师,我们公司老板委托我过来亲自交给你,他想问你,公司的案件他问了很多律师,都不愿意做风险代理,你为什么接?"我说:"我都没有想这些,有客户委托我,我觉得在我能力范围内我就接,至于会不会跑单(结算不了律师费),我相信你们不会,苏商浙商守规矩。"

这就是良善?首先,我先相信你,我相信你不会骗我。其次,就算你这次骗我,我也不在意。最后,如果你骗我太狠,我还是可以治你,即便我治不了你,时间可以治你,恶人自有恶人磨。

《古尊宿语录》中,寒山问:"世间有人谤我、欺我、辱我、笑我、轻我、贱我、恶我、骗我,该如何处治乎?"拾得答曰:"只是忍他、让他、由他、避他、耐他、敬他、不要理他,再待几年,你且看他。"

我相信,良善是人的一种先天禀赋,是人性的光辉。我与人为善,和任何人都和和气气,从不心生龃龉,更不会挖坑设陷。良善也是后天的一种能力,良善不是软弱可欺。我还是有锋芒、有锐气,别人不能以为我好说话,就欺骗我,也不能利用我的良善来绑架我,更不能利用他狐假虎威的权威来欺辱我,这是我的底线。我可以让,但他不能抢,他得寸进尺,那我也就不能客气。我有能力选,对不同的人,我可以把握不同的尺度。这就是我认为的良善。

有一句谚语也说道,"永远别让你的技巧胜过你的品德",这也是法律人职业伦理的品质。司马光在《资治通鉴》中也说,评价一个人的标准有八个字"聪察强毅,正直中和",其中"聪察强毅"指的是才华(关于才,在后面章节阐述),"正直中和"指的是德行。才和德,互为表里,相辅相成。

"正直中和"总结为一个字是"仁",总结为两个字就是"良善",所谓仁者爱人,就是这个意思。一个完美的人的德性,应当是正气充沛,清清爽爽,和和气气,不偏不倚。中和是正直的表象,正直是中和的底气。但孔子的"仁"不是无底线的,他说过,"以直报怨,以德报德"。没有正气充沛,怎么能够回击阴暗,怎么能直面生活的惨淡?

索尔仁尼琴在《古拉格群岛》中说,"区分善恶的界线,却纵横交错在每个人的心上"。把握良善,这是做律师的第三个禀赋。

四、决断

上一节,我们聊到了困惑。很多人确实都会有一个困惑,就是在决定是否选择从事律师职业时,会有各个方面的考虑,其中还会有成本方面的考量。什么是成本?成本就是放弃的最大代价。大家有各种职业方向的选择,如果选了做律师,就不能选别的职业,那做律师的成本,就是放弃做别的行业的最大代价。

比如,当初我选择在长沙做律师,放弃了去广东做机械工程师。抛开其他决策因素,我做机械工程师最大的收益当时是每年3万元的收入,而且可能每年增加10%,只要我做律师的收入能够每年超过3万元,且每年收入的涨幅能够超过10%,那我当时的选择从成本上考量就是合算的。"事后诸葛亮"证明,我的选择是正确的,我的同学中,目前还在从事机械行业的很少了。

我们很多人从法学院毕业,还是有很多选择,有的考研,有的考编,有的进国企,有的进民企,有的自己创业,有的进律所,有的做法务。每个人都有自己的职业选择。选择任何一个职业,必定要放弃其他职业。每一次选择，都要放弃其他，那么每一次选择的成本，就是放弃的最大代价。1999年，蔡崇信先生选择放弃做移民律师而投身初创期的阿里，他选择阿里，而放弃的最大代价据说是年薪500万元。后来他说，"公司管理、投资可以规划，但人生职涯必须冒险"。

什么是决断？就是选择什么，放弃什么。不能"既要、又要、还要"。

我们的主要工作就是不断给客户提出法律上的建议和意见，律师的核心价值就是对问题做出法律上的判断，提供明确的法律意见，并落实执行。当然，也可能会有同行给一些模棱两可、含含糊糊的法律意见，或者给出的法律意见明显缺乏逻辑推理和法律事实。**但客户信任并且依赖的律师，是能够给出明确又准确意见的律师。**这是我们做律师的重要禀赋，要有决断。

决断是一种选择的能力和禀赋。是根据目标做性价比高的选择，也是根据习惯和个人的亲疏好恶而做出反应。

《资治通鉴》上有个著名的故事，魏文侯准备选宰相，在魏成与翟璜之间难以抉择，问李克选哪一位。李克说："居视其所亲，富视其所与，达视其所举，穷视其所不为，贫视其所不取，五者足以定之矣，何待克哉！"判断一个人是否适合，看一个人平时喜欢和什么人交际，在一起混什么圈子；他富有时，如何处理自己的财富；身居高位时，看他推举的人才和任命的部下是什么人；身处困境时，看他能否坚持自己的操守；在贫贱时，是否会贪图不义之财。这就是识别人才做出决断的方法。

做决断，并没有什么高级的技巧，只有基础的技能。高手都在学习和反复使用技能，而新手都在寻找捷径。高手知道无数的路数，但这个世界上没有捷径。

"聪察强毅"是指一个人要聪慧、有洞察力、业务能力强、心志坚定、有解决问题的能力、做决策的能力。

人想要成就事业，需要自身的资质和禀赋，第一流的资质是深沉厚重，第二流的资质是磊落豪雄，第三流的资质是聪明才辩。我用了四个词来概括做好律师职业的重要禀赋：**好学、坚持、良善、决断**。

一个求知若渴的人,一个坚韧不拔的人,一个谦和内敛的人,一个杀伐决断的人,也是冯唐用"不着急、不害怕,不要脸"九个字就可以概括的人。

做好律师职业,也要"不着急,不害怕,不要脸"。

第二章
理解律师职业

一个人因为前世是金匠,
眼中只能见到美丽精巧的事物,
不愿意看到任何丑陋污脏。
佛陀为了让他修不净观,
让他从池塘中摘一朵莲花带回家。
他目睹莲花的盛开和凋谢,
得以领悟。

——庆山《月童度河》

我的一位朋友做中式庭园设计师。他有一个小院子，也是他的工作室。这个院子在闹市，门前有棵乌桕，枝干婀娜，浓荫遮覆，秋叶惊霜，如火如荼。从月门进去，青砖铺地，矮墙边植紫竹数竿，芭蕉数棵，青苔附墙，房子墙壁斑驳，门窗陈旧，却也清静质朴。我去过几次，很是喜欢，这是个可以读书的地方。他谈客户、做设计、见朋友，一般在这个地方。他一年就做一两单设计施工项目，客户基本是朋友介绍或客户转介绍，他不降价、不还价、不做推广，也没有团队。他做设计之前要和客户聊天、喝茶、吃饭，要见客户的家人、朋友，要去客户的家里和办公场所观察走访，去项目实地踏勘，看山形水势，走访周边住户，然后再开始设计。他的设计作品，既要体现客户的生活趣味，也要体现自己对空间的审美追求。

他说院子要"养"。他接手这个院子时，这个地方还是个破烂的废品收购站。他用了几年时间才整理营造成现在的样子。这个"养"的意思很有味道，人会倾注心力，会内心喜悦，会沉浸其中。没有目标，没有止境，没有索取的意思。他对自己的作品是"养"的心态，对自己的专业是"养"的心态，对自己的客户何尝不是"养"的心态。"养"就是随缘，"养"就是在看透事物本质之后的信手拈来，挥洒自如。

我们做律师这个职业，也要有"养"的心态。也要熬得住，不要急着指望有所成，内心的能力任由发挥生长，找到自己的感觉就很好。我们只是在做一个职业而已，既不要着相、不要纠结，又要修炼出洞察本质的能力和提升自己专业服务水准的能量。我们接触的称为客户的人，有不同的职业、不同的阶层、不同的认知水平、不同的财富实力；社会地位有的尊崇，有的平凡；为人处世有的清高，有的市侩；有的通达圆融，有的刚愎自用。他们只是普通人，我们以平等心交往，以专业心服务，以平常心对待就可以。

既没有完美的律师，也没有完美的客户，更没有完美的职业。

第一节　律师职业的本质

有一年,我颈椎严重不舒服(做律师长期保持坐姿,低头看材料,颈椎病是职业病),托朋友挂了本地一位中医大师的号。这位大师八十岁了,他的号很难挂到。我坐在他对面,看大师神采奕奕,他笑呵呵地问我的情况,也没有看我带过去的其他病历资料,几分钟就口述了药方。他的助手负责记录病历和誊写处方。然后我出门取药,前后只花了十分钟,后面还有数十位患者在等待。据朋友说,他的患者来自全国各地,本地人很难挂到号。

我的朋友做的是一家社区型的口腔连锁机构,在本地经营了二十几年,目前有社区连锁诊所三十几家。口腔行业这几年从爆发的状态转向下滑,受到集采政策、医疗投资转向、人工以及费用逐年增加等影响,口腔医疗的利润逐年下降,导致很多机构门店关闭。而这家连锁诊所的业绩还不错,周末每一间诊所都需要排队,一名医生要转三四张椅位。每年七八月份,口腔医生几乎没有什么休息时间。这毕竟是一家服务过几十万患者的机构,有大量专业人员和服务人员的机构,与患者存在很深的黏性。

我从事律师职业近三十年,做了很多机构的法律顾问,许多机构的法律顾问我做了十几年。换所后,这些机构仍然聘请我做法律顾问,我生病期间做的事情不多,客户也从未说要换个律师。我对一些法律服务领域也并不熟悉,客户也未作过多的要求,一般会委托我去寻找业内专业领域的律师来服务。我一般只接受熟悉客户的委托,我的客户并不是特别多,很多客户也是通过转委托的方式建立的链接。

我的同事们很多都是在某一个专业领域内深耕的资深人士。有的专精知识产权,有的专精金融,有的专精股权投资,有的专精争议解决,有的专精刑事辩护。行业内部有机构在用极低的价格招揽客户,或者作很多极其诱人的许诺,而且还有很多法律咨询公司通过电话营销、线上营销、网络直播等方式获取批量的案件。这对他们的业务是不是有很大的冲击呢？我们偶尔讨论这些，实际上，我的同事们的业务还比较稳定，基本上不太受低价竞争的影响。

我是一家农家乐的法律顾问。农家乐也经营钓鱼项目。游客钓上来的鱼按斤卖，老板提供鱼护、抄网、剖鱼等服务。但老板发现他提供的鱼护一周总会坏掉一些，是被剪刀剪了口子。这是怎么回事？因为他家的鱼太容易钓，钓鱼的老人家不愿意买那么多回去，又不想失去钓鱼的乐趣，就用剪刀剪开鱼护，让钓上来的鱼溜掉一部分，收杆的时候，只拿几尾大点的鱼去结账。这才是这个事情背后的真正原因。

我比较喜欢探究事情背后的本质。任何事情，都有其底层逻辑，如果不想清楚，后面的事情就没有办法做。地基是错的，上面的都是错的。我们从事律师这个职业，那律师职业的本质是什么？这个问题，首先要搞清楚，我们所有工作才会起到事半功倍的效果。

那律师职业的本质是什么？
比如，
咨询行业的本质是什么？是改善客户的状况。
社区超市的本质是什么？是便利。
奢侈品行业的本质是什么？是标签。
连锁行业的本质是什么？是可复制。
商业的本质是什么？是交易。
货币的本质是什么？是信用。

我想讲一下我的思考：
和医生一样，律师职业提供的是专业服务。
我宁愿托朋友挂号去找一位中医大师看病，哪怕他只用十分钟就做完对我病症的诊断。是因为他的医术、累积的病案以及信誉口碑让我相信他能够号准我的脉，祛除我的病痛。并不是他中医大师的名头才让我以及很多全国各地的患者慕名求医。

为什么别的口腔门诊会闭店，而我这个朋友的口腔连锁却业绩不错。是因为他门店的口腔医生能够为患者提供牙齿种植、正畸以及各项口腔治疗服务；是因为他的商业模式能够提供及时、便利的服务，患者可以在家门口获得服务，而无需去大型医院排队等候；是因为他长期深耕社区，机构的品牌效应能够获得大量的客户转介绍，连锁的规模效应也能够降低采购成本、节约管理费用、让医疗服务人员获得大量的培训等。这是社区型的连锁口腔机构保持业绩的根本原因。

我做法律顾问，是因为我对客户的各个方面有详细而深入的了解，包括股权结构、老板性格、治理安排、公司组织、高管能力、财务状况、经营方针等各个方面；是因为我不单纯提供法律服务，我还能够参与公司的管理事务，提供公司治理思路、投融资建议，能够设计股权激励方案、合伙人计划，对人力资源管理也有比较深入的研究，也能参与诉讼解决争议。专业服务能力是客户持续聘请我的根本原因。还有，在长期的服务过程中，公司老板对我的评价是值得信任，他相信我的服务能够持续改善他公司的状况，且不会出卖他的利益，并且能维持各个方面的平衡。

我个人认为，律师职业的本质是"法律专业服务能力"。这个法律专业服务能力，可能至少要包含十个方面的内容：

1. 法律知识储备能力
2. 法律研究分析能力
3. 文书写作能力
4. 口头表达和沟通能力
5. 应对突发事件和解决问题的能力
6. 判断和决策能力
7. 人际交往和协调能力
8. 谈判和调解能力
9. 正确的价值观以及责任感
10. 持续学习和知识更新能力

这十个方面，仅仅是我们从事律师职业过程中要不断修炼的基础能力。在我们漫长的职业生涯中，还有更多的能力需要我们修炼。比如，对律师团队的管理能力、影响他人的能力、适应环境变化的能力、直觉和潜意识能力等。

我们和客户之间的委托代理关系，是民法中的合同权利义务关系，表面上是我们为客户提供价值，交换了客户提供的价值。但如何将两个价值转化成持续的交易，需要人和人之间建立信任关系。

民法的诚实信用原则在此起重要的作用。很多客户找律师，首先是在自己认识的圈子中去寻找、去比较，然后是托朋友来找，因为有朋友信任的背书。如何将自己的专业服务能力转化为客户的信任，再转化为客户的委托和支付费用，信任是基础。

有律师认为，我做到专业服务能力过硬，品行端正，就无需考虑客户是不是信任，客户关系的维护就更不用劳神费力。但这样的律师还是没有完全理解律师专业服务的本质。我们的专业服务要通过价值交换过程才能让我们和客户同时获得利益的最大化。我们出售的是无形的服务，信任是让这个价值交换得以成就的基础条件。

缺乏这个观念的律师，职业生涯可能并不见得走得长远。专业过硬、品行端正但与客户没有信任链接的律师，最多只能做团队的授薪律师，只能操作具体的业务，而维护客户信任的工作由团队的其他律师承担，客户和其根本就没有建立链接，甚至都不知道有此人。

我介绍客户给一位年轻的律师，她和客户微信沟通了几句，问了下案件的情况，然后就对我说，这个案子没什么搞头，标的也很小，不好收费。我问她，你有没有问客户的需求？她回答说没有问，客户肯定是要打赢官司，这个官司打不赢。我说，客户需求是多样的，客户也不一定是要打赢官司，他可能只是没时间，需要有一位专业人员帮忙出庭应对；他可能是觉得他讲不明白，需要我们帮他整理材料，在法官那里讲明白；他还可能是想敲打一下对方，就想出口气。不能没有问清楚客户的需求，就自己做判断。

作为一名年轻律师，还在创业阶段，**最重要的一个原则是，赢得案子之前先赢得客户，不能往外推客户**。第一时间要详细问清楚客户的需求，接下来去了解案件的案情，然后再分析判断，最后才考虑收费。而不是反过来做。

谁说过案件的收费一定要按照标的金额来算？律师费的价格应与律师提供的服务等价。

很多律师一年处理很多案件，但最终无法成为独立执业律师，更难以成为合伙人，就是因为他还没有意识到如何将自己的专业服务转化成价值，如何得到客户的信任。但只有走出这一步，才能成为一位真正的律师。

大家可以想象一下未来的律师服务场景：

律师事务所为客户提供咨询服务，有个窗口登记需求，窗口给客户一个屏幕，后台电脑随机指派一名律师或者一个 AI，然后客户输入问题，那边的律师/AI 进行解答，最后客户根据获得的解答买单走人。

出庭的律师，可能随身配备一个 AI 助手，它能够实时向出庭律师提供资料信息、案例检索、对手的分析、预测法官的裁判等。在谈判或参加会议时，接入 AI 会高效及时获取海量的背景信息、及时梳理的策略要点、备忘录、协议文本等，律师只需作出选择，无需再花时间进行繁杂的数据处理。

这很可能就是 AI 时代的法律服务场景，有点灰色调的科技感。律师在 AI 的辅助下，更加高效、全面、准确完成法律专业服务。为什么人们还愿意支付对价购买，是因为他们还是能够从这里得到专业的法律服务。

如果我们真正把握了律师职业的本质，精湛掌握了专业服务能力的具体内容，对于未来 AI 的挑战，我们何惧之有？

第二节　律师的类型

我的业余爱好是垂钓，在一个池塘里，鱼有很多种类，而且鱼分水层活动，要钓不同的鱼，就要选择不同的水层，用不同的钓法；同一个水层，不同种类的鱼也分群活动，不同的钓位、不同的饵料、不同的调漂方式，渔获肯定也不同。在钓鲢鳙的水层里，基本不可能钓到草鱼和青鱼，而用钓鲫鱼和鲤鱼的钓法和饵料，一般也很难钓到鲈鱼和鳜鱼。

我执业的律师事务所算是本地的一家大所，在市中心的一层写字楼里。微信工作群里常年有五百人，群里各种通知、事项沟通热闹得很，以至于我只能将这个群折叠起来，设置成勿扰模式。我所在的城市里，有一千多万常住人口，大约有四百家律师事务所，有近一万名律师在执业。他们在做哪些工作，服务哪些客户，我们也不完全知晓。我们只能在法庭上，或者行业会议、专题论坛上，才能够偶然碰到一些熟识的同行，我们不可能认识同行中的哪怕1%。

我所在的律师事务所，哪怕我是高级合伙人，我也只认识不超过10%的同事，我们都行色匆匆，各自处理事务，在电梯里点个头，打个招呼。年度会议上也是一个个圈子里的人讨论，专题研讨圈更小，不同专业的律师，不同层级的律师，基本互不相扰。

我们律所的律师根据专业领域的不同，细分成几十个专业法律服务部门。在部门之下，又形成了数十个律师团队。业务范围涵盖行政法、知识产权法、刑事辩护、股权激励、破产法、债券发行中介、劳动法、公司法、婚姻家事、债权清理、疑难案件的再审事项、拆迁补偿等，不胜枚举。

律师事务所的专业领域和律师团队的划分，并没有固定的规则，大家根据市场需求和自己的偏好来选择自己的工作方式、专业定位和组合。各个团队的工作方式、客户有可能重叠。专业做刑辩的律师，也会担任一两家大企业的法律顾问。而做法律顾问的律师，也会处理客户的大量诉讼，只是有大致的领域区分，就像不同水层的鱼，也会因为环境、气压原因而改变水层。鲫鱼群里，也会混有鲤鱼、草鱼。专业律师的标签，只会等到这位律师度过漫长的职业生涯，而且有大量的某一个专业领域的案例后，才会被贴上去。他和其他领域的律师一样，都是专业服务能力、责任感极强的律师，选任何一个专业领域，并没有本质上的区别。

各个律师事务所都在倡导专业分工，律师专注一个领域，能够提升专业服务者的形象。从经济学来讲，专业分工也能实现帕累托最优，是有一定道理的。但市场是复杂多元的，经济学的理论可以做参考，但不能拘泥。金刚经有言，一切贤圣，皆以无为法而有差别。大概也是说的这个意思。大家都学习法律，从事法律服务，从事的专业领域不同,对法律的理解和修为可能会不同,境界格局可能也会有差别,但最终都会殊途同归。所以,我们不必一进入行业,马上就给自己确定一个专业领域。律师的专业、专长以及执业风格,是在职业生涯中逐渐形成的,是融会贯通的,急不得,慢不得,也并非泾渭分明。

在我看来,律师从价值导向、性格特征、工作方向来区分,可以分为三个类型:一类是诉讼律师,一类是项目律师,一类是顾问律师。

一、诉讼律师

诉讼律师就是从事各类诉讼、仲裁业务的律师。诉讼律师最大的价值是胜诉。在可以全胜的条件下争取更大的胜利;在劣势的情况下也要尽量挽回局面。必须有英姿飒爽、精神抖擞、雄辩滔滔的气质。诉讼律师的性格特征主要是**老虎型(主动理性)/孔雀型(主动感性)**,有掌控全局的霸气,又有才华横溢的迷人魅力。电视剧中的律师基本是诉讼律师。我们很多人入行,就是受这些诉讼律师形象的影响。

二、项目律师

项目律师做 IPO、并购、投融资、破产管理、债券发行等业务。对客户而言,项目律师的最大价值是确保成交。客户花大价钱,是希望项目律师能够解决商业项目上的法律的、商业的、人性的障碍,和对手成交。这类律师大致都具有思路清晰、攻守兼备的特征,性格特征主要是**老虎型(主动理性)/猫头鹰型(被动理性)**。

三、顾问律师/法务总监

顾问律师主要承接企业或个人的法律顾问业务,担任家族信托办公室秘书、董事会秘书等。对客户而言,顾问律师的最大价值是保障安全、确保合规。希望顾问律师能够从法律上、决策上、经营上提供咨询意见、参与谋划、确定方向、规避风险(包括法律上、道德上、经营上的风险)等。这类律师,大致表现是心思缜密、冷静低调。性格特征主要是**猫头鹰型(被动理性)**。

这三类律师，其实非常好区分，因为做的业务不太相同，做业务的评价也不太相同，长期在一个工作范式内，这几类律师的个性也大不相同。大家的圈子也不太一样，所以就算是一家律师事务所内，大家相互也不怎么走动，各做各的事情。

我的一位朋友做破产管理人。我和他聊天，他一般谈生意经。如何将他项目管理的资产盘活、如何变现、如何和债权人周旋、如何让资产拍卖出一个好价格。他是个生意人，有时会让我劝客户报名参加他项目中工业地产、设备的拍卖。如果这个朋友做的是融资、并购、IPO，和他聊天基本上听的是国际国内形势，美元、黄金走势，A股会不会崩盘，资产价格，估值水平，证监会规则之类。

要是和诉讼律师聊天，他们一般会抱怨法院排庭慢、又有一个保全没有做好、判决拖得长、做出判决的法官水平不高。他们也会自豪，搞定了一个多难的官司、执行到一笔高额的资产、当事人给了他一笔大额代理费。偶尔打电话给他们，一般会回复说，我在外地、开庭。然后匆匆挂电话。我的诉讼律师朋友一年难得聚到一起，因为他们散落在全国各地，很难凑齐。

总的来说，各型性格的人都可以投身律师行业，**考拉型（被动感性）**也可以做法务。最好根据资质禀赋、性格志趣来确定适合自己的行业细分，这样更容易成功。比如，猫头鹰型和考拉型做诉讼律师就很痛苦，他们不太喜欢交流，也不混圈子。猫头鹰型适合做顾问，平时不作声也不多事，问什么就回答什么，事情做得很扎实。孔雀型可以做项目主管，负责沟通、协调团队，但做具体的项目事务，就与其性格不相匹配了。

我曾经的一位助理，我认为她比较适合做法务，因为她是被动感性的人，所以，她确实去一家上市公司做法务了。我和她公司有业务关系，她在那里做得很开心，经常在朋友圈里晒她的背影。她如果是孔雀型，就会晒正面；如果是猫头鹰型，就会晒风景；是老虎型，就会晒办公室；是变色龙型，就没有主题。

第三节　律师的层级

我的律师事务所里有大约五百人，是家本地的大所。这些人分了四个圈子，这大概也是行业的通行做法了。

我们大概有二十位股权高级合伙人。这些人是这个机构的投资人，算是BOSS。他们组成一个微信群，这个群里大概没什么多余的话，一年没有几句聊天，因为大家都没空说话，也没空看群里的消息。这个圈子里的每一个人都相互认识，但我们都不怎么说话。有时偶尔发出一句话，要一周以上才会慢悠悠地有个回复。这是一个圈子。

在这个圈子之外，还有一个不超过七位律师组成的律师事务所**管理委员会**。他们是机构的决策人，这几位委员是从高级合伙人中选出来的。他们也有一个微信群，这个群里讨论的问题基本是机构的大事，他们是董事会成员。这又是一个圈子。

我们有大概八十位律师是合伙人。他们的业绩达到了一定的额度，律师事务所授予他们合伙人的称号，他们是这个机构的**中坚力量**。他们的业绩要占机构业绩的70%以上，都是某个法律服务领域内的专家，都带着至少三人的律师团队或者管理着一个专业法律服务部门。这八十位律师又有一个微信群，这个群里会说一些专业上的问题，相互支持调用一些资源，互相站站台、鼓鼓劲、搞搞合作、联络感情。我只认识这个圈子的一部分人，但大家基本面熟，也互相知道名字。这个群里会内部分为许多小群，生意业务是在小群里处理的。这又是一个圈子。

然后就是我们这个机构的大群，这个群里的人是我们这个机构的**所有人员**：律师、助理、实习生、行政管理人员……这个群里每天就像菜市场，熙熙攘攘，热闹得很。各种会议通知、文件模板、新人报到、老板打赏、寒暄吐槽、投诉抱怨……这些人互相其实并不怎么认识，但任何一个问题总会有人秒回。这又是一个圈子。

如果稍作观察就会发现，每个圈子都是一个小的社会，都会有不同的生态位,有不同的语言习惯和行为方式。

上面一节,我是从工作类型等维度盘点律师的分类,现在我再从能量的维度聊一下律师的分层。进入律师职场,根据处理业务的能力、调用资源的能力、拿到回报的能力来判断,律师分成至少四个层级。

一、菜鸟级——天高任鸟飞,"菜鸟"也是鸟

每个进入职场的律师都是从菜鸟级做起的。不要难为情,觉得受委屈。登高必自卑,行远必自迩。"菜鸟"只是初始的能量状态,电池充满电,加速也会非常快。"菜鸟"律师一般是指**刚刚拿到实习证,进入律所做律师助理**那批新人。后文会着重讲,这里只说一个事实,即大概20%的"菜鸟"会在一年内选择去做法务;20%的"菜鸟"去考公、考编、考研及考各种资格;10%的"菜鸟"去了别的行当;还有一些创业去了。一年以后,拿到执业证并坚持在行业中留下来的,可能只有不到50%的人。为什么?因为大部分人是熬不住的。天高任鸟飞,"菜鸟"也是鸟!

二、新手级——人人"虐"我一万遍,我待人人如初恋

新手级的律师,是**拿到执业证一至三年的律师**,很多人在做团队的律师助理、授薪律师或自己创业。他们青涩稚气、朝气蓬勃、自信满满。一般在立案庭里排队等叫号,在加班做案例法规检索,在做尽调清单,在复印整理材料,在装订案卷,在准备代理合同以及各种开庭手续,在会见室里做会见笔录,在往当事人公司送资料,在做各种打杂的工作。这些新手律师,被当事人"虐"、被法官"虐"、被带教律师"虐"。人人"虐"我一万遍,我待人人如初恋。能够熬过前面的三年,熬过眼前的苟且,有一大半人会成功进阶精英级。

三、精英级——好风凭借力,送我上青云

精英律师大致什么样子?在我所在的城市,可以拿到社会平均工资5至10倍的收入,每年20万元至50万元;有车、有房、有社交圈子;

有车贷、有房贷,子女可能在上国际学校;有各种健康爱好;在律师事务所有卡座,可能有办公室;有固定的客户,收入稳定;有时候忙得发癫,有时候闲得发慌;有较强的专业能力,但还在寻找进阶的方向;有时候很松弛,有时候很焦虑;对职业执着而且热情。人和人之间本来没有可比性,但大部分人总是要比较的。精英级别的律师其实日子可以过得很舒服,他们不甘眼前,因为还有干事的志气。这批律师在行业中占了极大的比例,**他们躁动、焦虑、愤怒、被裹挟、受制约,但也推动这个行业生机勃勃地发展**。他们在等,等一个机会,他们实现级别跃迁只差一个机会。好风凭借力,送我上青云。

四、大咖级——事了拂衣去,深藏功与名

大咖级的律师,有九品以上的功力,是行业的"老法师"。我不知道他们的收入,也很难见到这些人。很多大咖级的律师都是"事了拂衣去,深藏功与名"。他们的身份大致是行业协会的会长、副会长,也有国、省、市级的人大代表以及政协委员。他们爬着雪山,发着微信,就自若地将事情办好了。他们在律师事务所有单独的办公室,有核心团队,管理一家律师事务所或者连锁律师事务所。飞来飞去,国内国外,可入上市公司董事会,可登诸侯明堂,可上九天揽月,可下五洋捉鳖,谈笑凯歌还。

当然,律师行业中还有王炸级、巅峰级、宗师级的律师,我的认知还不够,圈子也够不上,虽然偶尔也听过行业内扫地僧的事迹,怕以讹传讹,就不为外人道了。

这些层级,是我们职业道路上的一级级台阶,有的地方平缓,有的地方陡峭,就像泰山的石阶。我们中有人能够用不长的时间爬到大咖的层级,有人在一个阶段可能需要花费十几年的时间,还有人可能终其一生也突破不了现有的阶段,还可能要面临滑坡的风险。

我们职业生涯是一个积累经验,"打怪升级"的过程;是一个从大圈子慢慢晋级到小圈子的过程;是一个从嘈杂喧嚣的环境慢慢到耳根清净的过程;是一个既要循序渐进,又要掌握风口、一举突破的过程;是一个从内心焦虑急躁到自洽平和的过程。

我曾经有一位律师助理，非常喜欢盘珠子。一串星月菩提子，从入手粗糙寡淡到后来的珠圆玉润，可能需要很多年时间。可能成功，也可能四散，也可能被朋友中途拿走，也可能遗失，这些我们都不能控制和左右。他和我说："师父，其实我不是在盘珠子，而是珠子在盘我。"我们做职业，倾注自己的能力和才华试图做好这个职业。实际上，这个职业过程中的各种困难、各种挫折、各种喜悦、各种成就也在滋养我们自己，让我们活成了自己希望的样子。我们和职业之间，其实是相互作用、相互成就的。

回到开头，我们的整个职业生涯，包括我们的生命也只是一个周期。也像金匠采摘的莲花，从荷尖初露，到香远益清，到飘零枯萎，本就是一个过程。我们在这个过程中的所得所失其实没有那么重要，重要的是我们真实地经历了这个过程，见证了自己的成长和成熟。

醉心于成就，纠结于失落，在成功时就得意洋洋，在挫折时就灰心颓废，患得患失，进退失据，这都不是正确的心法，也做不好律师职业。

当作如是观。

第三章
律师的收入与发展路径

乾：元，亨，利，贞。
象曰：天行健，君子以自强不息。
初九：潜龙，勿用。
九二：见龙在田，利见大人。
九三：君子终日乾乾，夕惕若，厉无咎。
九四：或跃在渊，无咎。
九五：飞龙在天，利见大人。
上九：亢龙，有悔。

——《周易》

亚当·斯密(Adam Smith)在《国富论》中有段非常精辟的论述："人们把身体健康委托给医生,把财产甚至生命和名誉委托给律师,人们绝不可能把这样重大的信任安然委托给微不足道的人,因此,他们的报酬必须要使他们能够保持这种托付所需的社会地位。而要保持这种社会地位,则需经过长期教育并花费巨额的学习费用,这就使得他们的劳动价格增高。"

我拿到律师执业证后代理的第一个案件的案卷,我还保留着,距今怕有二十几年了。那是一件朋友委托的离婚官司,案件很简单。我那时二十多岁,没有结婚,没有女朋友,对婚姻的理解仅仅停留在婚姻法定义的层面。所以,我首次代理起诉离婚,法官也是个年轻人,直接判了离婚。我的代理费是300元,够我一个月的伙食。我刚刚从企业出来,一个案件的代理费比我当时一个月的工资还多一些。我当时没有读过《国富论》,但案件的收入也基本印证了亚当·斯密的论断。

第一节 律师的收入

有一次和几位法官朋友聊天,他们说,你们律师一年办几个案子,很轻松,我们一年办好几百个案子,非常累,到头来你们开的车比我们好,你们住的房子比我们好,你们一年赚到的钱比我们多,这不公平。我说,很多律师收入还是比较低的,有的还吃了上顿没下顿,你们每月财政自动打钱到账,你们退休后,可以领着退休金。可律师退休后,基本只能吃老本。大部分学法律的人,挤破头要考公检法编制,考不进编制才被迫出来做律师。

在进入行业之前,我想先聊聊律师的收入受哪些因素的影响,这样可以给大家一些借鉴和参考。

一、执业区域

我的一位朋友在广东省珠海市做律师,另一位朋友在上海市做律师,还有一些朋友在各个省会城市做律师,还有一位律师朋友在云南省西双版纳傣族自治州执业。珠海的律师朋友年收入在百万元左右,他没有什么固定的客户,只做诉讼,最近在珠海购入了一层写字楼;上海的律师朋友做知识产权维权业务,也有近百万元的收入;长沙的律师朋友同样做知识产权维权,收入只有上海律师朋友的一半;而在西双版纳的律师朋友主要做当地毒品案件的辩护,工作量饱和,她只有30万元左右的年收入。这几位朋友执业年限都差不多,上海、珠海的律师朋友是早年从长沙过去执业的,最近有位长沙娱乐法领域的律师朋友想去北京执业,也是考虑自身的资历和专业,如在北京执业,收入至少要超过长沙一倍。

二、执业领域

同样一个区域,同样资历和背景的律师,工作的领域不同,收入也会不同。以在长沙执业三年左右的律师为例:

代理一件交通事故赔偿案件,收费在8000元左右;代理一件劳动者委托的劳动争议案件,收费大约5000元;代理一件离婚案件,代理费可以收到1万元至2万元,案涉财产多的,可以收到5万元或者更多;代理一件刑事案件,一个阶段平均不会低于1万元;代理一件合同纠纷案件,标的100万元的案件,律师费可以收到5万元左右;代理一件商标/专利侵权案件,索赔标的100万元,可以收到5万元至8万元;担任一家公司法律顾问,平均年费用不低于3万元。非标的项目代理,就不在此估算了。

虽说技术含量越高、难度越大的项目收费越高,但是行业内,技术含量高的项目本身也不多,能够从事这个业务的律师也不太多。比如做专利侵权类的业务,很多地区估计一年都碰不到一次,专业性太强,连当地的法院都不知道怎么审理,如果我们在一个三四线城市做专利律师、商标律师,一年都没生意。根据法院的统计数据,民间借贷案件、离婚案件、买卖合同纠纷案件、劳动争议案件、交通事故案件这几项加起来,要占受理民商事案件的80%以上。如果做刑事辩护业务,检察院移送起诉的案件类型以醉驾、盗窃、故意伤害、诈骗为主,真正引起轰动的大案要案,一年也没有几件,而且这样的案件,也不会轮到刚刚执业的律师去办,有时候本地律师都不可能接到,被告人的家属一般会找外地的知名律师来办,以抵消本地司法机关对律师的影响。我们要是在一个二三四线城市做律师,最初几年的收入,大概来自这些业务。我那个在西双版纳执业的律师朋友,十年都没有承接到常年法律顾问的业务,如果她做顾问律师,在那里就很难坚持下去。

三、律所规模

有的律师事务所在长沙顶级写字楼,有的律师事务所在普通写字楼,有的律师事务所在商住楼,有的律师事务所在居民楼,对应的律师收入也有区别。

早年,我的几个朋友创业,找了一个江边的写字楼,不到一千平方米,装修也比较上档次。律师事务所冠名的时候,大家有不同想法,有的说起一个湖南的名字就可以,有的说要加盟一个北京的连锁品牌,争执不下。有位律师说,哪个名字都可以,收入能上得去,能招到律师加盟就行。最终,大家决定选北京一家大所加盟。因为这群朋友的资质背景、客户资源都还不错,需要一个大所作为依托。这家律所目前在长沙做得很不错。加盟了北京某家大所后,总部的网络效应、管理方式、客户资源起到加持作用,招聘本地人才加盟也很方便,律师整体收入也增加了几成。

规模超过一百名律师的律所在人才引进和客户资源上,容易形成规模效应、品牌效应、虹吸效应。会有大量的优质客户找规模大的机构合作,律师收入自然也就提升了,如此又能吸引更多律师加盟,带来更多客户资源,形成正反馈。这也是大所从来不缺人的原因。

当然这个趋势可能渐弱了,律所"跑马圈地"的扩张期已经慢慢结束。很多连锁律师事务所也下沉到了四五线城市抢当地律师业务,去做所谓的"降维打击"了。大所装修豪华、面积大、行政人员多,对应的成本费用比较高,分摊到律师头上的费用肯定也会比较高。对于从事高收费、高毛利项目,服务大国企、上市公司等的律师而言,他们需要光鲜豪华的 CBD 大所来做衬托,大所当然是首选,而对于从事收费低、成本高业务的律师来说,就不一定要去大所了,这个需要律师自己判断。这也是为什么一个城市里,大所其实并不多,而存在大量小规模的律师事务所。毕竟高端客户、高收费高毛利的项目还是有限的。大量的法律服务还是收费低、毛利低的。而且大所到了一定规模,如果管理出现问题,合伙人出现利益不一致,那合伙人分出来单干也很正常。律师行业,分分合合,循环往复。

四、收费方式

同样一种类型的案件,可以有不同收费方式。比如 100 万元标的的合同纠纷案件采用固定收费的方式,代理费在 5 万元左右;如果采用风险代理的收费方式,代理费为 10 万元至 15 万元;如果采用综合收费方式,代理费也可能不会低于 10 万元。就看律师怎么评估和把握,看客户如何选择。

早些年我服务过一个做机械设备的客户,公司存在大量的应收账款、尾款需要清收,这些账款分布在全国各地,我约定的管辖地都是原告住所地。因此,我可以在本地起诉、保全和执行。公司委托我清收这些应收账款,我的代理费收费标准是收回款项的 15%。案件结束,执行到位后,我会给客户发一个结算沟通函,客户会很快结算代理费。

对于这些机械设备、商业贷款、工程尾款等应收账款的业务,早年间律师都愿意用风险代理的方式收费,这种方式可能存在案件无法胜诉、案款无法执行到位、代理费不能及时支付等风险。但用这种方式代理,更加容易签到客户,也比收取固定代理费的方式收入要高很多。

五、律师自身因素

上面讲的大多是影响律师收入的客观因素。其实区域、事务所规模、专业领域、收费方式都是外因,影响律师收入最主要的还是自身因素。

是不是肯帮忙。二十多年前,保险还不普及,好像还没有交强险。一个朋友在外地遇到车祸受伤,打电话让我去帮忙处理赔偿事务。我对交通法律法规以及赔偿完全不懂,那时没有电脑,手机也不智能,我临时买了本书查规则,路上现学。到交警队和肇事方沟通赔偿事项,破碎的车玻璃给他面部留下了几处轻微的疤痕,肇事方开始只愿意赔偿几千元。我查了规则,认为可以构成十级伤残,还有营养费、误工费之类可以主张,我理直气壮提出更高的赔偿要求。肇事方最终赔了朋友几万块钱。朋友一回长沙,就用这笔钱付了套房子的首付。临别,他塞给我一个小信封,里面的钱够我买一辆当时流行的山地自行车。我正缺一辆拉风的山地车,这需要我不吃不喝,花在企业工作时几个月的收入才能得到。我当时如果不肯帮朋友,估计他现在也不会和我有任何合作。

有没有好心态。有位年轻律师,她比较着急提高收入,做任何一个业务都需要马上有回报。有一次,我介绍一件刑事案件给她。当事人开始请她会见,我说,会见你做扎实点,情况了解清楚点,费用只要不垫钱就可以。她担心会见后当事人不委托了。我说,只要你做扎实了,就不要担心。她有点怀疑,但还是照做了,会见也只收了两千元。会见完,她详细向当事人介绍了案情,并提出了辩护思路,当事人很满意,就将三个阶段的辩护委托给了她。她收了15000元,这个收入还是能够解决她的一些问题。如果当时她心态有问题,一定坚持要收5000元的会见费用,那很可能会丢掉这个客户,因为看守所门口免费会见的广告牌鳞次栉比。

有没有客户积累。我很多客户是本地各个行业的知名机构,因此,如果需要介绍自己的时候,我会说我是某某公司的法律顾问。我是谁不重要,我服务哪些客户才重要。这些客户能够给我做一些背书和加持。我团队的一位律师，做了大量的劳动争议案件，这类案子的要点、争议点、胜负手，他如数家珍，律师事务所同事都愿意将这类案件介绍给他，他丝毫不必为收入担心。另外一位律师做了很多商事争议的案件，股权纠纷、股东身份确认、股权转让纠纷、投资纠纷、合伙纠纷等，这些案件标的额都很大，涉及的利益也很重要，而且这些案件的专业性很强，能够做这类案件的律师也不多，这样他就形成了口碑，这类案件我们都转给他去做。

有没有转介绍。让一个陌生的客户认识我、认可我，将案子委托给我、付钱给我，其实是一个非常困难的事情。成交是任何一笔生意中最难的部分。我有位开诊所的朋友，他诊所的营业收入中有30%是自然上门的客户提供，有30%通过广告、营销、电商、投流等方式获得，有40%的收入靠客户转介绍获得。我的客户大部分通过客户、朋友转介绍而来。转介绍的客户对我的信任度更高，更加容易成交，以后的合作过程也更加顺畅。

当然，还有很多情况会影响我们的收入，比如律师的专业能力和经验、客户的支付能力、案件对当事人的重要程度、案件的性质和难度、政策影响和限制、工作量的大小以及经济整体走向等。我这里也只能挑几个影响我们收入的重要因素作为经验来讲。

关于收入高低不同的原因，亚当·斯密在《国富论》中有比较充分的论证，大致有这么几个因素：职业的难易和尊卑引起劳动工资的不同；学习的难易、学费的多寡引起劳动工资的不同；职业安定与否引起劳动工资的不同；劳动者负担的责任大小引起劳动工资的不同；获取职业资格的可能性大小引起劳动工资的不同。

《国富论》中对律师的收入进行了比较客观的论述，这个理论目前还是成立的，亚当·斯密说："如果孩子学做鞋匠，他肯定能学会制鞋；如果去学法律，他能以此谋生的可能性不会超过5%；如果彩票完全公平，中奖者应该得到未中者的全部损失。同样，如果某职业成功者和失败者的比例为1∶20，那么成功者应该享有失败者应得的报酬。因此，要到将近40岁才能从职业中获利的律师，他应得的报酬既要补偿其受教育所花的时间和费用，还要足够补偿该行业一事无成者的教育时间和费用。"

我们想进入行业，但总是对自己做更高的估计，对现实情况做更低的预判，这需要调整。我们大量的同行和朋友每天做的业务，就是到看守所去会见一个涉嫌盗窃或者故意伤害的嫌疑人，或者到法院开一件离婚案件的庭，或者在客户办公室开一个昏昏欲睡的会，或者起草一个毫无意味的报告或文档。这些动作构成了我们的日常工作，我们的收入大多数也只达到正常的收入水平。工资是我们劳动的补偿，而收入往往是我们认知水平的体现，工资和收入不能完全画上等号。如何在职场上提升收入，是律师职业生涯中要不断探索和研究的大事。

第二节　律师的发展路径

早年，我和朋友创业办了一家律师事务所，他们后来各谋高就了，我处境很尴尬，不接手也不是，接手了不知道干什么。当时有位客户信任我们，委托了很多业务，但我只有一个客户，撑不住这个机构。于是，我设计了一款产品，让长沙律师诟病了很多年。就是这个设计，让我的职业生涯走上了快速发展的道路。我设计了一款服务中小企业的法律顾问产品，每年只卖 3600 元。我当时想，每个月只要卖出一个，就够我的生活费，卖出两个，就能付我这个所的房租，我没有助理，没有文员，只有一位兼职会计。推出这个产品的第一年，我大约卖出了三十几单，因为这个产品的性价比极高，很适合小企业客户。从此，我选择了自己的执业方向，去做公司法律顾问。我的第一批客户慢慢成长为大的连锁机构、知名的企业集团、高科技公司，我紧跟着老板们的脚步，老板们紧随着时代的大潮，汹涌的时代洪流奔涌向前。成就一家企业，成就一位律师，那是一件多么必然的事。

我有个朋友是注册会计师，她现在在一家大所做管理合伙人。有一次聊天，她说要感谢我，我是她从事注册会计师职业的引路人。我有点惊讶。她说："1999 年我们在公交车上碰到，我当时在一家小机构做财务,你说你要去报考,我问你考什么,你说考注册会计师,然后我才知道有这么个职业报考,才考了注册会计师,要不是你那个时候提醒我,我可能在国企里做到退休了。"我很惭愧,她是会计专业科班出身,她一个科目一个科目考试,拿到注册会计师的证书,又从最基层的审计师做起,做到签字会计师,再做到项目经理,一步步做到这家大所的管理合伙人,获得了会计行业的行业领军人物称号,到国家会计学院讲课,她做这个职业花了二十几年。她现在带着团队,项目分布全国各地,成为行业内的知名大咖。二十年前,她年轻美丽,这个时候再见到她,成熟稳重。但她对客户、对团队,仍然是热情饱满、专业审慎。

  我那位做口腔连锁的朋友,他早年创业,只有一张牙椅,挂靠了一张诊所医疗许可证,租了个 10 平方米不到的门店,白天营业,晚上睡在门店里,在一个建材大市场的角落里为周边居民、建材老板做服务。服务的人大多也是贩夫走卒,引车卖浆,经常讨价还价,朋友有时甚至收不到诊金。几年后,积累了一定的资金和手艺,他租了个 200 平方米的门面,挂起了自己的招牌,带了几个徒弟,开始经营口腔门诊部,面向的客户是城市工薪阶层,这些客户预付消费,不像之前的客户讨价还价;再过几年后,又积累了一些资金,又聚了一些徒弟,又积累了一些客户,朋友提醒他,做一个也是做,做两个也是做,为什么不多做几个,然后就开了第二、第三家门诊,面积越来越大,牙椅越来越多。到了这个时候,他就很少接诊,主要是做管理、做培训、谈合作。他现在开了三十家门店,前前后后花了二十几年时间。他现在时时刻刻保持着警惕状态,有时还焦虑得不行,因为这个机构有四百人左右,一个月要发出去 400 多万元的工资薪金,行业又"卷"得厉害,他真睡不着觉。多年之前,在建材大市场创业之初,他并没有想到如今的情形,当时能够有一个地方安身就已经很不错了。但现在,他还是在兢兢业业地经营,停不下来。

  我有一位做药品连锁企业的朋友,早年他做药品食品销售,积累了一些资金和团队。后来,他开始药品零售创业,现在在浙江杭州,他旗下有三百多家连锁门店,他的店员大部分来自浙江山区,几年后,这些年轻人大都在杭州开起了自己的加盟药店,在杭州安身立命,买车买房。我和他聊天,他说,他也没有想过公司目前的样子,他自己来自浙江农村,开店的时候带了自己的亲戚出来创业,开到一定规模后,亲戚带亲戚,同学带同学,朋友带朋友,这个连锁体系就这样做出来了。这个连锁体系,方向是做到杭州社区的全覆盖,时间不作明确规定,门店以加盟为主,连锁管理公司对门店内部股权不作限制,这有点像任正非先生描述的公司"方向大致正确,组织充满弹性"。这位朋友对公司事先并没有做什么规划安排,也从未想过它现在的样子,也不设想它未来的规模和变化。这个样子的企业,就是最有弹性的企业。

我们都只是普通人,做一个职业,起心动念,也只是安身立命而已。《三国演义》写道,刘备说过,"屈身守分,以待天时,不可与命争也"。我们都是普通人出身,没有什么资源可以利用,没有什么人脉可以倚仗,大部分人不论做什么职业,都是做到哪里算哪里,随波逐流,柳絮飘萍而已,这没有什么不对,这是最为经济的生存方式。所以,我不太喜欢用"职业规划"这样的大词,也对这些大词深表怀疑。人生存在太多的不确定性,一个个体,一个职业,一个行业,经不起时代风浪。当然,这也并不妨碍我们从自己的角度出发,评估一下自己的职业发展路径,预判节点,提前规避一些风险,尽量让自己的职业路径走得平稳,人生过得踏实。这是我写这一节的初衷。

我已经五十岁了,做这个职业快三十年,在行业里,还有很多执业四十年以上的老先生、前辈。在他们看来,我肯定还是一个晚辈。我们大概都要经历三个发展的阶段,每个阶段都会有不同的状态、不同的心态、不同的节点、不同的突破方式、不同的生存策略、不同的成就成果。

古今中外,历朝历代,打工人的职业生涯都是一级级"打怪升级"的过程,概莫能外。

一、打工阶段

我们初入行业,拜在一位老师门下做学徒、做助理,是我们职业生涯的起点。千里之行,始于足下。按照冯唐的理解,成事无非是读书、行路、学徒、做事。学徒,就是跟着老师学一些行业的基本规则,耳濡目染做事做人、待人接物的方式方法,学习老师如何作文、如何说话、如何开庭、如何开会、如何处理问题。然后自己反复揣摩,刻意练习,将老师的言传身教转化成自己的技能技艺。这是学徒的状态,我后面会详细阐述。

很多人是这样一种打工的状态。赚这份工钱就是为了安身立命,养家糊口,付按揭,付学费。朝九晚五,周而复始。很多人,一辈子就是在这个打工的状态里。

良好的工作状态应该是这样的:首先,做好自己的本职工作,兢兢业业,不消极懈怠;其次,对自己的工作有兴趣,有认同感,要热爱自己的工作,和同事上司关系融洽;最后,在热爱工作的前提下,才会经常参加学习和培训,发展新的技能,对自己在职场上的晋升有目标、有准备、有要求。

但实际上,很多人到三十五岁就没有机会再进步了,也很难找到突破的空间了,为何如此残酷?是因为我们很多人会不断重复之前的工作,不再学习、不再更新知识结构、不再结识朋友、不再对新生事物感兴趣。三十五岁的职场人很多处于工资薪酬比较高的阶段,对于单位来讲,这些人会成为一种成本负担,而不再视为人力资源,而且后面还有很多二十五岁的职场新人可以接替这些岗位,很多大厂的人力资源机构会对三十五岁左右的员工做人员优化,调岗调薪或者解除关系。

我在职场中只打了两年工,当时我每月的薪酬是800元,和我一起的也是一群年轻的律师助理,在那个年代里,那当然也不少了。我觉得我很喜欢这份工作,它让我有成就感。当我学到了一些律师的基本技能技术,开过几次庭,写过几篇文书后,我们都觉得不太满足这种打工的状态,要去创业了。

很多律师在实习期届满申请到律师执业证后,仍旧会接受一份团队授薪律师的工作或者转行去做法务,不愿意或者没有做好自己独立创业的准备,然后随着资历的积累,薪资不断上涨,也就慢慢失去了创业的动力,成为一名开开心心的打工者。但到三十五岁以后就可能没有那么开心了。

我们很多人一辈子就处在打工的状态里。先做好一名合格的打工者,这是第一个阶段。

二、创业阶段

如果你选择独立执业,不管做出这个决定有多艰难,也不管开始得有多艰辛,哪怕口袋里只有一个月的生活费,但我仍然要恭喜你,你已经彻底告别打工者这个阶段,你开始创业了。

开始自己创业的律师,才有机会成为一名真正的职业律师。

什么是创业?这意味着自己找客户、自己谈业务、自己支付成本、自己办理案件、自负盈亏。从此,我们要有一张资产负债表,一张现金流量表,一张损益表。你会开始斤斤计较,你会患得患失,你会焦虑失眠,你会郁闷烦躁,你也会洋洋自得,你也会欣喜若狂,你也会踌躇满志,你也会自命不凡。这才是一个创业状态中的律师。

一位年轻律师一直担心自己没有准备好,自己能力还不够强,没有客户资源,没有做好自己的定位等,不敢创业。我说,这些都是借口,哪里有准备好迤迤然的事情?"万事俱备,只欠东风"是戏文里的描写,曹操不是输在东风,而是输在战略。**做出独立执业的决定,是自己的内驱力,是自己想做一些事,是自己想验证自己,或者是环境逼迫自己必须独立创业。**从来是在奔跑中瞄准,奔跑中寻找目标。守着树桩子,等着兔子上门,要么是兔子傻,要么是自己愚钝。

我放弃了每月800元的薪酬,走上创业的道路。没有人指路,所以走的路弯弯曲曲。我为朋友家争取过电力局的补偿,因为他家的房子在110千伏高压线垂直阴影范围10米之内,这个房子必须拆迁才可以。这个文件藏在电力国家标准里,电力公司不太愿意拿出这个文件,我是从国家标准文件中查找出来的。我代理过村民农田被集体征收却不给补偿的案件,其实争议的标的不超过2000元。我代理过产品质量纠纷的案件,代理过买卖合同纠纷案件,做过交通肇事案件的辩护人,做过猥亵案件受害人的代理人,成功申请过检察院民事行政检察科提起抗诉,成功申请过中级人民法院的再审,做过大量的交通事故赔偿案件以及离婚案件。这些案卷作为我创业前期的记录,我保存得极好。

我创业期间,代理过一件赔偿案件,受害人坐在一辆运输石头的货车车厢上,货车经过一个低垂的电信线路时,受害人被绊倒,大脑严重损伤,构成伤残。案件的被告货车司机、电信公司应承担主要的赔偿责任,受害人应当承担次要的责任。这个案件一审居然被驳回,而后上诉到了中院。这是我职业过程中法官唯一一次到受害人家里走访、到事发现场勘查的案件,这个案件的当事人得到了赔偿。我之所以还记得这个案件,是因为这是我第一次觉得自己能够帮助到别人,能够伸张正义。

我的机缘来自朋友的邀请,我们都独立创业,挂靠不太合适,需要有一个自己的平台,他们邀请我参与设立一家律师事务所。做这样的决定,只有一秒钟,但这个决定,会影响到我的职业方向。我参与设立了这家律师事务所,开始从诉讼律师转为法律顾问。**平台就像一个原生家庭,对创业之初的律师极为重要。**

所以,创业的时候可能会有各种机会,这些偶然出现的机缘,其实对我们职业的发展起到决定性的作用。

我们要亲自设计服务产品,亲自验证产品的可靠性,亲自开展推广活动,亲自进行服务,亲自维护客户。佛家讲的"精进",指的就是亲力亲为,不假手于人,用在创业律师身上,极为贴切。

创业之后,我会珍惜每一位给我付钱的客户、每一次和潜在客户见面的机会、每一个案子的开庭、每一场公开的讲座,甚至我会节约每一张 A4 纸。这种感觉与我在打工的时候的状态不同。这是人性使然。

我对一位创业期的律师说,你不能往外推客户,你要耐心倾听客户讲了什么,知道他的需求,而不是你自说自话。你不能按资深律师的价格给客户报价,你只能按自己的能力贡献来报价,你要知道,你的获客成本和机会成本都是很高的,你的每一单生意,都要摊平你的成本。而且我们在创业期,不能指望自己每一单业务都赚钱,有的单是亏本的,但是要不要接?不接,会少一个客户的,你的同行会多一个客户。

创业阶段的律师要给自己贴一个标签,先成就自己。比如,我是一名顾问律师,这是我的标签。在创业阶段,我们最大的成功就是贴到了一枚标签。你是一个专业人士,你是一个职业人士。

我们大部分人一辈子的职业生涯,能够做到成就自己,做成一个专业人士,就非常好了。心经的偈子"揭谛揭谛,波罗揭谛"就是这个意思,能够自己渡自己,能够靠自己的努力到达彼岸,就已经很成功了。

这是第二个阶段。

三、事业阶段

什么叫事业?**即自己做得不错,还能成就别人。**

我们独立创业做到一定阶段会积累一些客户,也会形成自己的执业风格和执业领域。当我们有几十家客户需要维护和服务的时候,有两种选择,一种是只做其中比较适合自身的,放弃其他客户;另一种是开始组建律师团队,继续发展事业。这样的律师,大多都已经是律师事务所的合伙人。这样的律师可能创建了一家律师事务所,也可能搭建了一个执业的平台,或者组织了一个律师团队。他愿意分享自己的案件,愿意传授自己的经验,愿意解答别人的困惑。

不是每个人都愿意带团队、成就别人的,也不是每个人都有能力和能量做这些。所以,做事业也不是必上的台阶。

我认识很多口腔医生。口腔医生执业和律师执业很相似,都是靠手艺和客户口碑才能生存和发展,其实和团队以及品牌关系不是那么大。口腔医生离职同样可以将自己的患者全部带走。所以,我们可以看到很多口腔诊所其实两三个人就可以开业,但独立开业的口腔医生需要得到很多患者信任,才能独立开业,维持机构运作。口腔医生执业五年左右,其实也面临选择,要么在一家稳定的机构做医生、拿高薪、发展自己的技艺;要么自己独立开业,开诊所、带徒弟、带团队、做经营管理、发展事业。当然,医术精湛的医生,也不一定能够创业成功,创业成功的医生,也不一定是那些手艺最佳的医生。发展职业和经营企业，是不同维度的事情。我也看到很多手艺好的医生开诊所亏得一塌糊涂的情况。

我每年都要参加那位经营保健品项目的朋友公司的年会。年会上，他总要做四十分钟的演讲。演讲和领导讲话是不同的概念，董事长的演讲，大致是团队内部的聊天沟通，将第二年的经营方针与团队达成共识。这个团队草根出身，做的都是社区服务，他和几位创始合伙人搭建好平台，制定好游戏规则，花了十年时间，带领团队成长到今天的样子，让每位团队成员都找到自己的努力方向，让努力的人能够拿到相应的结果，让客户获得有价值的产品和服务，让团队能够自动自发地运转。一个好的企业平台，就是要让投资人、团队合伙人、团队成员、客户、上下游合作伙伴都能够获得价值。

我的经营药品连锁的朋友、开口腔门诊的朋友、做注册会计师的朋友、经营产品的朋友，都是有事业的人，他们从来没有想过要帮助别人，但最终还是成就了不少人。《金刚经》说，若菩萨不住相布施，其福德不可思量。这也是我们做事业的最高要求了。

这是第三个阶段。这个阶段其实很难做到。很多人在创业的路上，失败了、改行了、妥协了、负债了。早年做律师的朋友最后做到高级合伙人的没有几个，很多朋友还是停留在打工的状态，还有很多朋友已经离开这个行业了。

我们只会关注那些事业成功的人，推崇他们、羡慕他们，殊不知这些人成功都是很多年的积累，一点点才到现在的样子，有努力的成分，也有运气的因素，还有时代的大势。而且，他们在做这个事业之前，也从来没有想到自己能够做到现在的样子。他们很多人的成功属于偶然，因缘际会。时代造就这些人，这些人也造就了时代。

我们刻意去做事业基本是做不成的。我们可以去努力，没有做成也不必纠结。在我们的职业生涯中，我们时刻想到要去成就自己，去帮助人，用自己的知识推动社会的一点点进步，那也算是成就了自己的事业。

一个人的心态在不同的人生阶段也是不同的。打工时的心态，按部就班，做好自己的事情即可；创业时的心态，灵活应变，以目标为导

向；做事业时的心态，成就他人，创造价值。

《易经》"乾卦"展示了一个美好的愿望，也描绘了人生的起起伏伏，周而复始。它既让我们心存希望，满怀信心地去"打怪升级"，又提示我们在人生职业的每一个阶段应有的状态，以及可能潜伏的风险；既让我们时时坚持自己的理想和信心，又让我们处处保持谦逊和警惕。在伏低做小的时候，要隐藏自己的志向，不在剧本的第一集就"挂掉"；在崭露头角的时候，要接地气、不闹腾，团结同志、聚集能量、读书养望、积累客户；在发力起步的阶段，要兢兢业业、克制欲望、保持警惕、避免踩坑；在已窥门径的时候，能判断形势、张弛得当、进退有度、举止得法；在达到巅峰之时，要自我警醒、深自谦抑、听得进批评，不能狂妄自大、自取其辱。

这就是我对"乾卦"的认知。我们还要怀抱理想，保持"元亨利贞"的刚健状态，但也要谦虚谨慎，因为天外有天。而且，还应注意自我贬抑，以防自我膨胀，贻笑大方。人生也好，职业也好，不要去刻意追求圆满。高光时刻，也是至暗时刻。至暗时刻，也酝酿着否极泰来，时来运转。所以，既不要骄傲自满，也不要消沉颓废。时刻保持对生活的热爱，保持对职业的追求，平平和和，三餐四季，春夏秋冬，这就很好。

第四章
找到第一份律师助理工作

常羡人间琢玉郎,天应乞与点酥娘。
尽道清歌传皓齿,风起,雪飞炎海变清凉。
万里归来颜愈少,微笑,笑时犹带岭梅香。
试问岭南应不好,却道:
此心安处是吾乡。

——［宋］苏轼 《定风波·南海归赠王定国侍人寓娘》

王定国(即王巩)是苏轼的朋友,因受苏轼乌台诗案的牵连,被贬官到广西宾州,陪同他发配的是歌妓柔奴,后王定国北归,与苏轼聚会,苏轼问柔奴,南方生活应当很清苦吧。柔奴回答,只要内心安定,到哪里都是家乡。

纳瓦尔说:"人生早期有三个重大决定:在哪里生活,和谁在一起,从事什么职业。"

也有人说,我们人生最终的归宿都是择一良人,选一城市,三餐四季,春夏秋冬,如果注定要这样平凡而快乐地度过一生的话,我们都希望找到如自己所愿的人。

我们在哪座城市生活,在哪家律师事务所工作,拜在哪位带教律师门下,和哪些同事一起工作,这座城市的司法机关办事作风、经济社会发展水平、人们的生活习惯,这些林林总总的环境因素综合起来,很可能会影响我们的执业习惯、对行业的看法、工作目标和执业理想。

我们也会在那里找到律师生涯中的第一位带教律师,在带教律师的指导下代理职业生涯里的第一个案件,品尝胜诉的喜悦和失败的苦涩。我们可能会在那里遇到以后人生中的朋友和对手,这些人可能会成为我们的团队成员、终生的朋友、生意上的伙伴,或者人生伴侣。

有位从事机械设计行业快十年的朋友,他家庭其实是有法律背景的,父母对他不从事法律职业心有不甘,于是他用业余时间取得了法律职业资格,通过朋友介绍,到我们团队来应聘。我问他的第一句话是,你的机会成本太高了,你做机械一年可以稳定地拿到20万元以上的薪酬,而现在从头开始,是很吃亏的。他回答说,我在机械行业的职业生涯已经到头了,已经三十多岁了,

上升的空间有限。如果再不出来做律师，就再也没有机会了。我之所以选择你们，是因为我知道自己的优势有哪些、价值在哪里、希望要什么，也了解过行业的其他机构和团队，我希望在你们团队开始我的律师生涯。他是一个认知高的人，有目标的人，也是有决断力的人，在职场上工作多年，他对职场有很深的了解，是个成熟的人，所以，我们接收了他。

我不太记得待过的第一家律师事务所了，因为刚开始执业的前三年，换来换去地待了八九家本地的律师事务所，有的律师事务所我待过不到半年，有的是待了一个月就被老板扫地出门。见过不少律师，跟过几位带教老师，接触过一些客户，各种各样的律师事务所管理模式也经历过。跟着办了一些案子，诉讼、非诉业务都做过，不同的带教老师有不同教法，学的东西杂七杂八，自学、偷学的东西也不计其数，也没有能力归纳。我在行业中的前几年，摸爬滚打，艰难生存，生活窘迫时在同学那里蹭吃、蹭喝、蹭住、蹭电脑；提着包在大街上茫然无措被人当成闲散人员驱赶；被主任当成个打杂的小子呼来喝去，跑腿买烟买槟榔；在一个机构才进去工作几天，老板儿子结婚，给我发请柬，那时口袋里不到100块钱，我不敢去，然后离职。我写这段文字的时候，脑海里浮现的是过往执业的一幕幕人穷志短、马瘦毛长的狗血剧，闪现的是过往的困惑、辛酸、徘徊以及执着。过往的一切，都是人生的历练。

所以，我由衷地希望年轻的朋友们能够少走弯路，在最短的时间内成功进阶，而不是七弯八拐地摸索。我踩过的坑，蹚过的雷，大家就不要重蹈覆辙了。

第一节 适合你的律所在哪里？

一、了解本地律师事务所状况

我们都希望自己的执业起点高些，最好能够一步进入外资所、国内红圈所，或者本地的名牌大所开始职业生涯。当然，这些想法是没有错的，但资源总是稀缺的，最终能进入那些知名律师事务所的毕竟是少数人，一线城市只有几座，大所、名牌所也只有几家，我们中的很多人还是要在二三四线城市，进入一些寂寂无闻的小所做助理。

比如长沙这座城市，有一千多万常住人口，有四百多家律师事务所，有将近一万名律师在执业。其实除了几家大所外，剩下的大部分律师事务所都只有十几名律师，有些所也就只有三位合伙人律师。只要查查每年在省级报纸上公布的律师年检公告就可以知道本地律师事务所和律师的状况了。

一家律师事务所，即便只有三位合伙人，你也不能轻视。律师事务所的规模与单个律师的收入不完全相关。有的律师事务所在建立时就可能确定了不进行扩张的原则，因为人多不见得就好办事。三位合伙人，相互配合紧密，该种律师事务所承接的几乎都是一个类型的客户。这样的所，每位合伙人会有几位助理，对助理的要求也比较严格，合伙人也就是你的带教老师。

我现在执业的律师事务所，是一家全国规模的律师事务所，每年来来去去的律师助理不计其数。人资部门推送过来的简历，很多是硕士学位、重点大学本科，不乏海外的硕士，还取得法律职业资格。很多求职者要通过层层选择，才有可能进到一个团队做助理。

类似我们这种规模和管理方式的律师事务所，大部分业务是靠高级合伙人带领的团队完成，比如，有的高级合伙人主要做刑事辩护业务，他们的助理配置一般以刑法方向的法学硕士为主，招聘要求也是根据业务类型提出。

大部分只有二十几位执业律师的中型律师事务所，可能是两个或者几个团队组合而成，相互之间专业互补，有些大型项目可以一起参与招标，这样的律师事务所很多是专业性很强的律师事务所。比如，做知识产权、做债权清理、做刑事辩护等。他们的助理有两种类型，一种是行政型，处理一些日常行政事务，比如和上级部门的协调、向客户寄递文件、编撰简报、处理文书档案。另一种是业务型，包括处理客户的文书、联系沟通法院、对潜在客户开展推介活动。在这样的律所，律师助理成长为执业律师的机会很大。

二、选择适合你发展方向的律师事务所

行业的专业分工在十年前就已经开始，所谓术业有专攻，一个没有专业优势的律师事务所是很难立足的。这些年法律规则越来越健全，法律部门的分工也越来越细密，没有哪个律师能够拍胸脯说自己能够胜任所有的法律代理业务。这些年，很多没有明确专业领域的律师的业绩很难维持。因此，在入行前，我们很有必要去选择符合自己专业发展方向的律师事务所。

如果我们口才特别出众，雄辩滔滔，逻辑严密，反应特别快，外在形象良好，自带气场，也善于表达沟通，比较爱好谈判辩论，那适合做诉讼律师，尤其在刑事辩护、争议解决的领域内容易取得成就，建议选择加入从事刑辩、争议解决的律师事务所或律师团队。

如果我们思维特别缜密，用词严谨，对公司法、劳动法、民法的研究比较深入，对公司治理、经营管理、财务税收、商业模式创新、人力资源、投融资等事务非常感兴趣，家里又有开公司、经商的，那就更加适合做商业律师、公司法律顾问这些业务，找一个专门开发法律顾问业务或处理公司业务的律所和律师团队比较对口。

在取得法律职业资格前，如果我们已经是一个行业的专家，比如建筑行业、房地产行业、工程机械行业、汽车制造行业、IT行业、娱乐行业等，已经在某个行业领域内工作多年，是这个领域的资深人士或者在这些领域内有资源，那么完全可以利用自己的专业优势开展所属行业的法律事务。

我有一位朋友,他以前在媒体领域工作,后来出来做律师,做的就是对媒体的法律服务项目;另外一位朋友,他和本地的一位有名气的主持人有一些渊源,后来他选择的专业领域就是娱乐业的法律服务,他的客户大多是本地一线的电视主持人、歌手以及流量明星,处理的是娱乐明星的肖像权、著作权的维权事项,以及娱乐明星的商业代言法律服务等。

三、你要去的律师事务所大概是这样的

1. 适合你专业的发展

大的律师事务所挑人的程序非常复杂,进入一个大的律师事务所的团队,有时要参加笔试、面试很多次,被淘汰的人很多,机会渺茫。而进稍微有些名气的律师事务所就没有那么复杂了。你可以根据自己的发展意向来选择去综合所还是专业所。

如果你已经是某个领域的专业人员,我建议你根据自己的专业选择执业机构,这样能更快上手。比如你是会计师、税务师,可以去做收购、上市业务出名的律师事务所;你是工程师,可以去做专利代理、诉讼业务为主的律师事务所;如果是人力资源管理师,就可以去从事劳动争议处理、企业用工合规业务的律师事务所;如果你的外语能力比较强或者有留学背景,被律师事务所的涉外团队聘用的概率非常高,这类专业人员还是很缺乏的。我有位同事曾在法国留学,又在一家上市公司担任过法务总监,这次我们律师事务所准备开设法国分支机构,就派她去巴黎开展前期的设立工作了。**机会不是留给有准备的人的,而是留给本身就符合条件的人的。**

2. 不必过于计较待遇

实习律师、律师助理的薪酬待遇在各个机构都不同,没有统一的标准。大的律师事务所会与实习律师、律师助理签订劳动合同并缴纳各项社保。这是行业的要求,也是确保行业领先地位的做法。但很多小规模的律师事务所就不敢保证了。

实习律师、律师助理的期限一般是一到两年,两年后,律师助理要么独立执业,要么改行,所以,大家不怎么计较实习期、助理期间的待

遇问题,重要的是在这几年的实习期、助理期间,是否有历练、成长的机会。

我和我的助理签订了劳动合同,按律师事务所的工资要求支付薪酬,并承担了全部的社保费用,我支付的薪酬也满足她在长沙租房和生活费的需求。关于律师助理的待遇,这里有两个情况要考虑,一是,律师事务所有大批的律师助理,大家的薪酬待遇基本是透明的,律师事务所也制定了助理薪酬的指导原则,保持和大家基本一致就行;二是,律师助理的收入,与他们付出的工作量以及创造的价值相关,这也符合市场规律。付低了,律师助理通过比较会选择离职,付高了,其他律师会找过来,不能乱了行市。

我做律师助理时,带教老师给我发800元的助理工资,其实仅够我支付房租和吃饭。我要过更好的生活,不能靠带教老师给,要靠自己去挣,其实带教老师他赚多少钱,和我没有多少关系,我没有做出多少工作,无非帮他送了几趟文件而已。所以,我从来不抱怨,**在我没有实力跟带教老师谈报酬前,我要做的是学习技能,提高水平。我觉得自己可以独立执业了,我会提前和带教老师讲好,自己单飞。这样才是最好的安排。**

3. 带教老师很重要

如果让我在律师事务所名气、助理薪酬待遇、悉心指导的带教老师,这三项中排序,悉心指导的带教老师放在第一。带教老师重要到什么程度？你执业生涯中的第一个亲自指导你的人会对你的风格产生重要的影响。

你不能选一个整天吃喝玩乐打牌找关系的律师作为老师,他教给你的可能是讼棍的经验；你不能选一个唯唯诺诺,一脸沧桑的律师作为老师,他教给你的可能是无所担当、推卸责任的经验；你也不能选一个唯利是图、收钱不办事或者将事情甩给你的律师做老师,他可能基本不能教你什么经验。

不好的老师多,但好的老师也一样多。

你的老师应该是能够给你学习的机会,在忙碌中抽出时间来修改你不成样子的文书的人,他在你文书上划过的红迹越多,至少证明他对你越关心。

你的老师应该是关心你的想法，经常和你交流的人，他应该是愿意提携你，带你参加各种活动和庭辩的人。

你的老师应该是愿意将你介绍给客户，或者交给你一件案子独立操作，并亲切地称呼你小×的人。

你的老师不一定非得是功成名就，身家百万的律师，"青出于蓝"的道理你应该清楚。

真正好的老师，不但授你以"鱼"还授你以"渔"，同时，他还会带你见到"江湖"。不但给你上手操作案件的机会，而且带你去与客户交流沟通，等你出师时，还会将客户一并给你。

我们律师事务所里的很多年轻人都喜欢叫我谢老师。因为我有时会给大家做个讲座，传授一些工作经验，解决一些困惑；我会提供一些案子的诉讼思路，他们根据这个思路形成代理意见，并在法庭上得以验证，获得了胜诉的判决；我会去旁听他们的庭审，提醒他们注意发言问题，把握庭审节奏，发现对方漏洞等；我讲如何做法律顾问，他们觉得打开了自己的工作视角，获得了另外一个方向的工作方式，对他们开拓业务助力良多；我讲公司客户的维护和开拓方法，带着他们和客户开会，他们实地掌握了怎么和客户谈需求、谈合作，如何成交，如何建立有效的沟通，这是从书本上得不到的经验。这也是一个带教老师要做的实实在在的工作。

4. 工作氛围和谐

律所不一定装修豪华，不一定要在CBD，不一定要多大的办公面积。但律所的工作氛围很重要。一个管理到位、分工明确、合伙人团结进取、同事关系和谐互助、律师助理们经常沟通互动的律师事务所能够给你积极向上的动力。在一个宽松的工作环境里，你能发挥出自己的所有特长，也能为你的带教老师和律师事务所带来新鲜的想法，你可以自由地发表意见，好的建议会得到正面的反馈。

"君子不立危墙之下"，我们不能去一个管理松散、毫无斗志的律师事务所，不能在一个合伙人勾心斗角、互相指责和拆台的律师事务所里工作，因为我们的经验还不足以判断出谁是谁的人，谁和谁过不去,我们的时间也不能浪费在律师事务所的内耗里。

我们还不能在同事间互相提防、以邻为壑的律师事务所里工作。一家好的律师事务所,同事们经常开会讨论案件的解决方案,经常有各种讲座和分享会议提高业务水平和技能,同事们之间会经常相互介绍案件,开展业务合作,内部推荐人才,律师事务所会组织各种联谊和迎新活动,营造舒适、宽松、团结进取的工作氛围。

在一个走下坡路的律师事务所,你学不到配合和协作,倒是会变得精于算计,你学不到诚信豁达,倒是会学到唯利是图,你学不到任何大律师必须具备的素养,倒是会将讼棍的伎俩弄得精熟。

孟母三迁是为了获得好的邻居。你在那样的律师事务所里,学会的也只是些无法提升真正业务能力水平的本事,我奉劝你立马离开。

5. 有学习和操作的机会

什么才是学习和操作的机会?那就是,我们可以接触到实际的业务,而不是在律师事务所看以前的案卷或者收集最新的法规或者干脆只是当个打字员。我们可以帮助老师撰写些文书,修改合同,在接待当事人的时候帮老师做备忘录和会谈记录,在项目开始时帮助老师做尽职调查,并撰写调查报告的一部分章节,在法庭上聆听老师的质证意见和辩论,帮老师整理庭审记录,在案件结案后,为老师整理案卷并撰写结案报告。律师事务所放手让我们去开发客户,并将这些客户当作业绩给我们奖励。这些都是我以前从来没有过的机会,这样的律师事务所就是值得你停留的律师事务所了。

我们有个好的老师,有个好的工作环境,在一个能支付一定薪水和稍微有名气的律师事务所里,这一切可能会让你自我感觉良好,从而觉得前景光明。请你不要忽视,其实很多机会都要靠自己去争取和创造。指望有人给你机会或者以为机会很多,失去了也不觉得可惜的想法,是不应该有的。

总之,这就是我建议你要去的律师事务所。但是,当你发现你所在的律师事务所还不能完全达到这些标准,请适当调整我给出的标准,而当你发现你所在的律师事务所对于上述所有的标准都完全达不到,那请适当调整你的选择。

第二节　好的老师

一、感恩我们的贵人

什么是贵人？不是指有钱人，不是指有权人，也不是指能够搞定很多事情的人。贵人是在关键时候能够点醒你的人，是在你犹豫不决、畏缩不前时，推你一把，给你鼓舞、给你士气的人，是在你遇到困难时，扶你一把，你跌到坑里，将你捞起来的人。佛家有个"布施"的概念，意思就是不求回报的给予，布施分为财布施、法布施、无畏布施，分别是说，给予人钱财、给予人方法、给予人勇气，不求回报。贵人就是愿意向你布施的那个人。

我在执业过程中，遇到过很多贵人。每一个阶段都遇到了，如果没有这些人的帮助，我根本就没有机会取得目前的成绩。

我换了很多家律师事务所，自己居无定所之时，有一家刚刚创办的律师事务所决定聘我，给我发薪酬，这个所的主任是我的贵人；我在事务所中工作，有一位教授级的老师愿意指导我，带我开庭，带我见客户，还修改我的文件，指出我的缺点，这位老师是我的贵人；邀我一起创业，给我律师事务所股份的伙伴是我的贵人；持续委托案件给我，每年和我续签法律顾问合同的老总是我的贵人；将我引进到他的公司，让我参与公司大量的业务，熟悉公司的管理运营程序的老总是我的贵人；向我推荐介绍业务，介绍朋友，推荐我进入一些重要的圈子的伙伴是我的贵人；当我遇到困惑，给予我指引，遇到困难，给我资金救急的朋友是我的贵人。

这些人给我帮助，其实并不求我的回报。对于我们人生中遇到的贵人，我们要时时心怀感恩，百倍珍惜。

好老师就是我们的贵人。

韩愈说过，"师者，所以传道受业解惑也"。他还强调，"弟子不必不如师，师不必贤于弟子"。不过他的文章我不爱读，逻辑太严密，方方正正，你总是说他不过。我估计他不见得是个好老师，说教味极其重。好老师要像孔夫子，"循循然善诱人"，即便是教你东西，也是一种商量着的口气，可惜孔夫子死了几千年，而这样的老师现在太少了。

我想请朋友们记得这句话：我是谁其实不那么重要，我跟谁在一起才很重要。我知道，靠我自己努力，基本不可能成功。在我们进入律师职场的时候，我们要找到这样三种人作为老师：行业的领袖、忘年交、认知高维的人。

如果让我来推荐好老师，我觉得年龄在三十五至五十岁、执业经历在十年以上、事业处在上升期的律师，是比较好的老师人选。他们有着深厚的理论素养、丰富的实践经验、源源不断的事务工作，他们有能力、有时间，也有需要带你。

1. 他们有带你的能力

上述的那些硬件、软件条件都证明他们有资格、有能力做你的老师，给你授业解惑。你如果对这样的律师尚心存疑虑，觉得他们教不好你，那我估计你不是矫情就是捣乱。

2. 他们有带你的时间

这些律师工作也很忙，但他们还不至于忙得见不到人，也不至于长期在欧洲或美国，他们一年会去北京几次，但也不会守在最高人民法院附近的宾馆处理案件。他们如果同意带你，绝对每周会抽出一天半天问问你的工作、指导你的文书。如果你是他们的助理，你做的文书或者方案可能会被挑三拣四地指责。晚上十二点，你准备睡了，你的老师可能会给你打电话，让你查看他们替你改过的邮件。

3. 他们有带你的需要

他们如果觉得你符合要求，是个可造之才，会将你作为徒弟来培养。这是因为他们的团队需要你的加入，吐故纳新或者扩张团队是这个时期的律师们最愿意做也必须做的事情。事业要突破，肯定需要培养团队。他们将你作为团队的成员，那你想想，如果不将你带熟练，谁替他们开庭，谁替他们做方案，谁帮他们沟通协调客户？

二、律师助理和徒弟有区别

《西游记》里,唐僧师徒加上白龙马,组成一个取经的团队,KPI指标是在大雷音寺取得大乘佛经。这几个人、妖的组合之中,谁更像唐僧的助理,谁更像唐僧的徒弟?

先一个个来考量。白龙马主要担负运输任务,功能性和可替代性比较明显,与唐僧并无互动交流,偏向于助理角色,不是徒弟;沙僧,存在感不强,悟性不够,不主动,也不能参与重大决策,大部分时间在说"大师兄,师父被妖怪抓走了",在团队中担任辅助性工作,偏助理角色,不像徒弟;孙悟空,主角光环遮住了唐僧,受的也是道家的真传,皈依佛门主要是被如来打服的,唐僧需要凭借紧箍咒才能驾驭,可随时离职,随时闹情绪,冲动意气,缺乏大局观,甚至都不算一个合格的助理,他只能是一名"行者",算不得徒弟;猪八戒,本事其实不弱(掌管八万天河水军的天蓬元帅),他对师父亦步亦趋,听话照做,师父对他非常信任,也很包容,"呆子"的这个诨名,就是师父关爱的最好例证,他也最能理解唐僧,又情商极高,几乎完全能拿捏住悟空。如果我来评判,只有猪八戒最像唐僧的徒弟,其他人反而更像助理。

有位资深律师带一位年轻律师,每个月发薪酬,也安排做一些工作,也指导做一些案子,但年轻律师却从未和这位律师吃过一次饭,也没有聊过工作之外的事,相互不知道生日、家庭情况,甚至这位年轻律师都不知道老师住在哪里,平时有什么爱好。后来这位年轻律师独立后,双方也再无联系,在办公室遇到,最多也是点个头,打个招呼,学生也从未叫过师父,只称呼他为"某律"。他们的关系,就是律师和助理的关系,远算不上师徒关系。

我从小在机械工厂里长大,这间工厂能研发出很高端的节能燃烧器,也能生产出接地气的铁锅和农用脱粒机。我小时的理想,就是做一名车工,因为我妈妈就是一名车工,她的手艺很高,带了不少徒弟。我三岁的时候,就在她工作的车间帮她递工件,看她磨车刀,看其他师傅操作机床、做模具,我儿时的玩具基本就是折断的锯片、如弹簧般的铁屑、报废的工具、我妈妈用圆钢车削的陀螺,焊工叔叔给我打造的铁环也是全学校最炫,铁环滚动发出钢的清脆声音,而同学们的铁环只能发出铸铁的沉闷声音。我从小就耳濡目染了机械生产的全部流程,"车钳刨铣磨",这些机床,我如数家珍,各种工具、量具、夹具,我从小就能使用。妈妈退休时,将她用过的游标卡尺送给我,算是将她的衣钵传给了我,以至于我选专业时,首选就是机械制造。我在学校工厂实习时,磨的车刀连我的指导老师都自愧不如,我车刀车出来的铁屑,从不粘连,两厘米就断。螺纹车刀六十度的刀尖角,是我手工磨出来的,都不用量,因为这门手艺是我从小就会的。我妈妈是我从事机械行业的师父。

我也带过一些学生,他们帮我做了不少的工作,现在有的已经独立执业,有的我还在指导,有的去做了法务,有的去做了法官。我们也还联系,记得我的学生,在过年过节以及我生日的时候,也会过来问候我。律师助理和徒弟,还是存在一些区别的,老师也会在心理上有所区分,学生也会知道自己在老师心中的位置。我之所以要写出来,是因为我们在执业之初,到底是要做一个学徒,还是做一个助理,这对未来的职业走向,还是有些影响。

律师助理对应的是团队负责人,而徒弟对应的是师父。这就是区别。

招助理,看简历。

收徒弟,看缘分。

团队负责人对助理,制定目标、进行考核,有管理,只筛选,没空培养,成本较低,不行就替换。这是一种价值观。

师父对徒弟,精心挑选、亲自栽培,可以反复试错,极具耐心,没有明确目标,只有大体方向,成本极高,基本不可替换。这又是一种价值观。

师徒关系价值观和目标有以下三个方面。

(1)**责任依托**。师父对徒弟的责任,包含了护佑、教导、滋养。师徒关系,主要在师父,其次在徒弟。徒弟是不是学到了、悟到了、有没有业绩、会不会碰到困难,师父得记得,得帮助,得经常叮嘱。我有时也会担忧徒弟的前途,有案子,也要转一些给他们。跟着师父赚不到钱,那不是徒弟的问题,是师父的责任。徒弟追随师父,为师父承担一些琐事,师父家里杂七杂八的事务,徒弟也会自愿张罗;出师以后,还经常去探望师父,和师父聊天,讲讲自己的成长和苦恼,而不是一去不返。悟空碰到了困难,不是去找唐僧,而是去找菩提,这说明,在悟空的潜意识里,菩提才是他的师父。《星球大战》中杰达武士的师徒关系也是这样,师徒一起对敌的时候,师父的后背是放心交给徒弟的。

(2) **风格志趣**。师徒关系处久了,师父的风格志趣会影响到徒弟。财富、客户不可持续,而师父的风格、做事方式、胸怀志趣,这些会成为一种能量,影响到徒弟。父子之间,都不一定做到性格上的相近,但师徒之间,很容易做到。这是因为,都操一样的手艺,面对同样的问题,解决问题的方式方法,排遣情绪的途径,都不外乎那几种。李立大师的篆刻作品,怎么看都和齐白石的风格毫无二致。

(3) **衣钵传承**。我妈妈将她的游标卡尺送给我,其实也没有让我做车工,我至今还留着这把尺。五祖将衣钵传给慧能,却让他疾走避祸,到南方发展,是对其还有所寄望。衣钵传承,不是仅指把这把尺、这件袈裟传下去。传承师父的衣钵,是能使用他的技艺学问,为自己谋生,能发挥师父的技艺学问,并打磨得更加精微;能传播师父的技艺学问,为其他人创造福祉;还有就是,能为师父的技艺学问找到后来的传承人,不让这个技艺学问在时间长河中湮灭。

一位朋友向我抱怨,说在他助理给他写的邮件中,"师父"和"师傅"都分不清,叫他"师傅"。我说,你助理其实拎得清的,你在他心中,只是一个给工钱的团队负责人罢了,他从来没当你是师父,你就不要发出"奈何明月照沟渠"的感叹了。

小说《笑傲江湖》中,在岳不群的心里,令狐冲从来就不是他的徒弟,大概算一个助理;而对令狐冲来说,他真正的师父是风清扬,风老才是真正给他传道、授业、解惑的师父。所以,我们对自己、对老师还是要有一个比较清楚的认知。

第三节　如何面试

前面讲的都是些道理。对一个急于找到工作的人来说，还是要讲些实际可以用的。《大明王朝 1566》中高拱说，只有架起锅子煮白米，没有架起锅子煮道理。

我们去应聘一家律师事务所，能不能应聘成功，不外乎有这么两点：(1)你是不是做了点准备；(2)你是不是招人喜欢。

我做过一个公司的人力资源总监，目前也参与一些对人力资源专员的培训，招聘只是人力资源工作中的一个极小环节。一年要经手成百上千份简历，所以简历只要看一眼，就大概能知道应聘者的情况。

一、你是不是做了点准备

做准备一点不难，就怕准备得太过。

(1) **简历一页就够了**。主要说清楚几个重点：我们希望自己做什么、能够做什么、做过什么。其他方面，例如，担任过某某社会职务、参加过哪些社团、有什么特长爱好、得到过哪些荣誉之类，能不写就不写，其实面试官没时间看。

(2) **简历的内容要有针对性**。你去应聘诉讼律师的助理，就不要讲太多以前在企业工作的成果；如果有曾担任过法院书记员的经历，会更加亮眼；而你去应聘法律顾问团队的助理，诉讼方面的经验并不会给你加分，反而在企业或者商业方面做过服务，会引起面试官的注意。

(3) **简历的形式不那么重要**。只要能够通过筛选就可以，不要花钱花时间在排版、格式、字体、装裱上。

(4) **面试的时候，外表稍微做些修饰比较好**。女生可以化点淡妆，粉底尽量不要太厚。首饰可以作为点缀，最好不要太贵。男生也要穿上正装，仪容整洁。

所谓做准备，就是将这个事情当成一个事情做，对目标达成还有所期望。

二、你是不是招人喜欢

让人喜欢有三个方面。

(1) **自己有价值**。面试官看到我们的简历,有兴趣约谈;约谈后,发现我们的工作能力和优点,可以适应哪个方面的工作;还有一些除了工作能力外的附加价值,比如,非常健谈,幻灯片做得非常漂亮,形象气质很好,英语口语不错等。这些在面试时都是加分项。

(2) **会换位思考**。换位思考就是站在对方的立场和角度评估自己的言行,然后调整自己的方式。比如,约好了九点面试,尽量早到,因为大家都有安排,如果确实迟到了,那要给每位面试官带杯咖啡,以示歉意;在日常工作中,自己的工作做完了,不能老是催别人的进度,要问他们要不要帮忙;遇到客户很紧急的事务,自己要停下现有的工作,不能耽误急事;项目上交材料,办交接,要清清楚楚,让后面接手的人顺利开展。很多人在职场很多年,都没有养成换位思考的习惯,业务能力可能很强,但周围的人都不喜欢。

(3) **"调子"低**。其实大家都不太习惯团队里个性张扬的人。这可能是这个行业的特征决定的。在一个团队里,受人喜欢的人一般是情绪很稳定的人,你随时找他,他随时微笑应答;语言温和,即使是受到对方的撩拨和刺激,也是保持沉默;态度谦逊,愿意接受各个方面的批评,口头禅是,"你讲的是正确的,你们都对,请多多批评指教"。有时候,你会觉得这样的人认知维度要比我们高很多,他都不愿意与我们做过多的辩论。

三、面试应对

面试肯定会被问一些问题。有经验的人力专员,一般采用"STAR面试法"。大部分律师作为面试官,没有系统学过,一般会东问西问,但大致差不多。

面试官肯定会问到的问题:

(1) 学习的经历,过往的工作经历;

(2)做过哪些具体的工作,包括工作范围和职责;

(3)在具体某项工作中,处理了哪些事务、在团队中的角色、应聘者的合作对象、上下级关系、客户关系等;

(4)工作结果是什么、取得了什么样的成绩、失败的原因等。

面试官可能会问到的问题:

(1)兴趣爱好、目标志趣;

(2)离职的原因、求职的目的;

(3)对求职公司的了解、对团队律师的了解;

(4)对自己要做的工作事项的了解及有哪些准备;

(5)对团队能贡献哪些价值、对职业有哪些展望;

(6)期望的薪酬、待遇、工作要求等。

这些问题,是面试官的选择了解项,很多是想了解面试者期望。

面试官绝对不能问的问题:

(1)涉及个人隐私。包括婚姻状况、子女情况、有没有马上结婚生育的计划、身体健康状况、宗教信仰等。

(2)涉及财产状况。包括应聘者是否有房产、多少存款、有没有车辆、上一份工作的薪酬等。

(3)涉及个人自由。独居还是和家人一起、家庭住址、业余活动、人生规划、朋友关系等。

如果被问到一些很难堪的问题,你大可转换话题。如果有些问题冒犯到了你,你可以提醒面试官注意他们的发问。你只是去找个工作,而不是接受审讯。

面试者可以问的问题:

(1)律师助理的日常工作内容;(具体见下一章)

(2)团队的结构以及主管领导;

(3)职业发展的通道,培训和学习机会;

(4)薪酬福利待遇;

(5)项目的未来前景等。

这些问题很多求职者不太敢问,也没有准备问,其实如果能够这样问,说明你很成熟、有想法,知道如何确保自己的利益,这些是加分项。

面试者不可以问的问题：

(1)面试官的隐私不能问。

(2)律师事务所以及面试官的负面新闻不能问。(比如,听说贵所某律上热搜了,后续怎样了?)

(3)过于自信或者自负的问题不能问。(比如,我什么时候可以独立执业,我什么时候可以接案子?)

(4)要求特殊待遇的问题不能问。(比如,我可以带我的猫到办公室吗？办公室有没有午睡的区域？我有没有独立办公室?)

(5)律师事务所以及面试官的业务方向、收入状况不能问。(比如,贵所去年做了多少业绩？您主要做哪个客户？客户支付多少律师费?)

十年前,我面试助理的时候,我承认,不会碰到这些新奇的问题。现在,一批批新生代进来了,他们朝气蓬勃,所以,我整理了一些这样的面试问题。当然,我也承认,问这样问题的人还是很少的,供大家参考。

电视剧《平凡之路》展现了一名年轻的实习律师,从普通院校毕业、没有家庭资源,在一座大城市里从律师助理做起的故事。我追了这个剧,很有感触。我们大部分律师都是从这样的阶段和状况下开始自己的职业生涯,遇到的案子基本是剧里的那些鸡毛蒜皮、鸡零狗碎的业务,碰到的带教律师也大致都是剧里的形象,有的严厉、有的宽容、有的精明、有的疲懒,穿行在律师办公室的案卷堆里;律师事务所面积不大,装修简朴,但干净整洁,功能齐全,这其实是行业的真实状况,也是本色演出。我认可主角的真实和平凡,他安安心心做自己的本职工作,也不豪言壮语,不壮志凌云,有点怂,但坚持不懈;有点憨,但绝不胶柱鼓瑟。对挫折、对失败、对荣誉,都是坦然面对,奋力向前。那个城市、那个团队、那份职业,就是他追求的此心安处！

第五章
如何做好第一份工

张季鹰辟齐王东曹掾,在洛,见秋风起,
因思吴中菰菜羹、鲈鱼脍,曰:
"人生贵得适意尔,何能羁宦数千里以要名爵。"
遂命驾便归。
俄而齐王败,时人皆谓为见机。

——［南朝宋］刘义庆《世说新语》

我在企业里工作过几年。进单位的前几年，在车间打螺丝、开行车、焊电路板，和同事们一起打牌、聚餐、值夜班。这是我的第一份工。后来调到管理机关做科员，在办公室擦桌子、打开水、接电话、看报纸、送文件，陪着我的主管领导出差、开会、打杂。没有在企业的专业领域内有任何建树，企业做技改的时候，我刚刚入职，对公司的生产技术一窍不通；也没有在管理线上有一点升迁，等我进入到管理机关的时候，离我下岗时间只有一年左右了。但我运气还是不错，职场的两条线，我都参与过，知道其中的艰难，大概也知道一些职场的规则、流程、人际关系、各项禁忌、人情冷暖、资源配置、各种微表情。这对我后来做律师、做管理、创业，或多或少还是有点启示和借鉴。

我的一些朋友和我一个时间段进入职场，做技术岗位的，很多已经做到了总工程师、技术总监的职位，做管理岗位的，大概也都做到了集团副总、工会主席、副院长之类的职位。当然，也有一些朋友仍然还在基层岗位工作。我不知道真正的原因，职场上的成就与晋升，可能是技能，可能是缘分，也可能是运气吧。

我在民企里做过人力资源经理、行政经理、总经理助理这些职位，参与制定过公司的组织架构、各部门职能、工作流程，甚至还起草过ISO9000质量管理体系文件，组织过面试，制定过管理制度、薪酬考核制度，开除过不合格的员工，参与过公司战略制定，组织指挥过公司的办公室和生产工厂的整体搬迁。从普通职员，一步步走上管理岗位，第一份工给我很多经验和技能，也形成了不少工作上的习惯。虽然已过去二十多年，这些经验、技能和习惯，到现在还是能够指导我的工作，让我能够预判到管理中的风险，提早向我的客户提出规避的方案。管理就是和人性的斗争，懂人性，就懂管理。

第一节 律师助理不能有的职场思维

我们从学校毕业,很快就进入职场。很多学校积累的习惯,会带到职场中。用在学校的思维习惯来处理职场中的事务,会闹很多笑话,出很多状况,被人嫌弃,会莫名其妙地被辞退。我有一个入职培训的课程,每次讲,都会有新的故事。因为,只要有职场新人,就会有各种故事不断为我的课件提供新的素材。

对于没有什么背景、资源、技能的我们,在进入职场之时,有一句话,请记得:"我们是谁并不太重要,我们和谁在一起才重要。"

佛家说,人有五毒,"贪、嗔、痴、慢、疑",会遮住我们认识世界、发现真理的眼睛和智慧。新人在职场中,也会有各种问题,我总结了五个字"畏、急、轴、懒、拖"。有这五种思维,也会阻滞我们在职场上发展前进的脚步。我们对照下自己,看有没有可能调整。

一、畏

害怕做错事,不敢说话,畏畏缩缩,缺乏自信,害怕别人评价。不敢和同事沟通,有问题也不敢问团队负责人,当事人讲几句就不作声。不敢拒绝别人,害怕被别人拒绝。端着自己,不敢表露自己的不满情绪。团队里有很多资深的同事,面对他们,你露怯;他们指派你做事,你内心是不愿的,但你害怕他们对你评价不好,所以你不敢推。

刚刚进入职场,对很多规则还不了解,不敢轻易尝试;问你的意见,因为对这个方面的知识、经验还没有多少积累,就支支吾吾,不敢表态;被法官指责,遭受不公平的对待都忍着。这些都是"畏"的表现。

怎么解?

(1) **先做起来**。有个朋友,做的是机械制造的项目,这几年业务在萎缩,但短视频比较火爆,他立马找团队做短视频,现在单条视频的播放可以到几百万次,最多一条视频的播放量达到两千三百万次,在网上也承接了不少业务。做房地产的老总、做药品连锁的老总、做医疗的老总，他们都在打造自己的IP，他们从未做过这个领域，但一点都不害怕，先做了再说。反过来看我们的很多年轻助理，按道理说他们应该最能够接受这些新媒体领域，但他们总觉得搞不好，就停在那里，错过很多机会。**我对年轻的律师或律师助理说，"你们快点搞，等我们这些老律师回过神来搞，你们就没什么戏了，因为我们的内容比你们好"。**

对抗害怕的最佳做法就是先做，不要等到准备好了才开始。做了，慢慢调整，慢慢修改。文书先写，再改；法庭上，先念稿子，再发挥；会议发言，先做好提纲，照着念，再脱稿。不能等，否则黄花菜都凉了。

(2) **勇敢说"不"。**要勇敢地说"不"。心理学有个课题分离原理，可以解决所有的精神内耗。比如，我讲过的一个故事，一个新人的同事要结婚，但两人关系一般，去还是不去，随不随礼？如不去，对方怎么评价他？很纠结。这就是没有搞清课题分离原理，别人说什么做什么，那是别人的课题，你说什么做什么，那是你的课题。关注自己的课题就好，就会有所判断和选择。我的选择是，一是没钱去不了，二是关系还不到位不愿去，那就不去了。至于如何评价，那是别人的事情，不必关注。被人诘难，看情况，如果就事论事，就算了，如果是故意刁难，就要还回去。不要担心，也不要害怕。

先拒绝一些小的事情，比如不是所有的培训都要参加，不是什么会议都要去，你也就是凑个人头，并没有人记得你去没去；老板喝酒，你也不用喝不了硬撑着，对于灌你酒的人，实在难以拒绝你可以报警；你有才艺，是自己娱乐的，如果你不开心，不必在KTV为不认识的客户献唱；有些文件不值得一遍一遍地改，甲方不一定要知道这个事情，可能就是甲方的一个法务在刁难你，他自己可能并不懂；晚上两点任何人给你发合同，不必秒回，地球照样转，没有那么紧急；如果你不愿意，也不一定要接项目组额外安排的任务，不能只自己一个人换位思考，他们都不换位。慢慢地，我们就会有自己的主见，大家也不会欺你是个新人。

(3) **撑起自己。**佛靠金装，人靠衣装。刚入职场的人因为自己还没有多少内在的能量，就需要用一些外在的行头来填补（并没有鼓励奢侈的意思）。对自己包装不够时,好像人前要矮人一截。这不能怪自己,我们改变不了现实。

我年轻的时候有一个习惯,每打赢一个官司,要给自己买一支万宝龙,不是为炫耀,只是为撑起自己的信心;大家都有台车,你没有,你可能就不敢去参加一些远一点的活动;没有一套好的服装,有些聚会的机会来了,你就退却了,如此陷入自我怀疑的循环里,你不好打破循环。职业装,是对专业人士的保护。

有位年轻律师和我聊天说,她有一次去一个法官办公室,没有穿正装,也没化妆,看起来确实比较年轻。然后因为一点小事,法官脾气不好,竟然把她轰出来,语气特别不好。从那以后,她每次去法院,都要穿正装、化妆,背个上点档次的包包,就再也没有出现过那种情况了。

我赞同年轻律师先买车再买房的观点。刚才提到的那位年轻律师说,有车后,她活动范围广一些、认识的人多一些、说话有底气一些,业务发展反而更顺利了。可以花点钱置办一些行头,好一点的电脑,好一点的办公设备,好一点的服装和公文包,有条件的话,置办一辆车（不要被误导,买车是投资自己,有利于开展工作）。钱先花在面上,大家看得到,你自己也看得到。

先不安于眼前的苟且,才配得上梦想的诗和远方。

二、急

上面讲的"畏"是不敢说话、做事,下面说的"急"是乱说话、乱做事。汉字里有个"蠢"字,说的是春天里的虫子,没有头绪,没有目标地乱动、乱走。有个成语,叫蠢蠢欲动,就是这个意思。

孔子曰:"侍于君子有三愆:言未及之而言谓之躁,言及之而不言谓之隐,未见颜色而言谓之瞽。"意思就是,做助理（侍于君子就是做助理的意思）有三种过失:没有要你讲话的时候你讲话,就是急躁;要你说你又不说,那是装深沉;不会察言观色,那是目盲。孔子很少说骂人的话,上面这段话体现了他对初入职场的人,爱之深,责之切。

刚刚进入职场,急着表达、急着做事、急着获得技能、急着寻找捷径、急着搞钱、急着结交头面人物、急着功成名就。这是整个环境对自己内心的投射。

其实,人脉的本质是价值交换,我们刚入职场,当能力不够时,我们暂时还没必要急着去结交人脉,没有必要参与各种圈子,还不如先投资自己,让自己的能力具足。

我们经常会看到招股说明书上的重大文字错漏、判决书上的文字错误,这不是写作者的能力水平不够,是外面在催,心里急。急就是内心焦虑的外在表现,慌不择路、口不择言、急功近利,然后就是病急乱投医。

一份起诉状,因为急着交,诉讼请求少写一个零,这事常见;答辩、代理文件,因为急着发出,法庭陈述,因为急着承认、确认,案件最后败诉的情况也很常见。无法当庭确认的事实,你其实可以对法庭说,"情况我不太清楚,我需要回去找当事人核对一下,再回复你",你不能急着表态,急着说是还是不是。关于代理词,可以在庭后经过反复斟酌后再提交;关于律师函,我最关注的是向对方发出的金额是不是正确,一定要与客户确认后再发出;关于修改合同,哪怕是加急的,也要核对对方的情况、金额、管辖地、交易结构这些重要条款才能回复。

你现在看的书、积攒的资源、学习的技能,是为五年后准备的,而不是为现在准备的。你不能急!

如何做到不急?

(1)对预期进行调整。我们这个行业有点像娱乐业,大家眼中基本是高级合伙人、大咖律师,耳闻的也是这些律师的传奇经历,他们如何做一个案子有几百万元的收入。但实际上,我们这个行业,90%的律师的收入,是低于整个行业平均收入的,一个律师事务所,可观的收入基本集中在合伙人范围内,而合伙人只占律师事务所10%的人数。要做到合伙人这个层级,很多律师要花十几年甚至更长的时间。刚入行的新人在收入预期上,需要做一些调整,在工作阶段前面几年,能够拿到社会平均工资水平的收入就很不错了。调整好预期,就不会动作变形。

(2)对时间做一些管理,分阶段规划。律师助理的工作其实比较杂,大量的基础工作是助理团队完成的。因此,要做好时间上的管理,对工作的优先级做好排序。像破产项目,项目上的事情特别多,但项目会经历很长的时间,事情就可以分轻重缓急,需要分阶段进行规划。日常的工作有债权申报、申报材料整理及认定等,债权人日常沟通、内部工作通报会议等事情,可以优先、尽快办;非日常的工作有召集债权人会议,和法院、政府部门沟通,和债务人管理层、投资人沟通,这些沟通可能都涉及重大事项,就不能急着办,要从容安排。比如,上班的第一件事是计划当天需要完成的事务,如回复邮件等,而案例检索、法律研究这些,可以往后面放。有一些管理工具、任务清单,可以在网上下载使用。不要"胡子眉毛一把抓",那就会手忙脚乱,搞得一塌糊涂。

(3)**进行团队合作、任务分工**。很多助理是在一个律师团队工作的,就需要内部协调团队合作和任务分工。不能有的人闲,有的人忙。团队成员之间应相互支持,互相分担工作任务,就不会急急忙忙,而事情还没办好。比如,会见犯罪嫌疑人,就可以一人问话、一人记录,互相配合;文档处理,可以一人起草、一人校稿、一人审定,这样就减少出错的概率;案件谈判,团队人员可以进行分工,分别做会务、做主谈、做协助、做配合,这样也可以让客户全面了解律师团队的整体实力水平。

三、轴

轴,不是说这个人意志坚定,而是说这个人很固执己见、抬杠;不愿意变通,办事不灵活,大家都认为前面是个坑,他一定要跳下去,被捞上来还嘴硬,接着继续往坑里跳;纠缠细节,大局观不够,大家与他难以沟通,他还要试图说服大家。

我们刚刚毕业,或者刚进入律师行业,学到的大多是一些法律规范,殊不知现实世界的法律并不是完全按照规范来运作的。所以,会有年轻律师到法院立案庭拍桌子,问为什么拖了那么久都不立案,然后被法警给轰了出去的例子。这个事情用不着硬扛,有很多办法解决,比如打各种投诉电话、找立案庭的庭长反馈、找纪委反映、在自媒体上发视频谴责、找媒体曝光等,根本就用不着自己用柔弱的身体去抵挡法警的强制措施。对待有些事情要用"太极"的办法。现在有很多年轻律师遇到司法机关某些人的不公正对待,会将自己遭到的不公放到自媒体上,从而引起公众舆论的关注,批评这些人的违法违规情况。我觉得只要掌握边界,是没有问题的,这也是一个公民的合法权利。

修改一个合同,合作对象、标的、交易结构要认真地推敲核对,其实不必过于纠结用哪种字体、哪个字号、如何排版;律师事务所改变一些流程或者规则,也不必在意是不是通知过你,公告板上天天有,不可能通知到每个人,不要有情绪;给你反复交代过工作要求和注意事项,你得记住,总不能频频出错;一起出差,有些费用报不了,为了搞好工作,超支点又有什么关系,大不了自己垫了,没必要为此影响效率。

要打开自己的内心,包容不同的观点,和大家坦诚地沟通,经常参加团建活动,大家多在一起玩。我们以前一帮年轻律师,固定周末聚一次,一起去网吧打星际争霸。这样,慢慢大家相互影响,很多人就不纠结了。

轴,还因为自己爱面子,不自信,怕人笑话,然后嘴巴硬,不服输,硬扛到底。

但一定还是有人不会被改变的。其实说服一个人很难,有时候,说服人的不是道理,而是南墙。**不破南墙终不还!**

四、懒

在职场上做到一定的年限,很多人会"躺平"。懒和"躺平"不是一回事。"躺平"是在职场上看不到希望、找不到出路,混日子。懒是在职场上,无心无肺,不想麻烦,偷奸耍滑。

刚入职场,大概不会"躺平",但会偷懒。**以下这些情况是偷懒**。

证据清单,能不写就不写,做表格比较麻烦;证据能不编序号就不编了,因为编了还要做索引,比较麻烦;证据证明事项、对方证据的质证意见,本应该做一个书面的陈述,可能省就省掉。

做会议记录时,别人讲得快,就记录一个大概;时间长,就录音录像算了,会议完毕顺手发给客户,懒得整理;起草合同,第一要查交易对手的情况、公司的基本情况、法定代表人有没有失信、有没有未结诉讼、注册资本是否实缴、股东投资及关联情况,这些其实就是举手之劳,可是也省了。

要检索法规、案例,省了;要做案件分析报告,省了;庭前要和客户沟通一次,省了;要提醒客户带齐原件准时开庭,省了;要安排好客户在法庭上的发言重点,提醒他能不讲话就不讲,省了。于是,案子必输。

项目的尽调过程中,要实地去观察并和高管做访谈,详细了解和分析意图;有些重要资产要去查证和监盘;房产、土地、无形资产等,要核对证书原件并实地核对,账实相符。这些省了,项目基本会失败。

偷懒的后果就是客户认为我们不专业、不值钱。案子会输掉,交易会留下大量的漏洞甚至失败。

如何才能不懒?自己先得有内驱力,有改善自己状况的愿望,而不能靠别人来鞭策。

(1)**养成习惯**。我之前不太喜欢运动,有段时间颈椎不适,指尖有点麻。然后我就找了很多资料来看,都说这个严重起来会很麻烦,我就有点恐慌了。资料说,打羽毛球、游泳对预防和辅助治疗颈椎病有帮助。为了改善健康,我就不敢偷懒了,坚持了很长一段时间打羽毛球,现在有运动的习惯了。工作中间,可以给自己制定一些工作标准要求,养成完成工作指标的习惯。比如,我有记录工作日志的习惯,做了哪些事、见了哪些人、到了哪个阶段。有时候总结下,哪些地方还有待改进,坚持半年,懒惰的毛病可能就会改变。

(2)**分解任务**。懒有时是害怕无法完成任务,干脆就放弃了,不去想了。其实任务是可以分解的,诉讼案子可以分阶段,项目也可以分阶段,将一个个任务细化,有明确的完成标准,每做完一步,就会离任务结束近一步。有时候也可以通过外部的激励肯定自己,比如,完成了一项工作,达成一个目标,就给自己一些物质上的奖励,这也能够形成正向的心理反馈,便于克服自己的懒惰。

五、拖

职场上,有句话叫"事不拖,话不多,人不作"。还有一个说法,靠谱就是"凡事有交代,事事有回应,件件有着落"。拖,就是不靠谱的表现,忙是拖延的借口。

"事缓则圆",是说的战略层面。有些事情不那么急着决定,可能会有很多变数,大家从容应对,信息进一步对齐,充分披露,可能会更有利于事情的解决。事缓则圆不是说事情拖着不办的意思,而是时时掌握事情的动向,用"缓"的手段,让事情往圆满解决的方向走。拖延和事缓则圆是两回事。拖延是不靠谱,事缓则圆是有谋略。

为什么会拖,主要有以下几个原因。

一是对任务没有研究和准备,遇到困难不愿意去解决。比如起草一个尽调清单,不知从哪里开始,不知道要点和重点,也没有可借鉴的案例,那就只好拖着。比如解决一个执行问题,被执行人找不到,执行财产找不到,法官不太情愿,当事人也没有催,案子立了也不去管,所以案子就拖下来了。

二是任务完成没有时间表。举证期限十五日,觉得时间还早,最后几天再准备也来得及,真到了那几天,又有别的事情了;上诉期只有十五天,不着急,看看对方是不是上诉,所以就拖下来了。

三是缺乏责任心。本来当天要发出的函件,事情一忙就忘记了;本来约了开会,忘记了时间,只好改期。还有就是情绪控制的问题,觉得任务太难,分配任务不公平,焦虑、抑郁等,都会产生拖延问题。

四是过分追求完美,也会导致事情一直拖着。我很多年前就准备写这个稿子,内心构思的结构非常复杂完善,打开电脑才写几行,就发现准备还是不充分,素材还是不够多,又觉得读者可能有更多的要求达不到,自己担心写不好,就放下来不动了。

一个年轻律师说想设计一个法律服务产品,和我说了很久了,一直没拿出初稿。我问她为什么产品还没有出来,她说还没有想好,还要完善,时间来不及,最近非常忙。我说,产品可以迭代,但市场不会等。可以从第一版开始,产品可以不完善,但不能拖。先解决一个事,才会有新的事情产生。

破除拖延也没有更好的办法,只有"日拱一卒,功不唐捐"。

我最近开始写稿子,先列了个提纲,包括总体要写多少字,每章要有多少内容,然后一章一章写,总能够写完初稿。初稿完成后再修改、打磨,反复修改,总会一步步趋于成熟。

执行案子确实难做,但也不是完全做不好。分析被执行人的身份,找他活动的范围,固定他的大致住所,了解他大致的社会关系,掌握他财产的大致情况,可以先和被执行人沟通,再和执行法官沟通细节。你得去推动这些程序,这些程序才会启动。你不去推动,过几个月法官就终结本次执行程序了。

立即行动,才能解决拖的问题。 判决书下达,如果客户决定上诉,第二天就写出上诉状的初稿;客户发了合同文本,要马上修订,最迟本日内修订发回;律师函交办,当天要出律师函,并盖章寄出;案例检索,当天就要出检索报告,因为你要回复客户这个案子是否可以接,你拖,客户就找别人了;会议结束,马上给出会议纪要、会议备忘录,例如有一次,我记录了两万字的股东会会议记录,整理了两千字的会议纪要,会后马上起草股东会决议,这是因为会后各股东四散,实在难寻。

律师助理最害怕的事情应该是什么? 是事情做错了,你的状态没有改善,你的带教老师也没有批评你。因为这代表着:①你做的事情一点都不重要,做错了就做错了,无所谓,重要的事情别人在做;②带教老师对你已经很失望,长期失望透顶;③你要准备换工作了。

上面说的是不能有的工作思维,是划出一个红线,思维不能低于这个红线。至于需要什么样的职场思维,那就太多了,各个阶段有各个阶段的思维方式,一本书都写不完,大家可以上网搜,上培训班学,不着急。

佛家修"戒、定、慧",去"贪、嗔、痴"。什么是"戒、定、慧",是有所敬畏,有底线,有所不为;是有定力,是能够不被财富、地位、名望、美色等迷惑绑架,也不被胁迫、强制、权势、暴力威慑而屈服;而后才能由"定"生"慧",生清净心,生无差别心,生菩提心。用这种思维来做职业,来面对生活,才是一种智慧的状态。

这大概就是我认为的做第一份工应有的职场思维。

第二节　律师助理的职业化要求和工作守则

我起草过一份几百页的员工手册，还听说过某大厂的员工手册有几千上万页。我电脑中有服务的每家企业的管理制度、规则流程。其实不论多少页的手册，多么复杂的制度和流程，抛开权利义务、控制节点等这些设计，制度的本质就是对抗人性，管理员工的情绪化、随意性、惰性和贪婪。让员工在一个制度框架内开展工作，表现出职业化。

什么叫职业化？通俗点说，就是在合适的时间，合适的地点，用合适的方式，说合适的话，做合适的事，不为个人感情左右，专业且冷静。

银行与保险公司的职员、机场等公共设施的职员、医疗机构的医生和护理人员、老师、政府机构办公大厅以及各种窗口的工作人员、各类服务机构的工作人员，他们的日常工作就是面对社会公众，解决他们的问题，而且大众的需求也各式各样，层次水平各异，作为服务者，最有效率的方式就是制定一套标准化的程序安排，用标准化的着装、标准化的语言、标准化的行为方式、标准化的文件格式、标准化的工作流程，让接受服务的人感觉到受到的是同等的待遇，从而减少沟通的成本、增加工作效能。

正如上文所述，正装是对律师的保护，而职业化，是对从业人员以及接受服务的大众的一种保护。

职业化有下面这些表现。

一、专业技能

律师提供的是专业服务，职业化第一个表现是专业技能。专业就像金钱，够用就好，用完再赚。我们刚刚进入行业，不要贪多，不要着急。律师助理阶段的专业技能比较单一，但这是基础，再高端的技能，也需要扎实的基础技能做支撑。每个阶段需要具备每个阶段的专业技能，这个在后面几章展开。

二、行为规范

外套胸前可以有个小口袋,方便放笔,但最好不要穿有大口袋的上衣,因为放上手机、杂物,会显得臃肿;有公司要求,不能在办公室谈恋爱,如果建立恋爱关系,一方要离职,夫妻不能在一个公司工作等,目的是区分工作和生活场景;在接待客户的时候,着正装,带上电脑、笔记本之类做记录,会更加正式;行为举止得体,同事关系亲切礼貌,相互尊重,是基本行为规范。在律师助理阶段,工作场合一定着正装,注意言行举止,就能够胜过70%的律师助理了。

三、沟通能力

沟通能力的第一要务是会倾听,要知道客户的诉求是什么,清楚团队负责人的指令和同事的要求。沟通有四个要点:一是清晰表达,不能有歧义,表达要分清事实、观点和感受,尽可能表达事实,少谈观点和感受,**最好不要自带立场**;二是及时反馈,一个事情进展到某个阶段,要及时向关联的各方发出阶段性的反馈意见,比如,我们的工作做到了哪个阶段,情况是什么样子,有哪些问题,需要哪些协助,后续的安排是什么,这也是工作沟通函的主要内容;三是同理心,也就是要会换位思考,这样才能理解对方的意思;四是反复确认,在与客户的一个会谈结束后,你最好要说:"看我是不是理解了您的意思,您的意思是这样子的……"然后将会谈的备忘录做出来,发给客户确认。我们在律师助理阶段没有那么高的要求,做到能够倾听就可以,要真正听懂别人的意思。

四、敬业精神

敬业有三个要求:一是我们必须热爱这个职业,而不是只作为一个谋生的事项;二是我们应当产生敬畏之心,做医生应当敬畏生命,人命关天,而做律师应当敬畏法律,如头上的星空和心中的道德般敬畏;三是要求我们精进,什么是精进,就是亲力亲为,精益求精。我们做律师助理的敬业精神,就是能够不打折扣完成团队负责人交代的工作。

五、自律慎独

"君子慎独,不欺暗室。卑以自牧,含章可贞。"即使别人看不见、听不见,也要谨慎不苟,不做违反道德法律之事,不负良知。和大家在一起的时候,要谨言慎行。独处的时候,也要守住内心底线。**律师助理阶段,慎独是很难做到,自律也不容易。做到不随便说话,不轻易发朋友圈,不炫耀自己的收入,不做拖累团队的队友就可以。**

六、情绪控制

我们的工作要和很多人协同才能完成,这是我们行业的特点。我们要和当事人沟通,要和法官等公职人员沟通,要和周围的同事沟通。每个人都会有自己的观点、观念,总会有沟通不顺畅的时候。这个时候,职业化要求我们控制情绪。什么意思?不是不要发怒,不是不要表达情绪。律师没有态度,没有个性,也做不好职业。比如当你愤怒时,要学会表达自己的愤怒,而不是愤怒地表达。你可以平静地说,我非常失望,这个事情我很生气,你们做得太过分,我会要求你们承担责任。而不是直接掀翻桌子,或者直接开骂,甚至用拳头说话。**律师助理在有情绪时,保持沉默就好。后面的事情,交给带教老师、交给上级、交给团队,也交给时间。**

七、职业道德

每个职业都有这个职业的底线、道德的底线。这个底线就是在法律之上的职业道德。商业行为的职业道德是不能偷工减料,律师的职业道德规范非常多,每年新律师入职培训都会讲,我们要注意遵守。比如要保守客户的商业秘密和个人隐私,比如不能误导、欺诈客户,比如不能大包大揽,保证诉讼结果,比如不能调词架讼,比如不能收了费用不办事等。缺乏职业道德就是不靠谱的表现。

八、持续学习

学习的过程就是一个从外求转变为向内求的过程。最好的投资就是投资自己的大脑,升级认知、升级技能。我有一位年轻的口腔医生朋友,他是正畸领域的专家,种植技术也非常精湛。他收入很高,客户要排队预约他的手术。他对我说,谢律,你可能不知道,我赚的钱大部分都投到了学习和培训上。正畸专业培训,他拜了三四位行业的顶级教授学习,而且自费去国外学习种植技术。我们看到的是别人成功后的结果,其实,为成功付出的时间、精力、金钱很难被看到。

《大学》说,"止于至善"。我们读书求学,在社会上从事职业,最高境界也就是止于至善。

上面就是我整理的作为职场人的职业化要求。我们在律师助理阶段还不能完全具备这样的职业化精神,但我们至少要遵守下面这些律师助理的工作守则。这个更加有指向性,有目标感。我们的工作要一步步迭代升级,一步步达到至善至美的境界。

律师助理的十条重要工作守则:

(1)**记录完整**。做好完整的工作记录,保存好合同、资料,做好档案管理。

(2)**文字准确**。发出的文件,要文字、数据、语法准确,无错字,无纰漏。

(3)**有效沟通**。认真倾听,清晰专业,礼貌周到。

(4)**时间管理**。进行有效的时间管理,及时完成每天的工作,确保工作效率。

(5)**态度积极**。工作中的问题,不推诿、不拖延、不上交。

(6)**专业呈现**。保持专业形象,会见客户、法律咨询、商业活动要着正装。

(7)**保守秘密**。对工作中掌握的商业秘密,不留存、不复制、不外泄。

(8)**明确界限**。不是自己的工作不打听、不干预、不传播。

(9)**团队协作**。积极参与团队工作,紧密合作,不偷懒、不拆台、不使绊。

(10)**持续学习**。学习新的法律规则,提高认知水平,做好知识管理。

这就是我所认识的职业化。职业化可能是一种静态的呈现,是外界的评价,也是自身的感觉。但更重要的,它还是一个过程,贯穿在我们漫长的职业生涯中。它包含了外在和内在的要求,也是一个知行合一的过程,它既要求我们认知上接受,也要求我们能身体力行。一位律师在不同的执业阶段,职业化表现也不同。所以,职业化还是一个觉悟的过程,一个迭代升级的过程。

路漫漫其修远兮,吾将上下而求索!

第三节 律师助理的工作内容

我是一些公司的法律顾问。这些公司客户每天会有很多合同文本需要审核;各部门会打电话来咨询一些法律问题;也要处理各种劳动争议、诉讼案件;还需要向交易对方、侵权对象发出律师函;同时,客户也会收到律师函、商务函等,需要律师给出意见和处理方式;法律顾问单位也会定期召开各种会议,需要法律顾问出席并发表意见;外地可能有些商标侵权的问题需要固定证据或者谈判;客户单位还会定期组织员工法律培训等。

诉讼律师的日常工作可能会更多。所有的诉讼案件都是周期漫长的程序活动。周期的各个节点都要有固定的动作,如果延误,就可能会出现法律后果。要会见当事人,起草代理合同,收集、筛选、整理证据资料,分析案件、法律、案例,证人证言收集取证,撰写文书,申请保全和执行,庭前准备,交换证据,开庭、庭后文件提交,调解,上诉等。

项目律师的工作更加具体和烦琐。一个破产案子要做很多年,用掉的A4纸有时要用几十箱来计算,尤其在项目进场的几个月,对于管理人的助理来说,简直就是噩梦。项目组分为各个小组,负责债权申报、资产管理、政府对接、职工权益、资料交接、审计评估、善后维护、安全保障等。项目越大,分工越细,需要的律师助理人数越多。经过一个破产项目,律师助理的技能会得到质的提升。

这些工作,大部分都是律师的日常工作事务,当这些工作密集出现的时候，就需要大量的律师助理来协助律师的工作。

律师助理有其存在的必然性。因为，只要你进入到法律行业，你会发现，案子和事务永远都做不完。

律师助理的工作内容主要分为内勤和外业，我整理成如下十项工作。

一、内勤事项

1. 日程安排和内务

律师助理首先要做的事就是秘书的工作。团队的日程安排，订机票、订高铁票、订酒店，安排各种工作日程，帮团队收拾文件资料，帮团队负责人提包，开车，接送客户，团建活动组织安排等都要做。

要负责客户名单及详细资料、代理合同、顾问合同、专项服务合同等文件，案件卷宗，各种项目资料等的保管和存档。

要负责团队与律师事务所行政系统的对接，律师年检注册，各种代理合同、律师事务所函件等的签订盖章、存档，与客户办公室的对接等。

要提醒客户服务期限届满续约，开具代理费发票，处理财务报账手续、办理费用结算手续，为团队律师计费等，需要律师助理有点会计知识。

有些律师助理会觉得这些事情太杂，且没有技术含量，不太愿意做。或者做得漫不经心，如经常丢失材料，找不到合同，忘记续约的时间、忘记订票订酒店，犯很多低级错误。这样的助理，基本在团队待不了多长时间。

2. 法律研究和案例检索

接过一个案子或者一个咨询事项，基本的工作程序是先做法律研究和案例检索，然后对案件进行分析。这个工作需要一些基本技能，这也是执业律师的一种基础工作方法，也是一个好的习惯。就是先研究法律是怎么规定的，既往的法院对这类案件的裁判思路是什么，再结合本案件进行分析和预判。呈现的工作成果是一个法律/案例检索报告或者案件初步分析报告。

这两个文件的好处是，我们能够在案件立案、开庭之前，对案件从事实、法律规定、判例到我方的缺陷不足、对方可能提出的问题都进行研究和预判。我们的起诉状、答辩意见、代理意见，都能从报告中找到参考。而且，这两个报告提交给客户后，客户对我们的专业性会有很深的了解。

有位律师和我讲，自从他养成这个习惯后，案件的胜诉率增加很多，客户满意度也提高很多，成交率也提高很多。

3. 通知和函件发送

这里的函件主要是律师函，通知主要是指和客户的沟通文件，或者催款通知等。

律师函是律师使用最多的文件，我一年大概要发出去五十件以上的律师函。这些函件基本格式固定，事务所有固定模板。要注意的事项是，文字要逐一校对，金额绝对不能错。

律师助理要做的是记得保留发函和收函的证据，要用正规的快递公司发函。发出以后，要跟踪收函情况。

4. 文书撰写和合同审查

律师助理要写的法律文书有很多，分为诉讼文书以及各种非诉讼文件。诉讼文书有起诉状、答辩状、保全申请、执行申请、代理词、辩护词等。非诉讼文件有尽调清单、投资清单等。

这些工作的注意事项是，写完后等指导老师修改才能发出，即便修改得面目全非，也要虚心接受，不要抬杠。

5. 证据收集和整理

律师助理要做的工作，其实就是编制证据清单。

这是一个好习惯。我经办的案子都需要证据清单，但不是每一位律师都有这个习惯。在法官面前，证据清单越详细、越完整，越能得到好感，因为可以减少法官的工作量。

合格的证据清单包括序号、证据名称、证据来源、证明事项、索引号等。关键要将证明事项明确告诉法庭，这个证据是做什么用的，证明哪个事实的。不能列一个单子丢给法官，然后在质证的时候，让他一项项看，一项项问你要证明什么。

有些律师助理整理证据清单过程中有个毛病,就是将当事人给的所有材料都列到证据中去,不进行选择。这是懒,不想动脑子分析和判断。整理证据清单的过程,就是律师在大脑中排演案件的过程,是一个逻辑上的闭环。一遍遍地整理证据,哪些要补强,哪些要去掉,对方会怎么质证,你怎么回复。这个过程,其实就是一个举证质证的过程。如果律师助理更细致,还可以写一个证据的说明,对全案证据做一个全面的说明,作为证据清单的附件,这也是加分项。

上面五项内容,大致是律师助理内勤工作的五大主要事项,当然还有一些临时安排的事项,我就不一一举例了。做好这些工作,做扎实,那就是一个省心省事的律师助理。

二、外业事项

1. 走访证人、调查取证

有一年,我办理一个小案子,要到派出所调取一个身份信息。那个年代还很闭塞,民警不太认律师证,也没有一个规范的流程,他将我的律师证扔了出去。我就找到派出所的所长和指导员,我那时年轻,就壮着胆子说,这个证上有国徽,你不能将这个扔了。我投诉了这个民警(据说是临时工),最后他们还是将身份信息出具给我了。

现在我们都不太做外业走访证人了,一般是当事人直接将证人带过来,我们取证。这样得到的证据可能不太鲜活,因为有当事人的影响。我的建议是,还是要到证人的住所去取证,你可以发现一些在办公室看不到的问题,你会问到更多和案件相关的情况。

律师助理做的工作,是在做证言笔录的时候,详细记录证人的每一句话,不能只听故事。尤其关键的表述,如果记不清,要反复问几次。还要同步录音录像,形成录音证据,以达到固定证据的效果。

调查取证是律师的权利。很多律师不太用这一权利,进而又导致这个权利越来越得不到保障。其实也不能完全怪别人,权利不保护躺在权利之上睡觉的人。

2. 诉讼辅助

律师助理可以做立案的工作,这虽然是一个事务性工作,但也要聪明灵活。比如，一个基层法院的立案庭有很多窗口，你交材料过去，可能这个窗口的人今天不开心，他会拿你的材料左看右看，然后为难你，不让你立案。这个时候，你去争，可能解决问题，也极有可能解决不了。聪明的律师助理会重新排个号，换一个窗口去立案。还有就是，基层法院的立案窗口一般人比较多，你要早点去，去迟了号都拿不到。另外，反正经常要去立案，这些窗口也就一直是那些人，你得要记得这些人，混熟一些，做事就会顺利点。

至于辅助出庭，一般从记录庭审笔录开始，念起诉状、答辩状为主。技术性的事情先交给带教老师，一步步来。但辅助出庭也不能只听故事，你还有一个重要任务是观察法官、对方当事人、对方律师的微表情，向主办律师反馈意见。盯着对方看，有时也能够起到威慑对方的作用。

3. 参加客户会议

律师助理参加客户会议，主要是做会议记录，这个是基本功。如果在法院书记员岗位实习过，可能会更熟悉一些。

我有次参加重要会议，助理没有参加，我做了两万字的记录，所有人的每一句重要的话都记录了，还做了会议纪要。会后客户说，我们的文员根本做不了这个会议记录。我说，这是我的基本功。

参加客户会议，律师助理绝对不能发言，专注记录，这才是职业化。

4. 送达文件

很多文件是可以寄送的，但重要文件需要亲自送，比如标书、重要合同、印章、证件等。

有一年，我参加一个公司的股东会，老总将公司的公章交给我带回长沙。这是一枚集团公司的公章，我生怕出问题，在飞机上将放公章的包抱在怀里，空姐几次过来，警惕地看着我，问我有什么需求。一到长沙，我立马联系这家公司办公室，让他们安排人来取，并给我出具一个收条。

律师助理送交文件，要有一个文件移交的清单，尤其是重要的文件原件、资料原件、印章、证件原件。这些东西都是有法律意义的，经手就得担责。交接的时候,要清清楚楚,要有交接清单,接收人要签字,你才能给他。否则真的丢了,你说不清,也赔不起。

5. 项目驻场

这是辛苦活,尤其是在外地的项目。一去几个月,有时是在穷乡僻壤。和出差一样,外地项目驻场要注意自己的人身安全,不要以为自己年轻气盛不怕什么,这就错了。不熟悉的地方,安全第一,你是去工作的,不是去旅游的。

客户有时会让律师去处理一些他无法预料结果的事情。比如,被农民工围住讨要工资,你去的时候,可能大家几个人客客气气,如果没谈好,一个电话喊来几百人,将你包围在中间,这个时候你怎么办?跳到桌子上向他们宣传法律吗?不是的,你得马上找时机离开。这个时候你要明白,你被客户坑了,在替他背锅挡刀。如果逃不走,你就要说,自己只是律师,做不了主,要钱得找老板。然后手机放在桌子下打110。他们也只是要钱,不要命。你不讲刺激他们的话,不讲要追究他们责任的话,不背法律条文,他们也不会为难你。回来后再找客户加钱。

《道德经》对我们的工作其实有很积极的指导意义:"重为轻根,静为躁君。是以君子终日行不离辎重,虽有荣观,燕处超然。奈何万乘之主,而以身轻天下?轻则失根,躁则失君。"我们工作的时候,应当是稳重、不急不躁、不卑不亢的状态,要控制自己的轻率和急躁。我们以为有人赚到了快钱,那是因为我们没有看到那些人多年在某一个领域内的耕耘修炼。我们所积累的经验、技能、财富、地位、人脉等,需要长时间的沉淀,这是我们的"辎重",无论走到哪里,也将"终日不离"。

"休说鲈鱼堪脍,尽西风,季鹰归未?"职场心态应当如此,我打工做事磊落光明,能够实现自己的理想就继续服务,如果没有机会,预判到事情朝着越来越差的方向发展,那就立马离开,绝不纠结。

让我们好好做自己的第一份工。

第六章
律师助理的基本工作技能

吾在天地之间,犹小石小木之在大山也!

——《庄子·秋水》

"人不能两次踏入同一条河流。"回想在行业里二十几年的工作时间,前面很多年都是自己慢慢摸索,在律师团队做过助理,在公司做过法务,管过人力资源,为自己维过权,帮本地的农民投诉过电力局,后来在一家刚创业的律师事务所做授薪律师,做了大量的诉讼业务,做过电视台、电信公司的顾问业务,又和朋友创业,再后来自己经营,最后来到一个大的律师事务所平台。走过的路曲曲折折,但都是人生河流中的经历,这些经历成就了现在的我。我有时会很庆幸,在打基础的时候,经历了很多事情,跟过几位师父,积累了一些经验,有了一点见识,这对我的职业是很宝贵的"辎重"。

我们做律师这个职业,第一要靠手艺才能生存,第二要靠经验和人脉的积累才能发展。因为具备手艺,才有了交换的价值,才能积累经验和人脉;因为有了长时间的经验积累,不断在事上打磨,才会让自己的手艺越来越精湛。这是一个相得益彰的事情,也是一个不能突破的循环。

我去诊所洗牙,可能会要求稍微资深一点的医生提供服务,因为他的动作更加轻柔,使用器械更加娴熟,不会给我不适的感觉。因为洗牙是口腔医生的基本功。同样一个基础的服务,反复练习过的人与刚刚上手的人实际操作时,有截然不同的效果和感受。律师的人格无贵贱,但手艺有高低,为什么案源集中在老律师那里,因为市场还是公平的。同样一个服务,徒弟有徒弟的价码,老师有老师的价码。

我们入行时,大部分都有法学本科以上的学历,有的还有硕士、博士的学历,理论上应该是够的。但在律师的基础技能方面,这是学校没办法教,通过浮光掠影般的实习也学不到的。

律师行当里，不同的老师有不同的教法，自己也可以揣摩领悟。但总体而言，这是个手艺，需要亲力亲为，不能投机取巧。

我在后面将着重介绍一下作为律师助理（独立执业之前的律师）的各项必备技能，我自定义为两个阶段的技能：基础入门技能、升级技能。

我的想法是，如果我们在律师助理阶段能够掌握好这两个阶段的技能，并刻意练习，假以时日，想必能够成为一名独立执业的律师。这也是本书的目标。

至于再往后，我的能力水平是不够的，或者会有更好的老师，能够让我们走上康庄大道，那就要看大家的修为和造化了。

第一节　如何进行法律检索

我们经常会被带教老师问到一些看似简单的问题。比如，这个合同条款的约定有没有法律效力？单位单方面解除劳动关系，员工如何维权？公司是否有权利单方面调动员工岗位？夫妻离婚，如何分割婚前购买婚后还贷的房产？这些问题，很多人会想当然地回答。然后，指导老师会白你一眼，说，你先研究下再说。

拿到一个案件的材料，当事人会急切地问你，某律，你觉得这个案子我能不能打赢啊？不成熟的律师会说，我觉得法院应该判我们胜诉。但老道的律师会说，我先研究研究材料再说，好吗？

没有法律和案例作为依据的结论，一文不值！

**法律职业人安身立命的技能大概有三个：思考能力、写作能力、辩论能力。完美的写作、精彩的辩论，都出自律师的思考能力。作为律师，思考的最终立足点是法律依据。我们的思考必须基于现行的法律,即法律法规是如何规定的,有哪些判决能够支持律师的观点。

我国已经形成了浩如烟海的法律体系,律师无法做到熟记每一个法律条款,而且法律的生命在于经验,不在于逻辑。裁判文书网上的几千万件裁判文书,也几乎是所有法官、律师以及法律专家们逻辑和经验的汇总,这里面有大量的思维碰撞和智慧结晶,值得我们去借鉴、学习、揣摩、模仿,以期在自己的案件中融会贯通。

从法律资料库以及判决文书库中找到我们需要的法律依据和参考依据需要做扎实的法律检索。如果你受过正规的训练,一定会支持我的观点,法律检索能力是执业律师的基本功。

做法律检索的步骤如下。

一、确定检索的目标

做作文之前,我们得有个题目。而且我们要理解题目的意思,即审题。比如客户提出,投资合同中约定"主管经营的股东确保不参与经营的股东按其投资额的12%获取年度固定投资回报",这个条款是否具有法律效力?那么,这个题目分解后意思就是,确认投资固定回报或者投资协议中的保底条款的法律性质及效力。是"明股实债"还是股东之间的自由约定?这种约定是否有法律依据?是否有相关的案例?各级法院如何认定?

审题越准确,得出的检索报告越清晰有效。

二、确定检索工具

威科先行、北大法宝、元典智库、聚法案例、中国裁判文书网等都可以进行案例检索,微信搜索也是一个不错的选择。如今 AI 也能够成为检索的助手。

三、检索、分析、加工

关键词检索是通用的方式。案件的争议焦点、特殊事实、案由、管辖法院都可以作为我们的关键词。关键词的数量不用太多,两到三个即可,比如合同约定股权投资要求固定回报的案例,我们可以选择"固定回报""合同纠纷"以及"××区人民法院"作为关键词。如果搜索出来的类案太多,可以增加关键词或加长关键词;太少则可以减少关键词。而检索得到的类案也要区分效力位阶。效力由高到低的顺序为最高人民法院发布的指导性案例、最高人民法院发布的典型案例及裁判生效的案件、本省高级人民法院发布的参考性案例及裁判生效的案件、上一级人民法院及本院裁判生效的案件。时间的选择上,除指导性案例之外,可以优先检索近三年的案例。

法条关联案件检索相对来说会更简单一些。以威科先行检索为例,先检索出案件适用的法条,再点击引用文档中的裁判文书即可。如果我们认为使用法条关联检索得到的类案过多,也可以结合上文关键词检索的方法再次进行筛选。

对于检索的结果,我们要进行筛选、梳理,找到正反两个方面的观点,归纳这些观点的逻辑结构和说理过程。而不能将检索结果一股脑儿地提交,那就失去了检索的意义。

四、出具检索报告

法律检索报告没有固定格式。根据用途,可以提交给法院、检察院、客户单位,也可以作为工作底稿存放在案卷里,还可以供团队讨论案件时使用。因此,这个报告可以有非常详细的版本,也可以有非常简略的版本,根据用途来确定。但检索报告只能作为分析案件的参考,不能作为法律依据。检索报告的大概格式是搜索关键字、检索工具、检索出的法条、检索出的相关案例、案例观点分析、检索结论等。

下附法律检索报告的例子,供大家参考。

法律检索报告

一、检索目标

公司员工不服从调岗,公司是否有权解除劳动关系

二、检索工具

威科先行

三、搜索关键字

员工调岗 解除劳动关系 劳动争议

四、检索出的法律法规及相关文件

1.《中华人民共和国就业促进法》第 8 条：用人单位依法享有自主用人的权利。用人单位应当依照本法以及其他法律、法规的规定，保障劳动者的合法权益。

2.《中华人民共和国劳动法》第 4 条：用人单位应当依法建立和完善规章制度，保障劳动者享有劳动权利和履行劳动义务。

3.《中华人民共和国劳动法》第 47 条：用人单位根据本单位的生产经营特点和经济效益，依法自主确定本单位的工资分配方式和工资水平。

五、检索案例

（略）

六、检索案例分析

（一）根据检索到的四个公司调岗不成有权解除劳动关系的案例，对员工合法调岗一般需要考虑以下因素：

1. 参见（2021）湘 01 民终 5213 号民事判决书

根据双方签订的劳动合同约定，A 公司可以根据需要对蒋某的工作岗位进行调整。且蒋某调岗后的工资构成为基本工资 5000 元+绩效工资 5000 元，较调岗前的工资构成，即基本工资 4000 元+绩效工资 2000 元+提成（调岗前实际月平均工资约为 10077 元），并没有产生明显不利影响。

2. 参见（2020）湘 0105 民初 4083 号民事判决书

原、被告签订的劳动合同中明确约定"甲方有权根据工作需要或乙方个人能力对乙方的岗位、职级、权责及劳动关系进行调整"。原告 B 公司因集团架构调整，被告原任职的法律事务部已被撤销，原告将被告调岗至制投管理部的投资管理岗并无明显不妥，且在《调岗通知书》中明确"调动后的薪酬待遇暂时维持不变"，故本院认定原告调整被告的工作岗位系合理调整。

3. 参见(2019)湘0104民初6027号民事判决书

被告于2018年5月9日入职原告处,实行不定时工时制。2018年11月10日,原告C公司解散了长沙片区的某集团。原告解散长沙片区的某集团属于原、被告双方劳动合同订立时所依据的客观情况发生重大变化的情形,由此导致双方劳动合同中约定的"主要工作地点为湖南省某市"的内容无法实现。在此情况下,原告向被告发送了《关于工作安排与股份总部财务条线领导协商达成三个意向选择的通知》的邮件,但被告李某未予以回应,且在之后未按《到岗通知书》的要求到岗,亦未如期于2019年1月2日到原告安排的新工作处报到,或再次与原告就工作事宜进行协商。2019年1月7日,原告向被告发出《劳动关系解除通知书》,以被告李某无故旷工数日,严重违反公司规章制度为由解除了与被告之间的劳动关系,此后,被告李某再未到原告处上班。法院认为,原告的上述行为符合原告C公司颁布的《员工手册》第三十三条第(二)项规定:一个月内无故迟到、早退达六次或一个月内旷工累计达三天或一年累计六天的,公司可解除劳动合同;同时,也符合《中华人民共和国劳动合同法》第39条第2款的相关规定。法院认定,原告C公司与被告李某之间自2019年1月7日起合法解除劳动关系。

4. 参见(2019)湘0105民初12096号民事判决书

法院经审查,供应链公司根据公司业务经营需要,对包含张某在内的十几名员工进行岗位调整系用工单位经营管理自主权范畴,张某调岗后工资待遇没有降低,工作地点虽由开福区调至长沙县,但仍属于长沙地区,没有对张某产生重大影响或严重侵犯其劳动权益,供应链公司的调岗是合法合理的,D公司据此解除与张某的劳动关系系合法解除。

(二)根据检索到的四个公司调岗、解除劳动关系违法的案例,法院对调岗合理性的认定一般考虑以下因素:

1. 参见(2022)湘0111民初7448号民事判决书

被告E公司于2021年3月10日出具调岗通知,要求原告立即前往张家界项目工作,逾期未到即视为旷工,明显不符合常理且严重改变了原告的工作生活,被告 E 以原告逾期未到岗为由解除劳动关系没有事实及法律依据,被告 E 公司应向原告支付赔偿金。

2. 参见(2021)湘 01 民终 3360 号民事判决书

F 公司要求将贺某工作地点由长沙调整到广东,已对贺某的生活、工作造成了实质性的影响,贺某明确表示不同意调岗,F 公司因此解除与贺某的劳动合同,故本案应视为双方就调岗未达成一致意见而协商解除劳动关系,F 公司应依照《中华人民共和国劳动合同法》第 46 条第 2 项的规定向贺某支付经济补偿。

3. 参见(2020)湘 01 民终 11624 号民事判决书

法院认为,G 公司于 2020 年 6 月 10 日向谭某下发的《通知》内容不明确,并未明确至总公司资产管理部工作的具体岗位及工资待遇。谭某于 2020 年 6 月 11 日向 G 公司提交了《调岗回复》《离职审批单》,以哺乳期调岗降薪、薪资降低为由提出离职,G 公司工作人员签收且同意其办理离职手续,但未就谭某不同意调岗、降薪的离职理由表示异议。故 G 公司主张其对谭某的调整工作岗位、待遇不变,只是工作地点、工作部门变更的理由,法院不予采信。且 G 公司未提供向谭某下发调岗《通知》前与谭某进行了充分协商沟通及调岗的合理性的证据,应承担举证不能的后果。

4. 参见(2019)湘 01 民终 14070 号民事判决书

法院认为,企业的用工自主权依法应予保护,即允许企业根据生产经营需要对员工调岗,但应依据法律或双方约定进行合理调岗。经审查,本案不符合以上法定调岗情形。根据双方签订的劳动合同,约定的工作地点为永州,工作岗位为保险管理,对于调岗约定须经双方协商。冯某作为 H 公司的副总经理,属于公司高级管理人员,公司将其作为后备梯队干部重点培养,据此,冯某向公司提交了申请表,承诺按规定参加相关培训并服从公司正常工作安排,反之,将退出梯队干部培养计划并自愿取消因此获得的相关利益。冯某理应比普通员工对公司的工作安排及岗位调整负有更强的服从和配合义务。本案中,用人单位半年间两次对其进行调整,虽然工作地点发生变更,但职务从支公司副总经理升为支公司总经理,而冯某两次均未服从公司安排，予以拒绝，客观上对公司人事管理和工作安排造成不利影响。故公司决定免去其副总经理职务不违反法律规定。但公司仍应依据劳动合同约定的工作地点、工作岗位、调岗程序等事项进行合理调整。调岗后，冯某的岗位为营销部企划督导，工作地点仍是永州，但公司未按约定与冯某进行协商，而直接通过干部调整研讨会议进行处理，程序不当。

七、检索结论

实务中，法院对于调岗是否合理一般考虑以下因素：

1. 是否基于用人单位生产经营需要；

2. 是否属于对劳动合同约定的较大变更；

3. 是否对劳动者有歧视性、侮辱性；

4. 是否对劳动报酬及其他劳动条件产生较大影响；

5. 劳动者是否能够胜任调整的岗位；

6. 工作地点作出不便调整后，用人单位是否提供必要协助或补偿措施等。

上述情况用人单位调岗时需要进行综合考虑，否则贸然调岗，解除劳动关系可能有产生经济补偿金、赔偿金的风险。

备注：以上报告，仅供代理律师参考，不作为案件最终审理判决的依据。

检索人：
时间：　年　月　日

第二节　如何解答法律咨询

有位客户单位的员工咨询我，他不理解分公司和子公司的区别，有时候会混淆，怎么区分？公司员工不是法律专业人员，不能给他背法条，也无需给一个详尽的专业解释，他们只需要大致了解即可。你要形象地解释他们才会理解。我说，分公司和总公司的关系就像一棵大树，总部是树干，分支机构是树枝，分公司离开总公司的营养供应就不能生长；而子公司像大树的种子，掉到地上，发芽成长出来新树苗，它有总部的基因，可以独立成长。他马上就明白了总公司、分公司以及母公司、子公司的关系了。

其实，很多服务机构，比如眼科、口腔、美容机构、教培机构，都设立了一个"咨询师"的岗位。这个岗位的职责是向客户解答本专业领域内的基础知识，整理客户的基本需求，安排相应的检查活动、协调专业医生进行会诊、制定客户的服务方案，提出各种报价，促成交易，安排服务以及售后维护，促成客户转介绍等。这个岗位起到了专业服务人员与客户之间的桥梁作用，他们负责将复杂的专业问题分解为一个个客户能够理解的流程，同时，咨询师也有效地将一项专业服务行为转变成一个消费行为。

法律服务行业，目前也出现了"咨询师"的身影，那就是大量的法律服务公司。它们在一步步地分解原本属于律师行业的咨询服务市场。它们将客户需求转化为获客、客户约见、商务洽谈、成交、客户问题收集、法律检索、分析、出具法律咨询意见等很多环节和流程，将法律咨询这个业务以及产生的收益尽收囊中。目前法律服务公司除不能参与诉讼以及需要律师出具意见的领域外，其他法律服务领域都可以参与，法无禁止即可为。这引起了同行的焦虑，也有呼吁禁止法律服务公司的声音。

其实，我们真的怪不得法律服务公司抢了我们的业务，这是我们自己不太重视法律咨询服务，以及对做好法律咨询可能带来很大收益不那么重视的结果。

我们每天要碰到大量的法律咨询，会涉及法律服务领域的方方面面。解答法律咨询是律师的基本技能。其实我们并不完全了解如何做法律咨询。

请问，咨询的本质是什么？

咨询的本质是改善客户的状况，而不仅仅是给出一个问题的答案。如果只是寻求一个问题的解答，那网上可以很容易找到答案，AI也能够给出答案，客户根本就不需要专门找律师来咨询，律师也不可能仅仅因为回答一个问题而获得高额的回报。老中医挂号费可以收到 500 元，而且患者千里迢迢过来还挂不到号。互联网上有很多医疗方面的资讯，你肯定不敢根据网络资讯给自己看病。因为，你不能确定这个资讯能够改善你的状况。

客户咨询律师法律问题的目的，其实是希望律师的解答能够改善他目前的状况。他会围绕自己遇到的法律问题的重要性，来寻找解决问题的律师，他会先试探律师对这个问题的专业程度，提出一个泛泛的问题，确认是否专业后，再进一步提出问题，一步步地，希望最终得到一个解决问题的、可以被执行的方案。只是我们并没有认真地去挖掘潜在客户的真正需求，轻易放弃了可能成交的业务。

做律师，是从法律咨询开始的，没有法律咨询就没有后面的各种业务，也不可能一步步升级。法律咨询是我们开启独立执业律师生涯的一个入口，就如《金刚经》所说，"一切诸佛，及诸佛阿耨多罗三藐三菩提法，皆从此经出"。我们不论多么重视这个业务都不为过。

我所知道的不少知名律师，就是在法律咨询的过程中找到了大客户、拿到了大业务，甚至找到了业务发展方向。我后来分析，这可能有运气的成分，但法律咨询技能的成分肯定占了很大的比例。

如果是这样，那我们怎么做好法律咨询呢？

一、建立信任

律师在某种程度上也是心理咨询师。很多客户找到我说："谢律师，我被某律师吓到了，他说我这个案子很严重，你帮我再分析分析。"我们有同行喜欢用这种方式促使客户成交，但这种方式基本无效，反而会让客户产生恐慌情绪，只想快点离开。

我去复诊，那个老医生总是笑眯眯地给我把脉，然后说："没什么问题，比上一回好很多了，你放心，我调一下方子，再服五服，再看看。"我会继续找他看诊，因为他建立了我恢复身体状态的信心。

大部分案件都不是那么急，即便后果很严重，我们坐在办公室，几分钟也解决不了什么。客户已经很紧张焦虑了，律师也说这个案子很严重,那他将压力过大。

这个时候,我们应该先平缓下客户的情绪,告诉他不要急,没什么不得了的,我们先看看材料,了解下案情,然后再给方案。

客户找到我们的时候,我们应该是在办公室,着正装。如果可以,最好有两位律师(我的习惯是一位询问,一位记录)在场,办公室人来人往,我们先聊聊天气,聊聊股票,聊聊经济,安顿好自己和客户的情绪,然后再开始进入正题。

咨询的第一步是建立客户的信任。没有信任,你再有通天的本事,客户也不会给你机会施展。

二、发现需求

发现需求就是发现客户价值。客户的需求隐藏在问题背后,比如,我们经常被问到,诉讼时效是多久?能不能给他提供一个某类合同文本?或者老公被公安机关带走了,几天可以放人?还有就是,某律师,最近有没有空,一起喝个茶,听说××法修改了,你给讲讲?这些问题有些是明确的,有些是模糊的,但都是客户一个个的真实需求。

一个真实案例是,一个客户问我,诉讼时效是几年?我的答复是,谁欠了你钱,欠了多少,欠了多久?他回答,是个熟人,欠了一百多万元,要了很多次了,怕借条过期。我说,最近经济不好,你得催一催了。如果不好催,就先让他搞个还款计划,一个月还一点点,如果还不了,你就用法律方式催,也顾全了熟人面子。他问,怎么搞还款计划?我说,我给你一个现成的还款计划文本,你填好后,我帮你看看。他说,好的,我让他填好,他肯定不会还,你帮我收回这个款。

这就是一个比较简单的法律咨询实例。其实诉讼时效的问题不是真实需求,真实需求是如何收回这个欠款。

三、仔细倾听和询问

咨询,先要听客户怎么讲,大部分时间都是客户在讲。最简单的开场是说:"您先讲讲情况?"然后,你再一个个问题开始问。细节非常重要,案件的事实都在细节里。

有家公司的人力资源部门人员咨询我,他们和高管协商解除劳动合同,向高管支付 N 个月还是 N+1 个月的经济补偿?我询问的问题有:

(1)劳动合同什么时候签的?什么时候入职?
(2)高管是哪个岗位?工作职责是什么?
(3)什么原因解除劳动合同?交接事项是否复杂?
(4)公司主管领导的意见是什么?是否同意给予补偿?
(5)高管的意见和情绪是什么?有什么要求?
(6)高管上年度月平均工资是多少?

这里发现一个问题,高管的上年度月平均工资超过了本地上年度职工月平均工资的三倍,《中华人民共和国劳动合同法》第 47 条规定,只能按上年度职工月平均工资的三倍作为基数来计算。

本来预计经济补偿金有几十万元,这样就要重新计算了,砍掉 3/4 以上。那经济补偿就不是主要关注的问题,这就要重新来设计谈判方案。

四、输出法律咨询意见

最后的成果输出很重要。法律咨询当场可以做出解答的,可以用口头形式输出咨询意见,这种情况占法律咨询服务的绝大多数。

还有一些情况,客户的资料很多,法律关系比较复杂,需要做案例检索和法律分析,很难当场给出咨询意见,需要我们给出书面的律师法律咨询意见书,我们的服务不是结束而是刚刚开始。

输出结果,不仅要分析出问题的症结所在,还要给出解决问题的思路。举个例子,一位客户提供了一份办公场地租赁合同,租赁一个场地用作经营,投入了大量的资金进行改造,合同离到期还有一年时间,现因政府准备拆迁,具体拆迁的时间未定,但停办了一些经营手续,客户只好主动搬迁规避。合同约定了若房屋在合同期内拆迁,拆迁补偿归客户所有。房东提出,如合同继续履行,房租要继续支付,如果退房,合同解除,那拆迁补偿就不能再支付给客户。如何决策?

这个问题的症结是,合同履行过程中,受到拆迁事项的干扰,导致合同无法继续履行,双方如何在利益上做取舍和安排,如何达到一个相对的平衡。很多商业决策,是在不确定性中寻找确定性。**给出三个解决思路:**

其一,解除合同,互不追责,拆迁补偿归房东所有。(会有拆迁款损失)

其二,不解除合同,房租继续交,合同届满后离场,如有补偿,用补偿款填补房租损失。(存在不确定性,有租金损失)

其三,不解除合同,与房东协商,签订补充协议,继续交一部分房租至合同期满,待拆迁时用拆迁款补足租金。(与房东共担损失,用补偿款弥补房租)

解答法律咨询有如下注意事项。

(1)**不要被客户带偏**。中医看病,程序是"望闻问切"。律师做法律咨询,同样要遵循这个原则。要先观察客户的神态,是言辞闪烁,还是态度诚恳,有没有隐瞒情况,有没有在套取你的思路方案。你不能被带偏,给出一些不合适的建议。同时,律师给出的建议要合法合规,不能给违背法律的建议和意见。

(2)**法律咨询要收费**。除非是熟悉的朋友或者本身就是客户单位,否则法律咨询需要收取费用,开始就要明确收费标准,以免之后有纠纷。所以最好不要电话接受咨询,也不要在网上做咨询。但也不能私自接受收费,这样有的客户会投诉。记住:**不付费的法律咨询意见无法体现价值**。

(3)一个法律咨询事项,最终评价其质量的标准是有没有发现客户的需求,有没有通过咨询意见改善客户的状况,找到了解决问题的路径,知道了事情的最终结果,开启了客户解决问题的思路。如果客户一脑门子官司进来,又一头雾水离开,那这个法律咨询就是不成功的。

第三节　如何起草律师函

我每年受客户委托要发出几十件律师函,大部分是向相对方提出催收货款的要求;也有提示对方存在明显的商标侵权行为,要求停止侵权并赔偿损失的;也有提醒对方已经构成违约,尽快履行交货、完成施工等合同义务的;也有提示对方产品存在质量问题,要求尽快予以维修、更换的。

律师函是律师在参与经济活动过程中,受客户委托,向与其交易的相对方发出的函件,也是律师工作使用频率较高的法律文书。如果运用得当,能起到非常重要的作用。我和客户单位的法务做过沟通,对于公司的应收款项,先由公司发出催款函,对方收到催款函后三日内没有答复的,再发出律师函,提示诉讼风险。一般情况下,对方收到律师函后,都会与客户单位联系付款事宜。出具律师函是律师助理的基本技能之一。

律师函起到几个作用:①披露;②评价;③催告;④警示;⑤询问;⑥协商。

其一,**披露和评价**。主要是对委托人提供的证据或者事实陈述进行分析,初步得出结论。比如,根据委托人提供的合同、合同履行情况的陈述以及委托人的诉求,对相关违约的事实向对方当事人进行披露和评价。可以表述为:"本律师事务所律师认为,贵公司的行为已经构成违约,应当承担违约责任。"

其二,**催告和警示**。即对于对方的违约行为或者侵权行为,代表委托人提出偿还货款、支付违约金、要求支付赔偿金的催告,或者提出要求停止侵权行为、恢复原状的警示,或者向对方提出如不履行将面临的法律后果的警示。比如,可以表述为:"鉴于此,本律师事务所律师要求贵公司在收到本函三日内,立即向委托人支付货款,并支付违约金。"或者表述为:"如贵司收到本函后逾期履行的,本律师事务所律师将接受委托人的委托,向贵司提起诉讼,要求贵司履行相关义务。"

其三，询问和协商。律师函也可以起到询问对方履约情况，与对方协商解决争议的作用。比如，律师函可以表达为："委托人对贵司的履约迟缓情况表示担忧，请贵司收到本函后，即刻与委托人协商尽快履约的事项。"或者可以表述为："请贵司尽快安排人员与委托人相关人员进行接洽，以期就某问题达成一致，签订相关协议。"

出具律师函应当注意的事项如下。

一、审慎核查

我们要审慎核查委托人提供的资料、陈述的事实，并作出判断。委托人的要求要合法，要有事实依据。我们不能仅凭委托人的陈述就出具律师函，我们具有法律知识，因此要承担的审慎义务要大于委托人。而且在审查委托人提供的资料时要进行实质审查，要判断资料的真实性、合法性和关联性。然后才能得出结论。

二、要求明确

律师函向相对方提出的要求应准确完整。比如向对方催收货款及违约金，要明确货款的本金及违约金的准确数额；向对方要求侵权赔偿的，如果提到赔偿金的数额，就必须明确。必须与委托人确认函件中提到的相关的数据后，才能发出函件。因为这个文件是我们代表委托人提出的，如果数据错误，给委托人造成损失，出具律师函的律师事务所及律师将承担相应责任。

三、避免侵权

律师函发送的对象可能存在三种可能：一是向委托人的相对人发出；二是向委托人相对人的利害关系人发出；三是向不特定的多数方发出。第二、第三种情况中，如果当事人陈述存在虚假的情况，有可能导致相关收函机构向发函律师事务所提出名誉权侵权等索赔。

还有，律师函一般点对点发出，不宜张贴。有律师事务所律师将催款律师函张贴到委托人的相对方的门口或者小区的公告栏中，这其实是侵权行为,也是不专业的做法。我提供一份律师函的示例,供参考。

北京某某(长沙)律师事务所
律 师 函

[2024]律函字第　　号

  本文件记有机密信息,仅供收件人使用和阅读。如果您既不是收件人,也不是负责传递本文件的人员,我们谨此向您告诫:严禁散布、分发或复印本文件。若本文件误送到贵处,敬请立即电告我们,并将本文件稿原件寄回我处。我们将承担由此产生的合理费用,谢谢合作!

收 件 人:珠海某某有限公司
发 件 人:北京某某(长沙)律师事务所　某律师
发件日期:　年　月　日
发件页数:2

致:珠海某某有限公司

  受湖南某某有限公司(以下简称"委托人")的委托,北京某某(长沙)律师事务所某律师就贵公司所负责生产车间净化装饰工程进度严重滞后的相关事项致函如下,请审慎对待,以规避可能的法律风险。

  根据委托人提供的证据及委托人的陈述,本所律师了解到以下情况:

  1.2021年6月6日,委托人与贵公司签订《生产车间净化装饰工程合同书》，约定：甲乙双方签订合同，乙方开始即着手备料，施工工期为材料及工人进厂之日起六十天完成现场施工。任何一方违约，双方应友好协商解决，协商不成由违约方支付守约方工程总价10%的违约金作为守约方经济补偿。

2.2023年2月28日，贵公司安排材料进场，装修人员到位，委托人已按合同约定在五个工作日支付15%工程款，至2023年5月30日，生产车间内彩钢板主体、风管主体、空调系统施工均未完成安装，工程进度严重滞后。委托人遂发函催促，要求贵公司在2023年6月15日之前将工程完工交付。

3.2023年7月19日，贵公司所负责工程仍未完工交付，委托人再次发函催促，要求贵公司于2023年7月26日完成全部工程。

4.2023年7月26日，贵公司仍未完工，受委托人的委托，北京某某(长沙)律师事务所某律师就贵公司所负责生产车间净化装饰工程进度严重滞后的相关事项致函贵公司。

5.2024年3月27日，因贵公司一再迟延履行，受委托人的委托，北京某某(长沙)律师事务所再次致函贵公司，要求贵公司于2024年4月30日完成全部工程并交付给委托人。

6.截至2024年6月12日，贵公司所负责生产车间净化装饰工程仍未完成交付，已经逾期交付410天。贵公司已严重违反合同约定，应当承担违约责任。

根据上述事实，本所律师提示贵公司注意：

贵公司与委托人签订的《生产车间净化装饰工程合同书》系双方真实意思表示，内容合法有效，贵公司应按照约定全面履行合同义务，贵公司工程进度严重滞后，已构成违约，我方委托人有权要求贵公司依据合同约定完成全部工程并赔偿相应损失。

有鉴于此，本所律师郑重致函贵公司：

应在收到本律师函之日起三日内启动生产车间净化装饰工程，并于2024年6月23日之前将工程完成并交付给委托人。如逾期，委托人将向贵公司提出诉讼，要求解除双方之间的《生产车间净化装饰工程合同书》，并要求贵公司承担包括诉讼费、律师费、保全费、鉴定费、公证费、差旅费、预期经营利润损失、违约金等在内的各项费用。

为避免诉累及不利影响,望贵公司接函后审慎处理!

特此函告!

北京某某(长沙)律师事务所
某律师
年 月 日

第四节 如何起草和审查合同

大卫·休谟(David Hume)在《人性论》中阐述了经济活动正义的三条自然法则,第一原则是私有财产权的确立与稳定;第二原则是财产转让必须基于自愿与同意;第三原则是承诺必须得到履行。这三个原则其实也是现代民法的精神实质。在经济活动中,经常强调要有契约精神,契约精神包括了四个方面的内容,即契约自由、契约平等、契约信守、契约救济。契约信守即诚实信用原则,是民法的"帝王条款"。

合同是交易活动的基础法律文件,起草和审查合同是法律顾问的日常工作,也是律师的一项基本功。在整个法律职业生涯中,我们要起草、审查的合同应该以万份来计算,在不同的执业阶段,对于合同的理解也会有很大的不同。

我们经常会被要求向客户提供一份借款协议、租赁合同、劳动合同、资产转让合同、投资协议等。在日常的工作中,客户也经常将各种买卖合同、服务合同、股权转让协议、直播带货协议、广告合同、工程施工合同等发过来让我们审查修改。这些文字工作花费了律师大量的有效工作时间,也训练出律师对商业交易、合同结构和文字的职业感觉。

对律师而言起草一份常用的合同,并不是一件难事,但从专业的角度来评价,什么样的合同才是一份好合同,是有基本的评判尺度的。

先看一个案例:我最近在处理一件很麻烦的合同纠纷案件,代理原告向被告追索货款。合同的首页约定,合同的签订地是海南省海口市龙华区,而合同的管辖条款约定,合同纠纷由合同签订地海南省海口市琼山区人民法院管辖。被告公司的注册地址在起诉前两年就已经变更到海南省海口市美兰区。这个案件到底由哪个法院管辖？这份合同条款对争议管辖法院约定是不明确的,如果约定不明,可以视同约定无效,案件可以由合同履行地和被告住所地人民法院管辖,这个案件是追索货款,可以由合同履行地即原告所在地湖南省长沙市的某个区人民法院管辖,也可以由被告现在的住所地海南省海口市美兰区人民法院管辖。

先不谈案涉合同的主要内容,仅评价该合同的争议解决条款就是不合格的。要让法院受理这个案件,要和至少四家法院沟通协调。

一、如何评价一份合同的质量

1. 法律维度上的评价

合同是一种法律文本的呈现,从法律维度上评价一份合同的质量,主要是考察几个方面:①合同的形式是否具备《中华人民共和国民法典》第470条规定的基本条款和内容;②合同约定的主体、标的、权利义务、合同解除、违约责任、争议解决方法,是否合法、准确、清晰;③合同约定所涉及的事项,是否符合相关法律法规的要求,不违反法律法规禁止性的规定,不存在可能导致条款无效的情形;④合同条款中不存在严重的缺陷、漏洞,能够满足当事双方的交易目的,以及救济要求;⑤合同的体系、逻辑结构、概念术语、文字语法是否清晰、严谨、精确。

2. 商业维度上的评价

合同的目的是达成、取消、变更一个商业或民事目的。从商业维度上来评价合同的质量,主要考察这几个方面:①当事人的意图是否在合同中明确、完整地表达;②合同的交易结构是否简单、明晰;③合同条款具有实用性、可操作性,能够实现合同的交易目的;④合同履行过程中的各种可能性,在合同条款中已有大致预判和解决方案;⑤合同争议解决方式,对当事人有经济性和便利性。

从上述两个维度来评价合同的质量,要求合同既要符合法律的规范要求,又要在实际经济生活中运用。既不能拿着法律去硬套合同条款,也不能让合同条款与法律的禁止性规定相冲突;既不能在一个小标的交易上使用几十页的合同,浪费资源,也不能在一个重大的交易项目上,随随便便使用网上下载的文本,漏洞百出。**好的合同应该是在法律和商业上达成了协调和平衡的合同。**

二、如何起草一份有质量的合同

1. 熟悉法律法规

起草合同肯定先要熟悉《中华人民共和国民法典》合同编。具体说,就是对合同编的五百多个条款以及相关司法解释有所了解。这样,至少对于合同编中规定的十九种典型合同的起草,可以找到对应的大致格式和起草规范。

另外,对合同性质所涉及的法律法规也要有所研究。比如,起草股权转让协议,对公司法中股权转让的规定要熟悉;起草股份合同协议、投资协议等,对公司法、投资项目涉及的投融资方面的法律法规要熟悉;起草劳动合同、保密及竞业限制协议等,需要系统学习《中华人民共和国劳动法》《中华人民共和国劳动合同法》以及审理劳动争议案件的相关司法解释。

此外,起草合同,还要对相关行业的法律法规有所研究。比如,起草一份加盟连锁协议,要对特许经营行业的规定有所研究;起草药品、医疗器械销售方面的合同,要了解药品管理、医疗器械管理等方面的规定。

2. 了解客户意图和背景

举一个例子,要起草一份加盟连锁合同,需要了解客户公司的意图、公司经营的特点、管理流程、关键的控制节点等。

(1)公司已经建立起品牌和连锁管理公司,并开设了几家直营门店,经营模式已经成熟。

(2)现有市场上的连锁机构也在发展加盟商,争相扩大商业网络,公司希望参与竞争。

(3)为真正实现连锁化,对于加盟商的要求是"六统一":品牌商标等统一格式和授权使用;门店装修、物资物料设备统一采购;运营管理和市场策略统一;主导产品的品种规格、零售价统一;员工的招聘、培训、薪酬统一由连锁公司指导;财务管理由连锁公司统一管理。

(4)连锁公司的关键控制节点有:商标的许可使用以及使用费支付;装修采购配送以及回款;连锁公司的管理制度在加盟门店的贯彻执行及各项督导处罚;连锁公司财务部门对加盟门店的财务管理权限;加盟门店违反合同的后果以及制约措施等。

3. 设计合同结构

接上面的案例,在了解客户的背景和意图的基础上,设计出如下的合同功能模块:

(1)**合同名称**、**合同主体**。合同名称可以是"某公司加盟连锁合同"。在合同主体方面,甲方是连锁管理公司,乙方是加盟方。因为涉及一些经济利益,会要求加盟方家庭成员也作为乙方,承担连带责任。

(2)**加盟双方的基本权限**。确定加盟双方对"六统一"定义和基本要求。

(3)**经营区域**。明确加盟商的经营范围,以及设立加盟门店主体的规则。

(4)**"六统一"的具体约定**。包括对品牌及标识的授权使用、运营督导管理、财务管理、人力资源管理、采购配送管理等连锁管理的各个方面作出详细的约定(随着经营活动的扩大,管理愈发细化,合同也会不断迭代)。

(5)**合同解除以及违约责任**。包括出了问题如何处理、出现违约如何追究的约定。

(6)**其他事项**。包括合同争议的解决方式、生效和送达等约定。

4. 审查合同的要点

"书读百遍,其义自见。"合同审查多了,就能够准确把握合同的要点。一名合格的律师助理,至少需要积累数十种类型合同的起草要点,看过上千份不同类型的合同,才能在审查合同时,把握合同的关键点。上文讲到的如何评价一份合同的质量以及如何起草一份有质量的合同,可以对如何审查合同提供借鉴,审查合同的要求也包含在其中,不再赘述。关于合同审查,我着重提出如下几点建议。

(1)**审查交易对手很重要**。我有一个朋友,这几年陷入大量与合作对象的官司之中,有些项目直接面临败诉的风险或者即便胜诉也面临无法追回损失的风险。他们合伙经营的商业模式本身没有问题,是一个可以获得较大收益的项目。但他忽略了对交易对手的选择和审查。他选择的合伙对象在个人财富、社会阅历、认知水平方面都要比他低很多。其实,交易对手是这样的情况,可以作为一个供应商,可以作为单项目的合作,但肯定不适合紧密绑定在一起合伙做生意。他没有考虑到交易对手在巨大的商业利益面前会牺牲他的利益,会转移隐瞒收益,侵害他的权益。这就是这些麻烦的根源。

很多合同纠纷出现的原因就是缺失对交易对手的判断和审查。轻信一纸合同会约束对方,也轻信其不敢违反合同约定。大量的纠纷出现,并不是合同条款设计不合理,或者约定不明确,而是交易对手缺乏诚信,或者违约成本极低、维权成本极高所致。

所以,设计和审查一份合同,首先要考虑的不完全是交易标的和交易结构,而是与交易对手是否对等,以及交易对手的诚信程度。还要考虑面对利益,交易对手是否会背叛,是否会违约,是否会侵害当事人的利益。

一般的做法,要在企查查、中国裁判文书网、中国执行信息公开网等平台上,对交易对手的情况进行详细了解,比如是否有涉诉情况,是否有失信情况等。如有,要向客户披露;要求对方做出解释、承诺、保证;要在合同中追加担保人、担保物;要在合同中加重违约责任、改变支付方式等。

(2)**争议解决条款很重要**。很多初级律师对于争议解决条款不太重视。在修改合同时,不坚持自己的看法,导致发生争议后,出现很多麻烦,有时还无法维护客户的权益。

法律规定是一样的,但各地的法官是不一样的。即便在同一个城市,不同市辖区法院的法官审理案子的思路、工作方式、作风态度都不一样。我办理过一个案子,在城市法院可以进行财产保全,而到了县城法院,院长就可以决定不给案件做保全。同样是进行保全,不同法院的做法不同,效率和效果也不同。

我的建议是,在审查合同时,要将争议的管辖地首选放在自己客户住所地。如果合同相对方有不同意见,也要争取将管辖条款约定为"双方均可在各自住所地人民法院提起诉讼",也就是原告住所地管辖。如果合同相对方还不同意,那就看合同相对方公司以及所在城市的能级,如果能级高于你的客户以及客户所在的城市,可以勉强接受;如果对方公司以及所在城市能级低于你的客户以及客户所在的城市,还坚持要取得管辖权,那这笔生意最好要慎重,否则会出问题,你的客户基本会血本无归。

审慎采用仲裁条款作为争议解决方式。仲裁的好处就不介绍了。仲裁条款的不方便介绍得不多,我讲如下几点:①仲裁虽然是一裁终局,但客户如果输掉了,可以到法院去申请撤销,所以赢的输的其实都不踏实,事情看似结束,但实际并非如此;②仲裁不公开审理;③虽然可以选仲裁员,但大多数当事人也不会去选;④仲裁的费用远高于诉讼费,不便宜;⑤仲裁程序启动后,申请保全比较麻烦,因为需要转到法院申请;⑥仲裁裁决后,需要到法院申请执行,人民法院要进行审查,被执行人也可以申请不予执行;⑦仲裁裁决可能被撤销,后续只能重新到法院起诉。更多内容可参见最高人民法院《关于人民法院办理仲裁裁决执行案件若干问题的规定》。

关于起草和审查合同,有很多资深律师写过专门的文章,出版过专著,我推荐吴江水律师的《完美的合同(第四版)》一书。本节借鉴了吴律师的观点,在此特别感谢。

第五节 如何做调解

这些年,我参与过很多调解事项,有交通事故赔偿,有劳动争议,有工伤事故,有医疗纠纷,有家事争议,还有很多诉讼案件,在一审、二审、执行阶段，也可以通过调解、和解的方式结案。

调解也是律师的一项基本功，调解活动是对律师的思考分析能力、写作能力、辩论能力的综合运用，而且还需要律师根据调解时的几方态势、背景、委托人的意图目标等进行综合分析和灵活变通处理，在不违反法律的前提下，既能够通过调解的方式解决问题，又能够实现委托人利益的最大化。

通过调解方式解决争议，能够尽快且圆满地化解矛盾（判决书基于法律规范的要求，有时不一定能够完全解决问题，需要当事双方或几方一起参与才能解决）；通过调解方式解决争议，能够更大程度地节省资源，还能够让各方的利益最大化（打官司的成本非常高，而且诉讼会丧失很多商业机会，其实不利于资源的有效配置）；用调解方式解决争议，也是政府机构、人民法院、各方当事人能够普遍接受的，也是效率更高的方式（毕竟没有谁愿意花大量的时间在一个复杂漫长且成本高昂的诉讼程序里）。所以，律师参与调解，解决纠纷，大有可为。

我举几个实际发生的案例，供大家参考分析。

案例1：

有位认识的退休司法所干部给我打电话说，谢律师，听说某律师是你的徒弟（已经出师），她现在代表学生家长处理一个学生事故的赔偿案件，你要和她讲讲，还是要解决问题，事故已经发生了，要赔偿就提出来，就不要追究学校的其他责任了。我后来打电话问了下那位律师，案件还是很严重的，学生在一所民办学校学习，发生事故当场就死亡了，家长痛不欲生，委托我的徒弟来处理案子，我的徒弟一开始根本就不提赔偿要求，只是要求查看事发时候的监控，要求调查学校领导的安全事故责任，要求相关教育行政部门、公安机关介入调查。这位退休干部代表学校处理赔偿事务，我那位徒弟直接就问这位干部的代理权限，在得知这位退休干部的身份后，认为他的身份不客观，就要求其回避，搞得他很没面子。这个案件，我和我的徒弟说，你代表当事人利益，在那个气氛下，应该说那种话，也要为当事人说话，钱买不到生命。最后这个案件以巨额赔偿了结。生命不能用钱衡量，但钱可以给失去孩子的亲人们一些慰藉，也会给罔顾安全的学校一些教训。

案例2：

我最近参与了一次调解。我的一个朋友驾驶某知名品牌车辆在高速公路上行驶，车辆突然发生了紧急停车，导致后车追尾，幸好只有车损，没有人损。从后车的行车记录仪看，前车急停，后车让速不让道，只能撞上，前车是全责。我的朋友心有不甘，委托我向品牌4S店提出赔偿。开始4S店不承认，认为是我的朋友误操作所致。我们用仪器对车载电脑做了检测，发现事故时段，车载电脑发出了"制动异常"的报错，我们截屏固定了证据，向4S店发出了律师函，并向当地的消费者协会提出了赔偿调解要求。这是一个产品质量责任纠纷性质的案件，举证责任归于经营方和生产方，消费者只需有证明车辆出现质量问题的证据即可，后车的行车记录仪、车载电脑检测截屏、交通事故责任认定书就是基本证据，我们又在网上搜索了该类品牌车辆类似的急停案例（还真不少），作为辅助证据。对方是没有办法拿到车辆没有质量问题的证据的，因为这个鉴定很难取得，费用也特别高。这个事情调解处理是最优选择。前后调解了三次，开始是厂家同意赔偿修理费，第二次同意赔偿修理费以及损失3万元，我们都没有同意。我们提出的要求是，4S店按评估价格收回车辆，然后厂家交付一辆全新同型号车辆给我的朋友，我的朋友适当补付差价。最终的调解结果是，4S店、厂家向我的朋友交付全新同型号车辆，我的朋友补付差价10万元，双方握手言和。

案例3：

我代理原告处理一件租赁合同纠纷案件。原告将百余亩土地租赁给被告使用，被告在土地上做了很多房屋设施建设，然后招商，因经营不善，导致拖欠土地租金。原告遂起诉至法院，要求判决解除合同，被告支付拖欠的土地租金。一审判决后，双方都没有上诉，判决生效。判决的结果是，被告向原告支付拖欠的租金，驳回原告的其他诉讼请求。对于原告关于解除原被告之间的土地租赁合同的诉讼请求，法官认为合同即将届满，无需判决合同解除。这个案件如果上诉，上诉期间至判决结果作出的时间无法预测，后续如何处理，也无法预测。故原告坚持上诉没有实际意义。还不如借此机会与被告协商一次性解决争议。被告拖欠租金事实成立,合同即将届满,也无续约可能,如与原告协商,争取减少一些租金费用,也能两便。于是在执行阶段,原被告双方经多轮调解达成一致:第一,一审判决书确定的土地租金由被告支付给原告,直接从冻结账号中划拨;第二,合同继续履行,到届满后终止,被告向原告交还土地及土地上的所有房屋建筑物;第三,作为补偿,原告免除被告在一审判决后到合同届满期间的所有租金;第四,案件的诉讼费、执行费由被告支付(因执行和解,执行费免收)。

案例4:

我代理原告的另一件土地租赁纠纷案件中原告将土地租赁给被告使用,被告在土地上投入1000余万元建设汽车4S店。后因被告经营问题,无法支付土地租金,原告提起诉讼,要求解除合同并判决被告支付土地租金。被告反诉称,租赁合同无效,要求原告承担建设成本。法院审查后认为,案涉土地系绿化用地,原被告签订的合同无效,合同无效导致被告投入的资产损失按原告承担40%和被告承担60%的比例分配。遂判决合同无效,被告向原告返还土地,被告需支付土地使用期间的土地占用费,原告需承担合同无效导致的被告损失××万元。被告不服,提出上诉。在上诉期间,第三方某品牌汽车4S店正好需要扩大场地,遂和原告商议,愿接受被告的场地,并替被告向原告支付土地租金,且替原告承担应支付给被告的损失。基于此,三方在庭外达成协议:第一,原告同意被告将土地上的建筑物交付给第三方;第二,第三方补偿被告建设费用×××元;第三,第三方替被告向原告支付土地租金×××万元;第四,被告撤回上诉,原被告同意一审判决书不再履行;第五,原告与第三方另行签订土地租赁合同。

从这些调解的案件中,可以总结出一些规律性的事项,从而给我们处理类似案件一些启发。

一、目标明确,态度坚决

在接受调解任务时,要和客户商量好调解的目标。比如,在上述案例2中,我和客户沟通达成的一致调解目标是,第一,这个事故车辆肯定要退回，如果这个目标达不到，那要准备通过诉讼、媒体投诉、政府投诉等方式来达成这个目标；第二，至于退还车辆后，是要求对方折价收购并赔偿，还是换一台同款新车，补一定的差价，可以二选一。最终因与双方沟通顺利，且这类事故确实只是偶发，并不存在设计问题，我的客户接受了以旧换新的方案，而且同意补一定的差价给4S店作为交换。在第一次调解会议召开之时，代理律师就将客户和律师的态度亮明，并确信对方已经领会。

二、方式灵活，身段柔和

调解切忌方式固定。应该有时强硬，有时温和，有些地方要坚持不让，有些地方可以做一些让步。有时要极限施压（比如，划定截止日期），有时要灵活腾挪（一个方案谈不成，马上换另外一个方案）。目标很明确，但也要尝试实现目标的不同方式方法。比如在案例4中，当案子进入僵局，就要想办法引入第三方来破局，在和第三方沟通协商好之后，再与对方沟通解决办法。第三方作为商业机构也有自身的利益诉求，只是当前的主要矛盾是解决原被告双方的争议，可以对第三方做出相应的承诺和保证，前提是解决主要矛盾之后逐步兑现。

三、换位思考，耐心沟通

接受委托后，肯定要以实现委托人目标为第一要务，但也要考虑，调解不是零和博弈，调解协议的达成，是双方妥协和讨价还价的结果。即便是优势的一方，也要考虑将优势贯彻落实，需要的费用和时间成本是否合理。如实现的成本过高，足以抵消优势，那就要换位思考，给对方相应的回报才能实现目的。还有，调解很少有一次达成的可能（我有一次调解一个医疗纠纷，前前后后协商了不下十次，才达成协议），即便每次谈的都是老话，那也要耐心地谈，要倾听对方的诉求和掌握对方的意图。在案例3的调解过程中，我方虽是优势方，但也要考虑到，对方承租的土地有近百亩，经营十多年，在土地上做了投资建设，且法院并未判决解除合同，在租赁期限届满前，我方无法通过强制方式要求对方清场。故我方参与调解的主要目标是平稳收回土地及建筑物。对方因经营损失,希望得到相应的补偿,那我方拿租金折让作为补偿,也能达到双方平衡。

四、合法合规,形成协议

所有的调解活动,在过程中必须合法合规,有次一位年轻律师参与一起工程劳务费的调解,就被包工头带了几十名民工围住。幸好处置得当,没有酿成冲突。在调解过程中,我们要注意语气语调,不能出言强硬,不能嘲讽,不能以势压人。调解达成的方案应当合法合规,不能与现行法律法规冲突,否则调解结果无效。因为调解过程达成的是一个一揽子解决的方案,还有可能出现一方放弃一些权利,并声明不再以同样的理由提出要求的情况,这就需要双方予以明确,并形成书面的协议来确认。双方达成的调解协议,并不具有强制执行的效力,可以约定金额比较高的违约条款来促使双方履行,也可以申请司法确认调解协议,经司法确认后,调解协议有强制执行力。以下调解协议书示例供参考。

调解协议书

甲方(医疗机构):＿＿＿＿＿＿＿＿

乙方:＿＿＿＿＿＿＿＿

患者:＿＿＿＿＿＿＿＿　性别:＿＿＿＿＿＿＿＿

年龄:＿＿＿＿＿＿＿＿　电话:＿＿＿＿＿＿＿＿

身份证号码:＿＿＿＿＿＿＿＿

住址:＿＿＿＿＿＿＿＿

情况说明:＿＿年＿＿月＿＿日,患者＿＿＿＿＿＿因＿＿＿＿＿＿疾病在甲方处治疗,双方产生医疗纠纷,经双方友好协商,自愿达成如下协议,以便共同遵守。

(1)甲方一次性退还乙方所有诊疗费用以及药费共计＿＿＿＿＿＿元;

(2)甲方另行一次性补偿乙方各项费用＿＿＿＿＿＿元;

(3)上述(1)(2)两项合计费用＿＿＿＿＿＿元,本协议签订后

＿＿＿＿＿＿＿日内一次性支付给乙方；

(4)乙方收款账号:＿＿＿＿＿＿,户名:＿＿＿＿＿＿,开户行:＿＿＿＿＿＿；

(5)甲乙双方签订协议并支付上述费用后,乙方不再以任何理由就本次医疗纠纷向甲方提出任何要求,或要求第三方追究甲方责任,乙方也不得向任何第三方公布、披露本协议的内容,甲乙双方权利义务关系终结；

(6)违约责任:如任何一方违反本协议,应向对方支付违约金＿＿＿＿＿＿万元；

(7)本协议壹式贰份,甲乙双方各执壹份,自双方签字、盖章之日起生效。

甲方:(盖章)　　　　　　　　乙方:(签字)
甲方代表:(签字)
年　月　日　　　　　　　　　年　月　日

长沙岳麓山下,如果留心,可以看到有一个不知名的古亭子,叫"自卑亭",从这个亭子开始,就是一段登岳麓山的路。这个名字,其实取自《中庸》,"君子之道,辟如行远必自迩;辟如登高必自卑"。意思是,君子践行真理的道理,就像走远路一样,必定要从近处开始;就像登高山一样,必定要从低处起步。

上述是我总结的律师助理应当具备的基本工作技能。就像少林功夫的基本功是站桩子和罗汉拳一样,我们行当里,有很多高深的理论,也有很多基础的技能。不管做律师到哪一个级别,这些基本功都是不能忘记的。我们做的大部分工作,既需要拿高深的理论去论证,也需要扎扎实实的基础技能去做支撑,有时还需要不断更新理论,使用新的技能,这就是为什么这个行业很难入行、很难做好。

第七章
律师助理的升级技能

莫听穿林打叶声,何妨吟啸且徐行。
竹杖芒鞋轻胜马,谁怕?
一蓑烟雨任平生。

——[宋]苏轼《定风波》上阕

选定自己的专业方向之前，我们肯定要做很长时间的"全能型"律师。团队承接的各种民商事诉讼案件，尤其是婚姻家事、债权清收、劳动争议、伤害赔偿这四类红海业务，律师基本上都要经历，也可能要担任刑事案件的辩护人、承接法律顾问业务、为客户提供咨询、做法律培训讲座、审查或起草公司的各种合同文件；如果有需要，也要参与尽职调查，参与投融资项目。这些业务，都是律师的基础业务，承办这些业务的工作技能，也是必须具备的。

在执业之初，第一要务不是选方向，而是让自己在行业中能够安身立命。各种业务都必须尝试，并没有选择的余地。只有实际操作过各种业务后，才会知道自己更加适合从事哪类业务，加上执业前几年积累的客户经验、知识储备、性格志趣，才会慢慢选定自己的专业发展方向。市场需求决定供给，所以说，进入行业就刻意选择一个专业化的方向，是个伪命题，也不可能成功。律师助理还是要全面掌握各种专业技能，有机会各种业务都尝试参与，对于以后独立执业会有助益。

我在上一个章节，大致介绍了律师助理的五项基本技能，这五项技能算是进入行业的入门功夫，需要反复刻意训练，才能日趋娴熟。比如，法律检索这项技能，如果在劳动争议领域内做过几十件案件的法律检索，那处理劳动争议基本上就没有什么障碍，因为劳动争议的焦点问题仅有十余个。这五项基本技能任意组合，熟练运用，就能够开启这一章节的四项升级技能。

我打算用四个小节来概述律师助理的四项升级技能，涉及三个执业方向：争议解决方向、法律顾问方向、非诉方向。这三个方向不存在优劣的问题，只有适不适合的问题。先不着急选，先做一做，看看自己是不是适合。

> 这四项技能,我没有能力展开详细描述,我只能概述这四项升级技能的关键节点、注意事项、应当规避的风险,并给出相关案例参考。我给大家提供一把开启这几项技能的钥匙,大家在工作中再做详尽的研究。

第一节 如何代理诉讼案件

拿到一个案件,不论是代理原告还是被告,代理律师的第一反应是什么?那就是,要尽一切合法努力争取案件胜诉的结果。要从下面几个方面来实现胜诉的结果。

一、明确案件代理思路

代理案件很多的律师,一般都会有一种"案感",就是能够大致判断出这个案件的走向,形成代理思路。这种感觉的形成,有经验的成分,有对法律规定理解透彻的成分,也有对双方当事人判断的成分。

举一个股权纠纷的案件为例。我的委托人是被告,委托人与几位朋友合伙开办了一个混凝土搅拌厂,借用了一家公司的资质,投资取得设备就开办了。因市场行情较好,收益不错,于是,原告就提出希望入股,委托人转让了几个点的份额给原告,但提出原告的股份只能挂在委托人名下,不能显名,双方签订了股份转让合同,原告支付了转让款。每年的分红款到账后,委托人就转付给原告。后市场行情下行,业务萎缩。原告提出,因原告入股无法办理股权登记手续,无法实现合同目的,要求解除股份转让合同,退还原告转让款,并赔偿资金占用费。

这个案件拿到手,我从下列几个点分析。

(1)**确定案件的性质**。虽然立案的案由是股权纠纷,但从案件实际情况来分析,这个案件性质确定为合伙合同纠纷的可能性比较大。因为,案涉的股权并不是公司法意义上的股权,只是这个合伙项目的合伙份额。原告律师仅仅从双方合同的外观上作判断,对案件的定性是不准确的。我们拿到案件,第一反应就是这个案件的定性是什么,请求权基础是什么,这个分析错了,后面就全错了。

(2)**原告的理由是否充分**。原告与委托人是朋友,故投资合伙。而且项目的情况原告完全知情,投资前反复去项目所在地考察了解,还找了专业人员陪同评估(后来我们找到这个陪同人员取了证词),项目的收益也是一笔笔计算清楚支付给原告的,所以就不存在委托人有欺瞒的情况,而且项目一直在正常运营中。那原告以不能办理股权转让登记,不能实现合同目的为由,要求解除合同,退还转让款项,要求赔偿损失的理由就不充分。他真实的想法应该是看到合伙项目的收益下降,担心自己的投资损失,而要求提前退出。

(3)**形成代理思路**。对案件性质有基本判断以及对原告的意图有大致了解后,我们就形成一个代理思路和答辩意见的框架:①案件的性质为合伙合同纠纷;②原被告双方签订的转让合同自愿、真实、合法有效;③合伙项目目前经营正常,原告正常获得了投资收益,被告不存在违约情况,故不存在合同解除的约定、法定理由,被告无需退还转让款项和赔偿损失;④驳回原告全部诉讼请求。

这个案件一审判决的结果和我的思路相同。

这是拿到案件材料后,律师对案件的大致分析和代理思路,相当于工程的设计图纸,这也是代理律师的真正价值所在。围绕这个分析思路,后续需要大量的准备工作,收集各种证据材料,询问证人,形成书面的答辩、代理意见,准备开庭等,这就相当于实施细则或者工艺流程。设计错了,再精巧的工艺也无用。

二、与委托人充分沟通

诉讼是偶发刚需的律师业务。对一个委托人来说,一辈子可能从来没有碰到过打官司的情况,碰到一个官司,他内心肯定比较焦虑。委托人需要一位能充分听取他陈述事情过程的律师,一个能够让他从乱七八糟的材料中理清头绪的律师,一个能够让他内心坚定有胜诉希望的律师。

我承认很多律师同行水准很不错,但真正能赢得委托人认可的律师是协助客户取得胜利的律师,在案件这个博弈台上,代理律师是不能站在主位的,主角其实是你的客户,千万不要喧宾夺主。

1. 明确立场

我有一个朋友,经商多年。从他开始经商起,我就代理他的诉讼事项。我开玩笑说,我是他的军师。他从公司离职创业,第一件官司就是劳动争议,最后法院执行了公司一台车抵债;他的各种代理业务,收尾的时候总要催尾款,我协助他起诉、冻结对方账号、申请执行;他和人合伙,也产生大量诉讼。他每次做完项目回来,总要约我谈谈工作进展,征求我的意见。我能够理解他的操作,也知道他的商业模式,对他的个性也非常了解。作为创业者,他不能退,作为代理人,我尽自己的能力给出分析意见,提出解决思路,但我也不能劝他退。这是立场问题。

我讲这个经历是建议作为代理律师的你,在接受客户委托以后,在案件进行过程中,可以描述事实、分析案情、展示案件的各种走向、提供各种解决方案,但不能劝客户妥协,这个话不合适从律师口中说出来。我们可以讲事实、讲观点,少谈感受,立场与客户一致。

2. 充分披露

有些律师喜欢对自己的委托人隐瞒一些案件的情况。比如进展到哪一步了,对方有什么动向,对方的证据有什么问题,法官有什么意见,我方的证据是否有瑕疵,代理意见是否完整等。客户来问了,也没空去说明,这其实不太合适。

要向客户充分披露和案件相关的问题(法律禁止的除外)。具体情况如下。

(1)**法律事实**。委托人讲的情况、代理人收集的证据情况、对方提供的情况,大致可以拼合出案件的基本情况,最终能被证据证明的事实才是事实,这需要和客户说明。普通人是搞不清楚事实和法律事实之间区别的,你得明确告诉客户,案件的法律事实是什么。

(2)**代理策略**。在开庭之前,要充分和委托人沟通好案件的代理策略,最好有上、中、下三个策略可以选择,双方配合要朝实现最优策略方向努力。要将目前可以预测到的各种可能性和委托人讲清楚,很多委托人比较急,要说明案件程序的周期有多长,过程中可能会出现管辖权异议、财产保全、委托鉴定、法官休假等情况,让委托人能够预判和规避。

(3)**需要配合的事项**。要确保案件的胜诉,确保按商定的策略推进,需要双方的紧密配合,不是律师一方的事务。比如相关证据的收集,律师可以向委托人发出材料清单,委托人配合收集;比如有些证据需要人民法院调取,需要委托人写出申请;证人证言的获取,需要委托人通知证人到场或者到庭;费用缴纳,也需委托人配合。这些事项,需要律师与委托人沟通清楚。

(4)**诉讼可能性预判**。这个是最要紧的。很多律师和委托人之间纠纷的产生,就是这个工作没有做好。比如,应当预判的结果没有预判;不该进行保证,却做了保证,这就埋下了麻烦的隐患。我代理过一个案子,在起诉前,我就预判到案涉合同可能是无效的,人民法院会判决合同无效,并要求根据各方过错来分担损失。这种重大问题,我在委托人的董事会上事先就做了披露,最后的结果也确实判决合同无效,这样事先告知,委托人就不会感到案件不可控。律师不能给委托人承诺案件的诉讼结果,我们只能承诺,尽自己最大的努力去争取最好结果。但有律师同行为了揽案件,向委托人做保证,最后又不能兑现,就导致委托人去投诉,要求退费,还有被举报涉嫌欺诈等情况。

(5)**案件的全部费用**。案件的代理费要事先谈好,要签好合同、开好发票、走公账,这是规矩。委托人会关心总的费用成本,律师最好要充分估计和披露,不要后续要求委托人增补。比如,代理费、诉讼费、保全费、担保费、鉴定费、公证费、交通费、上诉费等各项费用,给客户列一个清单,这样委托人明明白白消费,你安安心心收费,不会为此心生龃龉。有不少律师和委托人之间的纠纷,就是因为收费的事情引发的。不要收找关系用的茶水费、车马费、打点费,最好问都不要问,想都不要想。

三、证据整理

这项工作具体而烦琐。任何一个案件,要准备的证据分为几个类别:①证明主体存续的证据;②证明/反驳法律关系成立的证据;③证明对方违法、违约、侵权行为成立的证据;④证明对方的行为已经造成损失的证据;⑤其他相关证据。

证据的编排,一般围绕请求权基础展开。

比如,要起诉被告追索设备货款及违约金。证据的编排是:①证明被告主体地位及存续的证据,包括营业执照、国家企业信用信息公示系统下载的企业登记信息资料等;②证明双方法律关系成立的证据,包括双方签订的合同、补充协议、技术文件、图纸,以及双方为达成协议发送的邮件、信息等;③证明原告、被告已经履行合同的证据,包括发货单、收货单、调试验收单、增值税专用发票、对方付款明细、设备安装运转的图片、检测报告,双方就设备安装调试的沟通记录、邮件等;④证明被告违约以及违约金数额的证据,包括原告的催款函、律师催款函、双方关于催款方面的邮件、记录,以及违约金计算表等。

对方的抗辩证据编排:①证明原告设备质量瑕疵的证据,包括检测报告、维修沟通函、双方就设备维修事项的沟通邮件等;②证明原告交付延迟的证据,包括合同、安装日期,以及被告要求原告按期交货的函件、邮件等;③证明付款条件未满足的证据;④证明原告要求货款已过诉讼时效的证据等。

证据收集编排后,要制作证据目录,证据目录要包含如下内容:①证据名称;②证据来源;③证明事项等。

证据清单的范本见表7-1。

表 7-1 证据清单

案由:易某诉某社区筹委会侵害集体经济组织成员权益纠纷

序号	证据名称	页数	证明事项	证据来源
1	某村村民代表大会会议表决(2012年11月15日)	1	被告于2012年11月15日召开村民代表大会,通过决议:某村的人口截止日期为2012年12月31日当日。	被告
2	某社区产权制度改革人口截止工作公告(2012年11月23日)	1	被告于2012年11月23日发布公告,公告确认某社区集体净资产统筹分配人口计算截止日期定为2012年12月31日当日。	被告
3	某社区产权制度改革人口统计工作人员安排表	1	被告对2012年12月31日人口截止日上户登记确认进行了周密安排。	被告
4	某社区产权制度改革人口信息登记明细表	2	原告在2012年12月31日前属于社区集体经济组织成员。	被告
5	2012年—2016年生活补助发放明细	21	被告按期向原告发放了生活补助,原告享受了集体经济组织成员待遇。	被告
6	村民房屋分配表	7	原告属于某村拆迁第三期安置户,共计安置人口7.5人*,在截止日安置人口4人,400平方米,另外350平方米为该户选择高层安置,并在2012年12月25日安置。共计已经分配住房750平方米。	被告
7	某村村民代表大会决议(2008年11月21日)	4	村民代表大会会议通过了《某村后期生活安置方案》,该方案确定,对于拆迁安置后的新增人口,不再进行安置。	被告

* 农村集体拆迁安置时,一般以户为单位,这能与农村土地联产承包政策相衔接。村集体保障妇女权益,兼顾利益平衡,一般将嫁到外村但户仍在本村的妇女,按0.5人标准来计算安置费用,即所谓"半边户"。此处的"7.5人"实为按"7.5人"的份额支付安置费用或给予待遇的意思。比如,安置政策规定人均100平方米的安置房,如该安置户总计为7.5人,则村集体分配给该户750平方米的安置房。

(续表)

序号	证据名称	页数	证明事项	证据来源
8	某村第三期安置方案	4	方案确定,第三期安置的人口截止日期为2011年1月21日,安置房价格为450元/平方米。	被告
9	某村生产安置用地征地拆迁房屋补偿汇总表	1	原告于2007年8月实际拆迁安置。	某区国土局

四、案件分析意见

案件的证据收集和编排后,要对全案进行整体的分析,并起草案件分析意见。这个文件需要提交给委托人进行确认。案件分析意见包括下列内容:案件基本情况概述、诉讼请求法律分析、律师分析意见、风险提示等内容。

案件分析意见是起诉状、答辩状、代理意见的基础,也是提交给委托人的一份重要律师代理文件。在委托人确认的基础上,代理律师围绕此分析意见准备法律文书和安排庭审准备。以下为案件分析意见示范文本。

关于某某工伤待遇纠纷案件分析意见

【服务事项】关于深圳某公司湖南分公司与某某工伤待遇纠纷

【报告日期】2023年7月3日

【送呈】深圳某公司湖南分公司

【报告人】某律师

深圳某公司湖南分公司:

某某律师事务所(以下简称"本所")就深圳某公司湖南分公司(以下简称"贵公司"或"某公司"或"贵方")与某某工伤待遇纠纷一事,本所A律师、B律师(以下简称"我们")在研究贵方提供的资料后,通过仔细法律分析、案例研究,提出本法律服务方案,供贵方决策时参考。

一、基本案情梳理

（一）案件当事人情况

诉请方：某某

相对方：深圳某公司湖南分公司

（二）案件事实概况

根据公司提供的材料及情况介绍，我们确定了以下基本事实。

1. 2020年6月2日，某某入职贵公司并签订劳动合同。

2. 2020年8月8日，某某在贵公司项目上例行正常作业，失足从项目四楼高空坠落，引发身体多发性损伤。某某发生事故时，未办理基本社会保险。

3. 2020年8月16日，在某某发生事故八天后，贵公司为其购买了基本社会保险，系用工之日起超过三十日参保。

4. 2021年，某某申请工伤认定，长沙市人力资源和社会保障局作出(2021)长人社工伤认字×××××号《工伤决定书》，认定某某受伤为工伤。

5. 2022年6月16日，长沙市劳动能力鉴定委员会对某某的伤残情况作出鉴定，鉴定为**伤残八(8)级**。鉴定书送达后，贵公司与某某均未在规定期限内提出异议或重新鉴定。

6. 某某受伤住院治疗及康复将近一年时间内，贵公司为其垫付医药费，支付护理费、差旅费等60余万元，截至本服务方案出具之日，贵公司一直为某某支付基本工资、购买基本社会保险。

7. 2023年6月20日，贵公司收到长沙市某某区劳动仲裁委员会关于某某劳动仲裁通知，经所收材料反馈，某某申请劳动仲裁的索赔金额为946764.44元，其中后续治疗费用为50万元。

8. 2023年6月30日贵公司与某某劳动合同届满，不再续聘。

二、某某的仲裁请求

某某提出的仲裁申请中，列明了各项费用的请求。某某列明的赔偿清单详见下表。

赔偿清单

序号	项目	计算方式	金额
1	一次性伤残补助金	6863元/月×11月	75493元
2	一次性医疗补助金	6863元/月×10月	68630元
3	一次性就业补助金	6863元/月×10月	68630元
4	停工留薪工资	6863元/月×18月	123534元
5	住院护理费	200元/天×239天+1680元	49480元
6	交通费	/	4415元
7	住院伙食补助费	100元/天×239天	23900元
8	未报销医疗费用	/	8661.94元
9	后续治疗费	/	500000元
10	解除劳动合同的经济补偿	6863元/月×3.5月	24020.5元
	合计		946764.44元

三、对某某各项仲裁请求的法律分析

(一)关于一次性伤残补助金、一次性医疗补助金、一次性就业补助金

2020年8月8日,某某在贵公司项目上发生工伤事故,案发前某某仅入职两个月,某某受伤前处于试用期,试用期月平均工资远远低于上一个统计年度的月平均工资,即低于2019年湖南省城镇单位在岗职工月平均工资6464元。

根据《湖南省实施〈工伤保险条例〉办法》第26条第4款规定,终止劳动关系或者解除劳动(聘用)合同时,工伤职工本人工资低于本统筹地区上年度职工平均工资60%的,按本统筹地区上年度职工平均工资的60%计算和支付一次性工伤医疗补助金和一次性伤残就业补助金。根据湖南省统计局官网的统计数据可知,2019年湖南省城镇非私营单位在岗职工月平均工资6464元,某某受伤前的月平均工资低于3878.4元(6464元×60%),故贵方仅需按照2019年湖南省城镇非私营单位在岗职工月平均工资6464元的60%即3878.4元(以下计作3878元),向某某支付一次性工伤医疗补助金和一次性伤残就业补助金。

结合《工伤保险条例》第37条以及《湖南省实施〈工伤保险条例〉办法》第26条之规定，八级伤残，一次性伤残补助金标准为十一个月的本人工资，一次性工伤医疗补助金标准为十个月的本人工资，一次性伤残就业补助金标准为十个月的本人工资。因某某本人工资低于社会平均工资，故此处本人工资以3878元计算。

综上所述，各赔偿金具体金额如下：

(1) 一次性伤残补助金：6464元/月×11月=71104元；

(2) 一次性医疗补助金：3878元/月×10月=38780元；

(3) 一次性就业补助金：3878元/月×10月=38780元；

(4) 以上合计：71104元+38780元+38780元=148664元。

(二) 停工留薪期工资

工伤职工的停工留薪期是指工伤职工遭受事故伤害或者患职业病暂停工作接受工伤医疗的期间。按照《湖南省工伤职工停工留薪期分类目录》《企业职工患病或非因工负伤医疗期规定》等的规定，停工留薪期一般不超过十二个月。伤情严重或者情况特殊，经设区的市级劳动能力鉴定委员会确认，可以适当延长，但延长不得超过十二个月。工伤职工评定伤残等级后，停发原待遇，按照本章的有关规定享受伤残待遇。工伤职工在停工留薪期满后仍需治疗的，继续享受工伤医疗待遇。

本案中，某某并未经确认需要延长，故最多只能主张十二个月的停工留薪期。贵公司需要提供某某在受伤前的工资待遇数据，以此证明某某受伤前的月工资标准。停工留薪工资为：受伤前月工资标准×12月。鉴于目前还未掌握详细的数据，暂按照3000元/月计算停工留薪期工资，即3000元/月×12月=36000元，贵方自某某2020年8月受伤之后，一直为其发放薪资，截至终止劳动关系时，贵方已累计发放48271.29元，应当予以核减，故某某应返还贵方12271.29元(48271.29-36000元)。

(三) 住院护理费

依据《工伤保险条例》第33条第3款之规定，生活不能自理的工伤职工在停工留薪期需要护理的，由所在单位负责。故某某因工负伤，在停工留薪期内住院治疗，贵方应当负责某某的护理问题，但贵方未安排人员护理。故可参照最高人民法院《关于审理人身损害赔偿案件适用法律若干问题的解释》第8条第1款、第2款之规定:"护理费根据护理人员的收入状况和护理人数、护理期限确定。护理人员有收入的,参照误工费的规定计算;**护理人员没有收入或者雇佣护工的,参照当地护工从事同等级别护理的劳务报酬标准计算**。护理人员原则上为一人,但医疗机构或者鉴定机构有明确意见的,可以参照确定护理人员人数。"故贵方支付某某因工负伤住院期间的护理费的标准按上述规定执行。

根据某某提供的发票及住院单,我们核算出某某自2020年8月8日起,合计住院一百九十天,其中在上海电力医院、上海市第六人民医院合计住院七十三天,在湖南长沙的湖南旺旺医院、中南大学湘雅医院、湖南省人民医院合计住院一百一十七天。在上海住院期间,护理费开具发票一张,根据发票显示为80元/人/天,护理人数为一人,合计护理费80元/人/天×1人×73天=5840元;在长沙住院期间住院护理费未开具发票,参照长沙当地护工从事同等级别护理的劳务报酬标准(2019年度湖南省城镇私营单位其他服务业从业人员年平均工资标准39552元)即约108元/人/天(39552元÷365天),护理人数为一人,合计护理费108元/人/天×1人×117天=12636元;以上费用合计5840元+12636元=18476元。

(四)住院伙食补助费

根据《湖南省人力资源和社会保障厅、湖南省财政厅关于调整湖南省工伤职工住院治疗工伤伙食补助费标准的通知》,从2022年1月1日起,工伤职工住院治疗工伤的伙食补助费调整为每人每天20元。

事故的住院治疗均发生在2022年1月1日之前,故按照10元每人每天的标准给付,该费用合计10元/人/天×1人×190天=1900元。

(五)交通费

《湖南省工伤职工住院治疗工伤伙食补助费和到外地就医途中交通食宿费支付标准规定》第6条规定,工伤职工到统筹地区以外就医途中的交通费按下表规定的标准支付:

交通工具	火车			高铁	其他交通工具	
	硬座	硬卧	软卧	普通车厢	救护车	其他车辆
支付标准	凭据支付	凭据支付	凭据支付40%	凭据支付	按距离远近支付400元—800元/次	按距离远近在合理价格范围内凭据支付

注：①乘坐飞机、轮船、出租小汽车等交通工具不在支付范围之列。②乘坐火车，连续乘车在十二小时以内，应选购座位票；超过十二小时，可购同席卧铺票。③特殊情况经用人单位申请，报工伤保险经办机构同意，可适当提高支付标准。

根据上述规定，机票不在支付的范围内。某某提供的凭据里除去机票的金额，其他交通费合计2086.5元。

（六）解除劳动合同的经济补偿

支付完毕工伤员工一次性伤残就业补助金，在其合同期满终止劳动合同时，是否还需支付解除劳动合同的经济补偿，关于以上问题我们作出了以下分析。

《中华人民共和国劳动合同法实施条例》第23条规定，用人单位依法终止工伤职工的劳动合同的，除依照《中华人民共和国劳动合同法》第47条的规定支付经济补偿外，还应当依照国家有关工伤保险的规定支付一次性工伤医疗补助金和伤残就业补助金。上述条款同时亦符合《中华人民共和国劳动合同法》第44条第6项、第46条第7项规定应当支付经济补偿的情形。故工伤职工被用人单位终止劳动合同，一次性伤残就业补助金和经济补偿金可以兼得。

《中华人民共和国劳动合同法》第47条第1款规定，经济补偿按劳动者在本单位工作的年限，每满一年支付一个月工资的标准向劳动者支付。六个月以上不满一年的，按一年计算；不满六个月的，向劳动者支付半个月工资的经济补偿。

某某于2020年6月2日入职，贵方于2023年6月30日与其解除劳动合同，在贵公司工作年限超过三年但是不足三年半，应向其支付3.5个月的月平均工资。经济补偿金中的月平均工资是指劳动者在解除劳动合同前十二个月的月实际平均工资，本案中为1799.19元/

月,经济补偿金合计 1799.19 元/月×3.5 月≈6297.2 元。

(七)后续治疗费用

某某提出的仲裁申请中,提出了索要后续治疗费用的请求,金额为 50 万元。某某主张的后续治疗费用是本案争议的焦点之一。

根据本所律师的检索结论,长沙市开福区人民法院及长沙市中级人民法院总体的态度以不支持工伤后续治疗费用为主,不支持理由主要为"后续治疗费包含在一次性医疗补助金中""劳动者未能证明后续治疗费已实际产生"。故本案中,某某针对后续治疗费的仲裁请求,大概率不会得到支持。

(八)各项费用统计

参照相关统计数据计算,贵方须向某某支付的各项费用参见下表所列。

序号	项目	计算方式	金额	备注(法律规定)
1	一次性伤残补助金	6464 元/月×11 月	71104 元	用人单位支付
2	一次性医疗补助金	3878 元/月×10 月	38780 元	工伤保险基金支付
3	一次性就业补助金	3878 元/月×10 月	38780 元	用人单位支付
4	停工留薪工资	不超过 12 个月	-12271.29 元	用人单位已支付部分
5	住院护理费	凭发票+法律规定	18476 元	工伤保险基金支付(用人单位已垫付部分)
6	住院伙食补助费	10 元/天×190 天	1900 元	工伤保险基金支付(用人单位已垫付)
7	解除劳动合同的经济补偿	1799.19 元/月×3.5 月	6297.2 元	/
8	后期治疗费用	凭发票或提供相关司法鉴定意见	/	/
	合计		163065.91 元	

*因用人单位垫付的费用超过应支付的费用,多出部分的费用劳动者应当予以返还,具体金额我们还在梳理统计中。

四、法律建议

1. 目前贵方已经支付了一部分费用，之后还需支付的费用应为应当支付的费用减去已经支付的费用，请避免重复向某某支付。

2. 对于某某主张的后续治疗费主张不予赔偿。

从管辖法院的司法判决中的裁判规则来看，某某主张的后续治疗费很大可能不被支持。另外，即便裁判法院支持了后续治疗费，也应当以鉴定意见或实际发生为准，因此目前公司仍然占据主动地位。

五、风险提示

我们提醒贵公司注意，尽管大多数管辖法院的判决不支持工伤后续治疗费，但我们仍然检索到极少数案例支持了或部分支持了后续治疗费（酌情支持或支持取内固定装置的医疗费），因此存在后续治疗费被支持的可能性。此种风险，贵公司应当予以考量。

本案属于劳动争议案件，需经过前置劳动争议仲裁、一审、二审方能结案。鉴于本案已经进入仲裁程序，请贵公司及时与我们确定委托代理关系，我们尽快准备相关应诉材料。

以上分析及建议，仅供贵公司参考。

顺祝商祺！

某律师事务所
A 律师　B 律师
年　月　日

五、起草诉讼文件

诉讼代理有一个逻辑结构：先是确定案件的性质，然后制定案件的代理策略，然后根据代理策略来收集、编排证据，接下来做详细的案件分析报告，在得到委托人确认后，再根据案件分析报告起草起诉状、答辩状、代理意见等。

下面提供一份代理词供参考。

代 理 词

尊敬的审判员：

原告A与被告B股权转让纠纷一案(以下简称"本案")，北京某律师事务所(以下简称"本所")依法接受被告B的委托，指派本所某律师、某实习律师担任其诉讼代理人(以下简称"被告代理人")，依法出庭参加诉讼活动。

根据庭审中法庭的调查情况，对庭审中审判员归纳的如下争议焦点发表代理意见：

(1)原被告之间的交易标的物，为第三人的股权或合伙份额；

(2)原告向被告发出的解除合同通知是否成立、有效；

(3)如果解除合同的通知成立、有效，原告主张被告退还股权转让费及资金占用利息是否应当得到支持。

被告代理人认为：

(1)原告受让标的物系被告在个人合伙中的份额，并非被告直接持有第三人长沙某建材有限公司的股权；

(2)原告向被告发出的单方解除合同通知系单方行为，被告不存在违约且不同意解除，原、被告之间签订的转让合同应当继续履行；

(3)即便案涉《部分股权转让协议》已经单方解除，原告也无权要求被告返还"股权转让款"并赔付资金占用损失。

具体理由如下：

一、原告受让的标的物系被告在长沙某建材有限公司项目个人合伙中的合伙份额，并非被告直接持有第三人长沙某建材有限公司的股权

1.被告B缺乏对"股权"的基本认知，习惯将"合伙份额"称呼为"股权"。

2017年8月10日，被告B与案外人签订的《预拌砂浆项目合伙承包经营协议书》中对合伙份额的措辞均表述为"**占股**"。诸如"彭某甲出资比例为投资总额的51%，占股51%；被告B出资为投资总额的20%，**占股20%**；彭某乙出资比例为投资总额的20%，占股20%；张某出资比例为投资总额的9%，占股9%"。由此可以看出，被告B对合伙份额或股权缺乏概念，就被告B而言这种称呼的方式是约定俗成

的，即虽然将其称呼为股权，但合同各方的真实意思是指代合伙份额。

2. 被告B不存在隐瞒、欺诈原告A的动机。

根据证人邹某在庭上的陈述可知，在去项目现场考察之前，被告B就已向其明确说明过项目的具体情况，并向其出示过承包该项目的协议及项目财务报表，对其不存在任何的隐瞒及欺骗。

当时由于被告等人经营的水泥砂浆项目经营状况良好，考虑新增生产线以扩大生产规模，B才会接触证人邹某及原告A等潜在投资人，即被告B的真实动机是找寻项目投资人，但在合伙项目经营状况非常好的情况下，被告B不需要通过欺骗投资人其系第三人的股东来获得投资，这种谎言很容易被戳破，被告B不存在隐瞒、欺骗他人的动机。

3. 被告对受让的系合伙份额而非第三人的股权的情况知情，合伙份额的转让为双方真实的意思表示。

在B与A签订上述《部分股权转让协议》之前，A曾数次前往项目现场进行了实地考察，A也曾与证人邹某一同前往长沙某建材有限公司的厂区进行项目考察，经法庭核实A也承认了确实和证人邹某一同前往考察过项目。

考察期间，B向A及邹某介绍过项目的承包情况及产业方向的情况，并明确说明了该处厂房及生产线系B等人合伙承包。

以上足以说明A对合伙的情况、承包经营的情况都知情，B不存在刻意隐瞒、欺诈的情形，项目合伙份额的转让为双方真实的意思表示。

4. 被告向原告转让项目合伙份额符合项目合伙协议的约定，且其他合伙人亦同意，转让行为合法。

被告与彭某、张某等签署的《预拌砂浆项目合伙承包经营协议书》约定四人的项目合伙原则上不吸收新的合伙人，如各合伙人要吸收新的，只能挂在其个人名下。

本案中，被告向原告转让的合伙份额依照上述约定挂在了被告名下，且其他四人亦知情、同意。因此，被告向原告转让项目合伙份额的行为符合项目合伙协议的约定及法律的规定。

5. 原、被告签订的合同系套用被告与案外人张某签订的《部分股权转让协议》的模板，可佐证使用"股权"表述合伙份额为商业习惯。

2020年11月7日,被告B与张某(合伙人之一)签订了《部分股权转让协议》,张某将其持有的9%"股权"中的5%转让给B,转让价格为140万元。其中第一条股权转让的第一款载明"甲方(张某)在长沙某建材有限公司现持有9%股权中的5%转让给乙方(B)"。

2021年2月27日,A与B签订了《部分股权转让协议》,该协议第一条股权转让的第一款也载明了"甲方(B)在长沙某建材有限公司现持有25%股权中的3%转让给乙方(A)"。

对比上述两份股权转让协议可以清晰地辨别出,两份协议的内容几乎完全一致,但被告与案外人张某签订的股权转让协议在前,与原告签订的股权转让协议在后,原、被告签订的股权转让合同系套用被告与案外人张某签订的《部分股权转让协议》的模板。

案外人张某与被告B签订上述合同的真实意思就是转让合伙份额,并非第三人公司的股权不存在争议,原、被告在具备同样的意思表示的情况下,被告出于便利的角度,使用了相同的合同模板符合常理。"误载不害真意"法谚正是对本案情形的描述。被告代理人认为法院在裁判时应当从原、被告的真实意思表示及交易习惯出发,而非从纸面的误载出发。

6. 如原告所称原被告签订的《部分股权转让协议》转让的系第三人的股权,案涉合同签订之前,原告A未对"目标公司"做任何背景调查有违常理。

通过庭审可知,原、被告数次就案涉合伙项目进行沟通,被告也数次前往项目现场进行考察,由此可知原告在投资案涉项目之前比较谨慎。

根据一般的常识可知,法律意义上的股权交易相对复杂,涉及的金额也一般较大,本案案涉"股权转让款"高达92.4万元,但被告却称其一直未调查"目标公司"的股权结构,未对"目标公司"进行任何的背调,这与其签订案涉合同之前的谨慎态度存在矛盾。除非,原告A对其受让的系合伙份额而非第三人股权明知,才不会对第三人公司做任何背调。

二、原告向被告发出的单方解除合同通知系单方行为,被告不存

在违约且不同意解除,原、被告之间签订的转让合同应当继续履行

1.原告A享受了对应的分红权益,被告B不存在违约,原告A不具备解除案涉合同的法定情形。

原告A受让被告B合伙份额的真实目的不是参与合伙项目的管理,而是想通过持有该合伙项目的份额获得一定的收益,即原告A的合同目的系获得分红。被告B与原告A签订了案涉合同后,依约向原告A支付了分红款:

2021年2月10日,被告B获得合伙项目的分红款25万元后,给原告A分红3万元。

2022年1月31日,被告B获得合伙项目的分红款37.5万元后,给原告A分红4.5万元。

2023年1月20日,被告B获得合伙项目的分红款11.25万元后,给原告A分红1.5万元。

综上可知,被告B一直都按案涉合同的约定份额向原告A转让分红款,被告B不存在严重违约致使合同目的不能实现的情形,原被告之间签订的合同应当继续履行。

2.从合同的签订过程来看,原、被告签订的合同合法有效,案涉合同不具备合同无效或可撤销的情形,故此合同应当继续履行。

首先,从合同签订过程来看,被告B没有隐瞒合同标的物的真实情况,明确向原告A说明了承包经营的情况,在此基础上原被告签订了案涉合同,原告A受让被告B的合伙份额系其真实的意思表示,原被告签订的《部分股权转让协议》合法有效,A实际上已经成为上述个人合伙的合伙人。

其次,原被告签订的《部分股权转让协议》并未约定合同解除的具体情形,同时,被告B明确表示对原告A单方解除案涉合同的行为系不认可、不同意的。

最后,被告B与案外人的合伙合同以及被告B等人与第三人的《预拌砂浆项目合作承包经营协议书》也在正常履行,案涉合同仍具备履行的基础及条件。

综上,原被告签订的合同合法有效,案涉合同不具备合同无效或可撤销的情形,也不具备法定或约定解除的情形,故上述合同应当继续履行。

三、即便案涉《部分股权转让协议》已经单方解除,原告也无权要求被告返还"股权转让款"并赔付资金占用损失

即便案涉《部分股权转让协议》已通过原告A单方通知的方式解除,原告A也无权要求被告B直接返还其"股权转让款"并赔付资金占用损失。

一方面,原告A通过签订案涉合同并支付"股权转让款"已经成为合伙项目的合伙人,就合伙人的出资款而言不存在资金占用利息一说。

另一方面,在案涉合同的履行过程中,原告A已经享有了作为项目合伙人的分红权利,同时也应当履行合伙人共同出资、共担风险的基本义务。本案所涉项目是合伙,原告A即便要退出合伙也应按合伙协议的退伙来执行,合伙协议就退伙的约定如下:

"合伙的经营期限内,有下列情形之一时,合伙人可以退伙:

1. 合伙协议约定的退伙事由出现;

2. 经其他合伙人同意退伙;

3. 发生合伙人难以继续参加合伙企业的事由。

合伙人退伙后,几方合伙人与该退伙人按退伙时的财产状况进行结算。"

即便原告解除了案涉的合同并要求退伙,也应按退伙时合伙项目的财产状况进行结算,而非直接返还其"股权转让款"。

综上,原告受让的系合伙份额而非股权。原告作为合伙人不具备单方解除合同的条件,原被告之间签订的合同应当继续履行。即便本案案涉的《部分股权转让协议》已经单方解除,原告应按合伙合同履行退伙程序。

以上代理意见,请审判员参考。

代理人:某律师 某实习律师

年 月 日

六、参加庭审

如果前面的工作做得扎实,庭审就没有什么大的问题。下列事情值得注意。

(1)准时到达、注意着装、遵守指令、注重礼仪、表达专业、控制情绪。

(2)最好邀请委托人一起参加,因为有些事实部分,法庭会询问当事人,当事人亲自回答比代理人回答更有说服力。但事先要提醒当事人不要随便发言。

(3)起诉状、答辩状、代理词,如果有书面的,就不要照稿子念,概述即可。庭后要提交书面的代理词。

(4)要准备一些向对方发问的问题,也要准备应对对方的发问。

(5)要记录并仔细回答法官的发问,因为可能带有一些法官的审判导向。可以即时回答的,就当庭回复,不能回复的,可以作为代理词的主要补充部分。

(6)如果证据比较多,在庭后要提供书面的质证意见。

(7)签笔录的时候,要仔细阅读自己讲了什么,当事人讲了什么,不对的地方要补正。

(8)没有特别的情况,不要和法官、对方发生言语上的冲突。

(9)庭审笔录在征得同意的情况下,拍照存入案卷。

(10)庭后要写一个庭审报告,交委托人并存档。

七、和法官的沟通

做诉讼案件,少不了要和法官打交道。和法官沟通,注意事项如下。

(1)不卑不亢,平等心对待法官。

(2)提前预约,提出沟通意见明确具体,不拖泥带水。

(3)不搞私下沟通,不找关系,不问难堪的问题,尊重边界。

(4)案件输赢由事实和证据决定,一审判输了,不服就上诉。

(5)理解法官的工作压力,程序上有些小瑕疵,不必过于追究。

（6）如果发现法官存在问题，实名举报投诉，不搞人身攻击，多说无益。

八、结案报告

"不忘初心，方得始终。"承接案件，要有始有终。案件结案，不论结果如何，要给客户做一个结案报告，对案件的情况有个书面的交代。结案报告陈述案件的代理经过，对案件的结果作一些分析和判断，结合案件的情况，对客户的经营管理事项提出一些建议。案件结束，交易完成，但双方的关系不能断了。"修合无人见，存心有天知。"无论客户是否满意，我们的工作还是要做到位。

以上是我代理诉讼案件的一些经验，可以作为参考和借鉴。从事诉讼代理业务是律师的法定业务，现在很多律师不太愿意代理诉讼案件，有各种各样的原因。不管我们以后怎么选专业方向，这个基本功还是不能丢。毕竟，在法庭上搏杀过的律师，看问题的敏锐度、直击本质的能力以及语言表达能力，是一般不从事诉讼代理业务的律师没有办法比拟的。以下为结案报告示例，供参考。

关于某某案件的结案报告

致　长沙某房地产开发有限公司
并　某总：

某某诉本公司商品房预售合同纠纷案件[案号为某民初字第某号]，于某年某月某日在某市某区人民法院，经民三庭法官主持调解，双方达成调解协议，并由人民法院出具调解文书。现将结案情况提出报告，请予以参考。

一、调解结案情况
1.代理律师代理公司与原告某某达成如下协议(详见调解书)：
（1）原告某某与公司于某年某月某日签订的《长沙市商品房买卖合同》(合同编号：　　)于某年某月某日解除，原告某某按照总房价的【 】%支付公司违约金【 】元,另支付办理解除房屋备案登记手续费用【 】元,共计【 】元。

(2)原告于某年某月某日之前配合公司到房屋产权登记部门办理本案诉争房屋预告登记解除等退房手续。

(3)公司于某年某月某日前协助原告办理契税、维修基金的退款手续。

(4)公司在原告办理解除房屋预告登记且原告收到契税、维修基金退款使房屋达到可以再次销售条件(房屋达到再次销售条件为以下两个:①原告协助公司办理解除房屋预告登记手续;②原告收到退付的契税、维修基金款项告知公司)后十五日内将原告已付房款扣除第1项约定款项后的剩余房款【 】元退还给原告。

本案受理费【 】元,因调解减半收取【 】元,由原告某某负担。

2.代理律师已于某年某月某日领取某市某区人民法院民事调解书,案号为某民初字第某号,后续双方办理具体退房事宜,已将公司联系人电话号码告知代理人某律师,由其通知某某出具退房申请书,与公司联系办理退房事宜。

二、对此案法院的倾向性意见以及沟通情况

在开庭后,代理律师与主审法官沟通继续履行房屋买卖合同事项,其意见倾向于在买受人不愿意继续履行房屋买卖合同的情形下,即判定继续履行房屋买卖合同的条件不能成就,解除双方的合同更有利于各方利益的平衡与保护。双方可以就解除协议事宜进行调解。如不能调解,法院判决解除合同,并支持合同约定的总房价2%的违约金。公司其他的主张如提高违约金、诉讼费由对方承担、支付解除费用等都在判决里很难支持。后经代理律师与法院主持调解法官多次沟通,法官基本接受公司的调解意见,主要体现在提高原告承担违约金的比例、由原告承担全部诉讼费用、由原告支付办理解除房屋预告登记等手续的费用。法官多次打电话与代理律师沟通,将对方的调解条件说明,最终确定上述调解协议。

三、对此类案件的综合分析及公司应有对策建议

此类案件的发生,其客观原因是,受近两年房地产市场不景气大

环境的影响,买受人出于经济利益或其他原因,宁愿承担支付违约金的风险,也希望解除房屋买卖合同。同时,合同关于买受人违约金的约定过低,其违约成本较低(如本案违约金只有总房价的【 】%)。为避免此类案件的频繁发生,应尽量与买受人沟通协商解决,同时在交易金额将近【 】元的房屋买卖合同中,将商品房买卖合同违约责任比例提高到总房价的【 】%为宜,这样即便买受人提出解除合同,其支付的违约成本也将能够弥补公司因此造成的损失。

以上报告,请公司领导掌握,并指示。

代理律师:某律师
年 月 日

第二节 如何担任法律顾问

和诉讼业务的偶发性、刚需性有区别,法律顾问业务具有频发性和刚需性。一个人可能一辈子遇不到一个诉讼,但一家企业,外聘法律顾问是标配,尤其在当下的社会经济活动中,"**没有法律顾问,谁帮你思考?**"

很多同行不太愿意做法律顾问项目。因为做诉讼业务是一个个的任务,程序比较清晰,做完一个任务,可以继续下一个任务,每次遇到的都是新的故事、新的客户。而法律顾问工作比较烦琐,它以服务时间为周期。如果你一直和客户续签聘用协议,你会陪着这个公司的决策层、管理层"天荒地老",几乎没有完成任务的时候。

我做了很多年的法律顾问业务。我选择的业务方向主要是消费类企业,有药品连锁、餐饮连锁、医疗连锁、食品生产经营、图书连锁,也做学前教育类连锁公司的法律顾问,也担任一些装备制造企业的法律顾问。

我服务时间最长的一家客户,应该有二十年了。如果算到现在,我应该算得上这家公司的前二十位员工之一。这家客户从当初几家门店的小公司，发展成为一个门店数千家的全国性连锁公司。

我是我的朋友那家口腔医疗公司的法律顾问，我加入公司的时候，机构才五家门店，十年左右时间过去，这家公司发展成了三十家门店的口腔连锁机构。

法律顾问陪着一个公司，从小规模慢慢做大。我们这群人，相互也越来越熟悉，越来越了解，相互成就，相互帮衬，其实是一件很有意思的事情。

关于律师担任法律顾问实际要做的工作，我谈一些看法和经验，供希望从事法律顾问专业方向的年轻同行们参考。

一、公司客户的痛点有哪些

我和客户谈合作的时候，第一个问题就是："老总，你为什么要请我担任贵公司的法律顾问？"这个必须问清楚，我得了解这个公司的需求。公司发展的不同阶段，公司老板们的需求是不同的。

有位经营餐饮服务的客户老总在签约的时候对我说："谢律，我在很多问题上需要得到你的支持，我公司的业务比较简单，但公司的结构比较复杂，你先帮我看一看公司有什么问题，然后我们再谈具体的安排。"我说："我正是这个想法，我需要对公司有比较深入的了解，知道公司处于哪一个发展阶段，我才能提出工作方案。"

初创阶段的公司，老板们忙着让公司拿订单、回款。他们的痛点其实是公司的合同需要有律师帮忙把关，货款由律师发函或者起诉清收。我做过很多初创公司的法律顾问，其实他们不太关心公司未来发展，他的资源也不足以关注组织建设，也不做员工培训，一切围绕的就是拿到订单，尽快回款。这个时候，我做的主要工作就是看合同、发律师函、打官司，以求尽快回款。

度过初创期，公司有一定的规模后，老板们开始学习经营管理，公司也有各种部门架构，这时的痛点就是让各个部门形成合力，不让公司管理、业务失控。就需要在人力资源、合同管理、知识产权保护、日常经营管理过程中，有律师帮忙提供意见、解决问题。这个阶段的法律顾问，主要做的是人力资源管理、员工法律培训、合同审查、公司制度建设、各部门日常的法律咨询等事项。

公司进入成熟发展期,商业模式已经固定,业务流程已经建立,运营管理已经顺手,老板们着力通过融资、合作、拓展将公司规模做大,同时,政府部门、投资机构也要求他们完善内部治理,做到合法合规。他们对法律顾问的需求就更加全面,公司治理、经营合规、人力资源、知识产权、合伙人计划、股权激励、合同评审等方面,需要法律顾问的全面介入。这个阶段的法律顾问工作最繁杂,对法律顾问要求也很高。

公司进入衰退期,各种业务开始收缩,各职能部门、各分支机构人员开始裁撤。这个阶段,老板们主要考虑的是确保资金链,将资源向重点部门、重点业务倾斜。老板对法律顾问的需求是,债务处理、风险管控、危机应对。这个时候的法律顾问就是老板的"救火队员",协助老板抵挡来自公司内外部的一切危机。

不同阶段的公司,老板们的关注点不同,法律顾问的工作重点也不同。痛点不同,解决痛点的方案也就不同。对于一个初创的公司,法律顾问一上来就讲风险防控、公司治理,那完全没有意义,因为公司都不知道能不能干到年底,风险虽控住了,企业却关门了;而对于一个成熟发展期的公司,老板们更加关注的是赚到手的钱如何能够保得住,经营管理是安全的,团队是稳定的,他们不担心业绩,担心的是安全。

二、什么才是一个好的法律顾问

一个好的法律顾问"上得厅堂,下得战场;老板认可,'员工服行'"。

(1)**上得厅堂**。律师对公司的股东构成、治理结构、组织机构、各个管理部门的人员安排、职责范围、分公司与子公司的构成,都非常了解,对于公司战略、经营目标、愿景、使命、价值观也非常熟悉。能够在股东会、董事会、经营管理会议上给大家做培训、做讲解。参与公司外部合作,能够代表公司利益,维护公司权益。

(2)**下得战场**。公司的各种诉讼活动、争议仲裁事项,法律顾问能够处理好;公司与各方纠纷调解、客户投诉调解处理,法律顾问要协助办理;公司的紧急公关危机、政府调查处罚、对外声明等,法律顾问要参与建议。

(3)**老板认可**。法律顾问运用自身的知识为客户服务,有一定的独立性,但立场要代表公司利益,维护公司合法权益。法律顾问的专业知识、经验和技能要全面娴熟,满足公司各个发展阶段的需求。关键时候,法律顾问也要有立场,那就是要支持公司合法利益。

(4)**员工"服行"**。"服行"是长沙话,是尊重、服气的意思。法律顾问要知晓公司的商业模式和经营,不能讲外行话,不能做书呆子,要灵活变通。业务部门好不容易承接的单子,法律顾问说有风险不能推进,员工是不服的,法律顾问要协助员工规避风险。在公司业务上,法律顾问如果能够协助指导员工工作,能够帮他们赚到钱,看得比他们远,他们才"服行"。他们能够做的事情,你也会,你比他们做得好,他们就服气。比如,我让客户单位的一个员工做一个数据分析报告,员工说这个事情他不会。我说,那你站在一边,我做给你看。然后,我几分钟做完一个数据分析报告,他就不作声,服气了。

好的法律顾问就是,公司的情况基本清楚,但不随便讲;公司的业务基本知道,但不随便做;分内的事情一定做扎实做好;不关你的事情一句都不打听,一句都不泄露。

三、法律顾问的工作职能

法律顾问至少有如下八个工作职能。

1. 日常答疑

解答公司日常法律咨询和处理日常法律事务,出具法律意见,发出律师函、律师声明,就公司特定的法律事务发表意见。

2. 预防风险

协助公司建立合同管理制度、完善合同管理流程。

审查或起草公司各类合同文本、法律文本,规范合同的各项要件,对文本进行修改和审定,协助起草制定标准的合同文本。

制定劳动人事制度、产品质量管理制度、商业秘密保守制度等规章制度。

定期对公司的商标、专利、版权、非专利技术等事项进行检索，提供解决方案，识别、预防、制止侵权行为。

3. 决策咨询

应邀参与公司股东会会议、董事会会议，为公司重大决策提供法律意见。

起草、审查、修订公司股东会、董事会、监事会、总经理办公会议事规则等。

4. 员工关系

开展各层级员工的法律培训，提高公司相关人员法律意识和技能。

参与审查修订人力资源管理制度流程，实现人事制度管理权限合法、管理内容合法、管理手段合法。

5. 对外协调

协助公司处理政府、社会关系事项，协助处理突发公关事件、网络媒体事件等，防范法律风险。

参与公司重大商业活动的谈判，提供法律咨询意见。

6. 企业发展

协助梳理公司股权结构，设计股权激励方案、合伙人方案。

起草、审查、修订公司章程、股权合作协议、合伙人协议。

参与公司关于股东入股、转让股权、公司合并、分立、重组等事项。

协助公司处理投融资事项，开展尽职调查，交易结构设计，投融资合同、增资并购合同、股权转让合同的起草、谈判等，防控法律风险。

7. 争议解决

协助公司沟通协调处理公司对外商业争议，发出律师函、法律意见书等。

参与处理公司合同纠纷、维权活动、劳动争议等事项。

受公司委托协调处理股权、合伙各项事务。

8. 管理参与

对公司已有的规章制度包括公司章程、管理制度、管理流程、内部控制进行审查、清理。

参与公司内部审计、高管访谈、述职活动等。

参与公司组织变革、组织架构设计及调整。

参与公司商业模式的梳理、设计。

四、法律顾问的知识结构

根据上面介绍的八大工作职能,法律顾问的知识结构应当综合且全面。在我看来,做好法律顾问,需要具备以下几个方面的知识结构。

1. 法律方面

在熟悉通用的法律法规基础上,法律顾问对《中华人民共和国公司法》《中华人民共和国民法典》《中华人民共和国劳动合同法》《中华人民共和国商标法》《中华人民共和国专利法》《中华人民共和国著作权法》《中华人民共和国反不正当竞争法》等法律,应当有比较深入的研究。

2. 企业管理方面

法律顾问应当对企业经营管理方面的知识有所掌握,比如人力资源管理方面、运营管理方面、市场营销方面、管理架构方面要有所涉猎,彼得·德鲁克(Peter Drucker)、稻盛和夫、刘润等的书、课程有必要学一学。

3. 财务、税务、投融资方面

尽量做到财务报表能够看得懂,能够考一个注册税务师也比较不错;投融资的逻辑、并购谈判、估值方式、投融资合同起草等大致能够了解,在参与和外部投资机构谈判的时候,能够发表一些专业的意见。

4. 行业发展方面

要对所服务客户的行业有深入了解,这个行业的商业模式、特征特点、发展趋势、行业规则等要耳熟能详。

举个例子,我所服务的客户涉及医药零售、药品生产、消费性医疗、餐饮、图书、机械制造、学前教育、家装、休闲食品等行业。其实,每个行业在经济活动中,都有其特征和发展趋势。这些领域的头部企业、友商、竞品,我时时刻刻关注,信息也及时更新;行业领军人物的访谈,也经常收看。这对做好客户服务很有帮助。

比如,消费医疗面临集采、面临资本化收紧关闭的情况,如何破局,不单单老板们要考虑,法律顾问也要考虑。

比如,今年餐饮行业从业者竞争压力很大,那发展趋势是什么?如何做到"天地人和""市场下沉""中餐出海",法律顾问要跟着老板们的思路思考。

五、法律顾问的注意事项

1. 严守秘密

法律顾问掌握很多公司的核心商业机密,必须保密,这是人品,也是法律责任。

2. 界限清晰

法律顾问负责提出建议和意见,不能越界。非经公司授权,不能插手具体的公司管理工作,不能利用自己的影响力谋取私利。

3. 及时响应

对于公司老板、各部门的工作,法律顾问必须在二十四小时内响应,和相关部门沟通解决方案。

4. 主动提示

在工作中发现的问题、风险点,法律顾问要向老板、董事会主动提示,提交报告,不能坐视不管。

5. 配合协作

法律顾问在工作中要主动和公司的各个部门、各个层级的员工协作配合,要到基层车间去掌握情况,不能只坐办公室,不接地气。

6. 文档完整

法律顾问年度工作要有工作记录、沟通文件、工作报告,每个公司单独有档案,资料完整,可查询,可追溯。

发展才能解决一切问题。法律顾问的工作,不单单是法律风险控制的工作。不要害怕风险,没有风险的生意找不到。应看到风险、识别风险、做到规避风险、做成生意，辅助公司，让公司发展。

法律顾问要深嵌入公司的各个方面。战略决策、治理结构、组织架构、经营管理、人才发展、风险防控、争议解决等方方面面，都需要法律顾问深入参与，这样法律顾问才有真正的价值。下为风险提示报告与法律顾问工作报告，供参考。

关于"好某某"商标被侵权事项的
提示报告

【服务事项】关于"好某某"商标在全国多地被侵权的提示报告
【报告日期】2024年2月28日
【送呈】湖南好某某连锁有限公司
【报告人】某律师事务所　某律师

致 湖南好某某连锁有限公司：
董事长、各位董事：

某律师事务所某律师就湖南好某某连锁有限公司持有的"好某某"商标在全国范围内的被侵权情况进行实时监测，经网络查询，初步确定"好某某"商标，在浙江温州、杭州、嘉兴、海南海口、陕西西安、福建厦门、莆田、湖北武汉、宜昌、广东惠州、珠海、深圳、贵州、安徽亳州、江西宜春、吉林长春、上海、广西、山东临沂、江苏苏州等全国多地存在被侵权的情况，通过检索美团、大众点评、企查查、微信公众号、微信视频号、微博等掌握的相关侵权信息，特结合有关法律规定出具法律分析报告，以供公司领导在决策时参考。详细报告需要在公司确定追究侵权行为时根据实际情况提交和调整。

一、侵权情况

目前初步查询到的侵权情况如下。

1.1 初步查询到，在美团、大众点评上使用"好某某"商标的情况（涉嫌侵权单位共计八家）：

（详情略）

1.2 通过企查查 APP 查询到,在浙江温州、杭州、嘉兴、海南海口、福建厦门、莆田,湖北宜昌,广东珠海,贵州,安徽亳州,江西宜春,吉林长春,上海,广西,山东临沂等全国多地,存在将"好某某"商标作为行业的企业名称和字号进行使用的情况(共计三十四家):

（详情略）

1.3 初步查询到,在微信公众号、微信视频号、微博上使用"好某某"商标的情况(共计九家):

（详情略）

二、法律顾问提示意见

1. 上述侵权行为是典型的"侵害商标权及不正当竞争纠纷"。"好某某"商标由好某某公司创建,经过好某某公司对"好某某"商标长期的宣传推广和使用,"好某某"商标在市场及相关公众中形成了较高的知名度和美誉度。侵权人未经注册商标人许可,擅自将"好某某"注册商标作为公司的企业字号,门店店招,微信视频号、微博的名称,并在商标权人注册商标所核准的相同或者类似的行业上突出醒目地使用,且用作相同或近似类别服务的广告宣传。根据《中华人民共和国商标法》第57条的规定,未经商标注册人的许可,在同一种商品上使用与其注册商标相同的商标的;在同一种商品上使用与其注册商标近似的商标,或者在类似商品上使用与其注册商标相同或者近似的商标,容易导致混淆的,均属于侵犯注册商标专用权的行为。因此,公司可以要求侵犯"好某某"商标权的行为人承担停止侵害、消除影响、赔礼道歉和赔偿损失等法律责任。

2. 假冒的"好某某"门店的泛滥使得企业多年建立起来的"好某某"品牌受到损害,给企业长期经营积累下来的无形资产造成了无法计量的损失。更为严重的是,如果假冒的"好某某"门店出现纠纷医疗事故等原因登上"黑榜",还会给"好某某"品牌造成严重伤害。

3. 商标侵权一直以来都是媒体、公众关注的热点,也是一次非常好的宣传推广公司形象和品牌的契机。因此,在维权工作取得一定成绩时,可以让媒体进行报道,这样不仅可以宣传品牌还能震慑潜在的侵权者。

4. 上述法律分析仅是本律师根据掌握的现有材料做出的初步法律分析,供决策时参考。

此致
敬礼

某律师事务所
某律师
年 月 日

2022—2023年度法律顾问工作报告

致   湖南某科技股份有限公司:
公司领导:

2022—2023年度法律顾问工作周期届满,现从以下几个方面对过去的一年度法律顾问工作做如下报告,请予审阅。

一、出具法律意见及律师函

序号	出函时间	受函机构
1	2022年9月22日	中国某第七工程局有限公司
2	2022年9月22日	中国某一局(集团)有限公司
3	2022年9月22日	中建某第二建设工程有限责任公司
4	2022年9月22日	中建某第二建设工程有限责任公司
5	2022年9月22日	中国某第七工程局有限公司
6	2022年10月25日	浙江某电环境科技有限公司
7	2022年12月1日	南宁市某银实业有限公司
8	2022年12月1日	西安某城置业有限公司
9	2022年12月1日	浙江某弘激光科技有限公司

(续表)

序号	出函时间	受函机构
10	2023年1月4日	上海某兴建设集团有限公司
11	2023年2月14日	儋州某牛山农业科技开发有限公司
12	2023年2月14日	武汉某博能源管理有限公司
13	2023年4月3日	海南某牛山种猪育种有限公司
14	2023年4月3日	四川某特空调净化有限责任公司
15	2023年4月3日	四川某净洁净技术股份有限公司
16	2023年4月10日	浙江某镭弘新材料有限公司
17	2023年5月16日	江西某达成实业有限公司
18	2023年8月3日	湖北某环绿色纤维有限公司
19	2023年8月3日	梁山某花生物科技有限公司
20	2023年8月14日	海南某牛山种猪育种有限公司
21	2023年8月14日	海南某牛山种猪育种有限公司
22	2023年8月14日	儋州某牛山农业科技开发有限公司

1.2022—2023年度，法律顾问协助公司向客户发出律师函二十余件，协助处理张某侵占公司货款事项，协助公司法务部门催收货款并提出诉讼意见等。

2.2023年5月10日，法律顾问团队史某律师会同公司工作人员亲赴海口处理某猪场除臭填料及喷淋装置催款事宜。

3.风险提示：客户拖欠货款情况已经有扩大的趋势，将严重影响公司应收账款的周转，某些客户恶意拖欠货款，很有可能导致坏账。建议公司在应收账款事项上采取坚决的措施，通过司法途径收回欠款。

二、修改、审核合同、协议、函件等法律文书及解答法律咨询的情况

1.2022—2023年度，法律顾问总共为贵司修改、审核合同、协议、函件以及解答法律咨询等十余份/件，涉及公司合同履行指引、人力资源管理、工伤赔偿处理等相关事项，最大限度地将贵司的法律风险降

至最低,有效地维护了贵司的合法权益。

2. 法律顾问为贵司各部门以及管理人员提供了法律咨询服务,包括电话咨询、面对面咨询、电子邮件解答等。

三、开展培训讲座情况

2022年11月16日,法律顾问为公司进行员工培训,开展题为"如何打造好职场角色——给职场后浪的箴言"的职业素养主题讲座。"聪察强毅之谓才,正直中和之谓德"。法律顾问从"什么是人才""我们的职场阶段""一流员工的十大素养"三个方面出发,引导员工对职业、事业、大业进行思考,提升专业素质,为公司更好更快发展赋能。

四、下一年度法律顾问工作建议

1. 完善各管理流程的设置,明确公司的关键控制点,对各个控制点进行法律风险评估和识别,科学高效地防范公司法律风险。

(1)完善合同管理流程。对合同的招投标、供应商选定、合同谈判、起草、交付、调试、维护、收款开票、合同变更等设置管理流程、节点控制。

(2)协助完善应收账款管理流程,对于应收账款的统计、账期预警、催收方式、诉讼风险防控等建立流程管控。

(3)完善人力资源管理流程。对于员工的招聘计划、入职、培训、劳动关系管理、薪酬福利、考核、辞职辞退、保密/竞业限制等建立流程管控。

2. 应收账款催收事项

(1)对于应收账款催收事项建议公司投入人力物力进行统筹解决。调整以往的局部解决方式。

(2)公司安排专门的人员,负责整体的清收事项,公司需赋予人员相应权限。

(3)法律顾问将对目前现有的两年以上未能收回的货款情况进行摸底和分析,整理完整的资料和记录,专门进行分析研判,掌握具体的情况。

(4)建议公司采取具体的清收动作和措施。包括公司层面的做法以及司法诉讼仲裁的措施。

3. 围绕贵公司下一年度经营管理中的热点、难点问题,及时高效开展相关法律服务工作,协助贵公司的业务拓展,充分发挥法律顾问的参谋作用。

2022—2023年度,法律顾问开展工作,基本做到了有问必答,工作落实到位。今后,法律顾问将一如既往坚持勤勉尽责,更好为公司提供高质量、高标准的常年法律顾问服务,维护和发展与公司的良好合作关系。

此致
敬礼

某律师事务所
某律师
年　月　日

第三节　如何做尽职调查

某家武汉的医疗连锁机构老板过来,找客户谈合作,想将自己的几个门店加盟到客户的旗下,也可以做股权方面的合作,大家只谈了初步的意向,这里就会涉及很多问题。于是,我去了趟武汉。我先找老板,听了他对现状的描述和发展的想法,了解了他的管理机构,和他的核心管理层交谈,又去各个门店转了下,看了门店的位置、资产状况、经营状况、周边社群情况,找门店的员工交流,了解他们的日常工作、技术水平、工资水平等,稍微预测了客户情况、客单价的情况,拍了些照片和视频,然后回来给老板做了一个书面汇报。这算是一个简单的初步尽调,只花一天时间,但足以形成一个初步的判断。如果老板需要更深入的了解,那就要进入场地做详细的计划安排了。

我的一位客户,在长沙生意做得都很好,但和外地合作简直是一塌糊涂。出现的情况是当地的合作方要么将合作机构的资金用尽，要么就是纠集一堆自己的亲戚到合作机构任职，完全不专心经营。为此，我介入过很多件"扯皮"的案件。后来我分析，主要是我的客户和外地合作方开始合作的时候，听人家讲得天花乱坠，例如当地有多好的市场、多硬的资源关系、管理团队有多强的能力等，合同还没有签，合资款就打到对方账号上了，最后发现根本就不是对方说的那个样子。更啼笑皆非的是，有一个合作方，签完合作协议一年后居然因集资诈骗被判了几年，我的客户只好另外组织管理团队接管。这样的事情屡屡发生，究其原因，就是决策过于轻率，完全"拍脑袋"，根本就没有做尽职调查。

如果法律咨询是提出一个问题给出一个答案，那尽职调查就是将一个大问题分解成一系列问题，然后寻找一系列答案，最后再总结出一个结论。尽职调查过程，是一个寻找答案的过程，是一个论证的过程。

尽职调查是非诉律师的基础技能。一个项目做完尽调，就基本做完一大半，后续的工作如谈判、估值出价、合同、交割等基本是围绕着尽调报告展开的。**尽调报告的质量，也决定着项目交易的质量。**

一、为什么要做尽调

做股权激励方案、合伙人计划，以及专业机构进场前，专业机构都会向公司发一个尽调清单，专业机构需要充分了解公司的情况，才能找到工作的重点方向。

公司要接受一笔股权投资，投资人在初步谈完合作意向，并签好保密协议后，也会委托律师事务所开展尽职调查工作，目的是发现拟投资的标的各个方面的细节和问题，评估可能的风险。

尽调的目的是什么？

（1）**发现项目的风险点**。对于投资方来说，合作方相当于一个黑箱，只能看到外表的光鲜亮丽，但内部的情况几乎一无所知。只有通过查询财务状况、文件资料以及走访观察，才能发现项目的历史沿革、股东构成、业务运营等各种细节，才能够有效评估项目的风险。

（2）**估值依据**。现在一谈投资,很多标的公司的老板就开出很高的价格,明显偏离市场行情。以前收购一个门店,可以按市销率(PS,Price-to-Sales Ratio)一倍的价格,现在一半都不值了。早几年我帮客户去谈一个诊所收购,对方老板的开价是市销率一倍再加门店的负债,我无言以对,今年这个老板说,给设备净值就行。尽调目的就是搞清楚目标企业的资产状况、盈利能力、市场占有率、管理团队能力、技术优势等,这是估值的依据。

（3）**真实性验证**。谈合作意向的时候,目标企业都会包装自己,也可能会天花乱坠表述。谈判的时候你看到的,全是想给你看到的,不能全相信。"听其言,观其行",做尽调,就是要验证目标企业提供的信息、资料是否客观、真实、完整。

（4）**提供决策依据**。一些客户的决策,就是凭感觉拍脑袋进行的。如果你做他们的法律顾问,要提出在投资前先做个尽调。没有调查就没有发言权。董事会做一个决策,必须有数据支撑、业绩支撑。决定一个项目是否开展,那就要对这个项目做全面的尽职调查才行。

二、如何编制尽调清单

尽调清单是对合作项目问题的分解。比如,做一个公司股权收购,那这个项目的主要问题是哪些,需要识别出来。这个大概就是尽调清单中要披露的问题:①目标公司的基本情况,包括注册登记、注册资本、股东出资、对外投资、历史沿革等有没有问题;②目标公司的经营情况、公司组织机构、管理团队、主营业务、主要客户和供应商、技术特点、同业竞争等;③目标公司的财务状况、三年内的会计报告、审计报告、负债情况、应收账款情况、重大资金的使用情况、税务情况等;④目标公司的财产状况、土地、房产、设备、无形资产、非专利技术等;⑤目标公司的人力资源情况,包括员工统计数据、工资水平、社保缴费、技术及管理人员的结构、管理制度流程、离职情况等;⑥有无重大诉讼情况等。

但如果是做一个公司的股权激励计划,就无需做这样全面详细的尽职调查,侧重点在于公司的治理情况、人力资源情况、财务状况。主要收集这个方面的资料和信息,访谈重心放在公司高管、人力资源部门管理者和被激励对象上。

编制尽职调查清单的注意事项如下。

（1）**围绕目标编制清单，有针对性**。项目目标不同，尽调的侧重点、关注点也不一样，尽调清单的编制也不一样，不能按通用的模板处理，也不必大而全，要精而准。

（2）**和对方充分沟通，让其了解意图**。有些材料，我们编在清单目录中，对方不一定能够找到，可以通过替代的材料做补充，告诉对方要这个材料的目的是什么，让对方了解你的意图，方便工作开展。

（3）**清单要详细具体，方便操作**。准备材料的是对方工作人员，为了方便工作开展，我们提供的清单要详细具体，不能笼统。比如要求提供公司现有人员的花名册就没有必要，因为几万人的公司，提供一个统计数据就可以。

（4）**清单要有调整和变化**。比如在尽调过程中，发现了新的问题，需要进一步明确，那就要补充提出新的尽调清单。比如尽调过程中，发现公司有大量的商标注册，那就需要补充提供公司的商标注册登记情况以及相关的商标证书。如果发现有些问题无需了解，就要删除一些清单内容。以下为尽职调查清单示例，供参考。

某某门店合伙人激励项目法律尽职调查清单（初步）

小组成员	某律师事务所 某律师	项目对接负责人	
工作事项	湖南某餐饮管理有限公司门店合伙人激励项目法律尽职调查（初步）		
声明	1. 如对公司的信息了解不足，往往会导致方案的可执行性不强，或者因为违反法律规定而无效。因此，为了给公司设计一个合适的、能达到激励效果的方案，在方案设计之初由专业律师对公司进行尽职调查是十分必要的，尽职调查的客观性与整体性将影响到后期的方案客观性和整体性。公司需要正确认识到尽职调查的重要程度。 2. 公司提供的相关资料，需加盖公司公章。		
特别声明	律师应当严守客户秘密。		

序号	项　　目	已提供	未提供	无资料
一、公司以及下属门店设立及变更的有关文件				
1.1	公司及各门店的章程、股份合作协议、合伙人协议等			
1.2	公司及其门店的历次工商变更登记、备案后核发的企业法人营业执照			
1.3	公司以及门店获得现行有效的主要资质证书(如有)			
二、公司治理				
2.1	公司历次关于股权激励和合伙人计划事项的股东会、董事会决议			
2.2	股东会议事规则 董事会议事规则 监事会议事规则(如有)			
2.3	公司及门店规章制度,包括但不限于:行政管理制度、财务管理制度、奖惩管理制度等			
2.4	公司及门店的组织架构及股权结构(实际的)、主要股东与组织机构情况			
2.5	公司及门店的主营业务、商业模式、盈利模式、经营方式			
2.6	公司未来三至五年的战略发展规划			
2.7	公司最近两年经审计的财务报告(如有)			
2.8	2023—2025年的按月财务预测,包含业务的收入、成本、毛利、费用、净利等			
三、公司人力资源管理				
3.1	公司及门店全体人员的构成情况(总部、门店)及现有的薪酬政策、激励策略和薪酬水平(同行对比),包括但不限于管理人员与技术、业务骨干的职务、薪金、福利,其他关键人员的职务、薪酬、福利等			
3.2	公司现有的员工激励制度和绩效考核标准,实际运行的效果及存在的主要问题(如有)			

(续表)

序号	项　　目	已提供	未提供	无资料
四、拟激励对象情况				
4.1	拟激励人员名册(姓名、部门、岗位、入职年限、近三年实发薪资情况、社保缴纳情况、是否签订劳动合同等)、劳动合同(含固定期限、无固定期限)、劳务合同或者劳务派遣协议等样本各一份			
4.2	公司是否存在职工持股计划、信托以及是否与高管、核心技术人员签订股权激励协议等(如有)			
4.3	拟激励的公司高级管理人员、核心技术人员的名单和简历,以及与其前雇主及公司所订立的任何保密或竞业禁止协议资料			
4.4	公司任命高级管理人员的决议文件以及这些人员在其他单位、公司的兼职情况			
4.5	公司的职工福利、奖金、激励机制、分红、鼓励性的抚恤金、退休、养老、失业、缴纳社会统筹或其他类似计划的文件(如有)			
4.6	公司发生过的劳资纠纷诉讼和仲裁(如有)			
4.7	公司与其他职员签订的劳动合同及解雇和调动的标准合同样本			
4.8	与高级管理人员和有特别才能的职员所签订的服务协议、报酬协议或赔偿合同			
4.9	员工手册、员工规章和守则以及奖惩办法			
4.10	说明是否足额为职工缴纳社会保险费用(包括但不限于医疗保险,养老保险、生育保险、工伤保险等),是否存在欠缴情况			

提交人:某律师

年　月　日

三、尽调过程注意事项

尽调一般要到目标公司驻场开展,有几种方式,一种是对照目标公司提供的材料逐步整理和分析；一种是与目标公司管理人员、基层员工访谈，了解主观感受；一种是到目标公司工作现场观察、查证、监盘，核对真实情况。

有的律师做尽调，开展得很细，做得很慢，时间花费比较长；有的律师做尽调，只看书面材料，根据书面材料做尽调报告。这些做法不一定可取，要做好结合。

尽调过程中，要注意一些事项，供参考。

1. 能够自己查到的，就不要对方提供

尽调过程中，有很多工具可以使用。关于主体的查询，有国家企业信用信息公示系统、香港公司注册处电子服务网站等；查询资质有全国组织机构统一社会信用代码数据服务中心网站、信用中国网站等；基金业有中国证券投资基金业协会网站，土地、资产、商标等有中国土地市场网、中国商标网等网站，法院文书有中国裁判文书网、中国执行信息公开网可以查询。

2. 节约成本，讲求效率，抓住重点

尽调的目标是发现目标公司的重大法律风险，或者和规则有严重冲突的方面，并提供解决问题的方案，提供决策的依据，不是做审计，不是税务大检查。尽调报告也不是诉讼证据，无需锱铢必较。比如目标公司的小额频发的交易合同，可以抽查几份，了解其交易模式就可，其实无需每份都看。不要将尽调方和目标公司方变成对立面，猫抓老鼠，这就不对了。

3. 尽职尽责，分析到位，解决有方

非诉律师的价值体现在促进交易的成功，要想办法做成生意。既然是尽职调查，也要尽职尽责，将该调查的情况、该发现的情况、该披露的情况——进行披露和表述。而且，在尽调报告中，要对这些披露的问题，从合法合规的角度进行分析，提出切实可行的解决方案。

四、尽调报告

完成尽调后，成果是向客户提供一份完整的尽调报告。尽调报告要围绕交易目标将尽调过程中发现的问题进行描述和披露，并对相关问题作出分析,提供解决方案。

一份合格的尽调报告,有几个要求:①结构清晰完整;②数据翔实准确;③风险识别披露;④有准确的分析和建议;⑤附件和参考资料完整。

我举例来描述在尽调报告中披露问题、提出解决建议,以及对方法律顾问的回复和解释。在某个投融资项目中,尽调律师代表投资方对目标公司做尽调,在尽调过程中发现目标公司存在十余个法律风险,于是在尽调报告中予以披露,并提出解决方案:

比如,尽调律师发现,目标公司相关门店存在员工实际投资,但股权由公司代持的问题。尽调律师指出,股权代持可能引起股权纠纷,导致股权结构不清晰,建议对代持股权进行还原,并签署相关协议。(**公司法律顾问回复:这种情况,属于门店合伙计划的安排,这种方式在行业中大量存在,操作起来比较方便,也切实起到了激励员工的作用,公司对员工股有周密的管理措施,并签订了合伙协议,也从未发生相关纠纷事项。尽调报告进行披露即可,不属于重大风险。**)

尽调律师发现,公司在发展过程中,设立了员工持股平台,但公司对于投资持股平台的员工收益予以保底,实际形成了名为股权实为债权的情形。尽调律师指出,公司向内部员工筹集资金,依据民间借贷相关司法解释,该性质为民间借贷,但公司向员工集资,未了解员工资金的来源,可能会存在非法集资的风险,建议投资机构在投资前确认该集资款由原股东偿还,并尽快将债权转为股权处理。(**公司法律顾问回复:这种情形,公司实际控制人对集资款承担还款责任,且在集资期限届满后,清理持股平台,转为实际投资。**)

尽调律师发现,公司设立的门店,均以个体工商户的形式注册登记。尽调律师指出,个体工商户法律责任承担上有瑕疵,也存在投资结构不清晰,财务管理不规范的问题,建议尽快将个体工商户门店改为企业性质,明确投资关系。(**法律顾问回复:该项操作基于税收成本方面的考虑,公司将尽快推动门店开展"个转企",在改变登记之前的所有责任,均由公司实际控制人承担。**)

尽调律师发现,公司在承租的土地上建设房屋,存在未能取得建设工程规划许可以及施工许可的情况。尽调律师指出,存在违建房屋可能被要求处罚或限期拆除的风险。建议投资人与目标公司股东签订协议,该项损失由目标公司股东承担。(**法律顾问回复:该项操作存在违规违法的情形,但因房屋实际建成,也无安全隐患,被强制拆除的可能性较小,目标公司实际控制人愿意承担由此而产生的损失。**)

从上述尽调报告中披露的几个问题可以看出,公司经营过程中与现行的法律法规相抵触的情况是存在的,尽调律师要识别和判断该项法律风险的严重程度,是否构成对项目成交的障碍,并提出相应的解决方案、对策。

切记:严格来讲,企业经营过程中的问题,均有解决方案。尽调律师只需审慎识别、披露尽调过程中发现的问题和风险,并提出相应的解决方式即可。无需表达尽调律师自身对风险的偏好,毕竟最终项目是否继续推进的决策权在委托人,而不在尽调律师。以下为尽调报告示例,供参考。

**关于湖南某有限公司
北交所上市初步尽职调查报告**
(节选)

正文

一、主要步骤

根据我们对贵公司进入北交所上市的理解以及实际项目操作的经验,我们将贵公司登陆北交所划分为以下三个阶段:

(一)新三板挂牌

登陆新三板基础层,分以下四个阶段:

1. 前期尽调阶段
2. 股份制改造阶段
3. 主办券商内核阶段
4. 材料的申报和挂牌阶段

(二)进入创新层

如果公司满足创新层要求,可以考虑直接登陆新三板创新层,满一年后申报北交所IPO,也可以考虑先行规范登陆新三板基础层,在来年分层时间段(一般是五月),调入新三板创新层,达到北交所上市要求的主体条件——在全国股转系统连续挂牌满十二个月的创新层挂牌公司。

创新层基本财务指标条件:

1. 三个条件选其一

(1)最近两年净利润均不低于1000万元,最近两年加权平均净资产收益率平均不低于8%,股本总额不少于2000万元;

(2)最近两年营业收入平均不低于6000万元,且持续增长,年均复合增长率不低于50%,股本总额不少于2000万元;

(3)最近有成交的六十个做市或者集合竞价交易日的平均市值不低于6亿元,股本总额不少于5000万元;采取做市交易方式的,做市商家数不少于六家。

2. 其他条件

公司还应符合挂牌以来完成过定向发行股票(含优先股),且发行融资金额累计不低于1000万元;全国股转系统基础层投资者适当性条件的合格投资者人数不少于五十人;最近一年期末净资产不为负值;公司治理健全;设立董事会秘书,且其已取得全国股转系统挂牌公司董事会秘书任职资格;中国证监会和全国股转公司规定的其他条件。

(三)申报北交所IPO

根据目前北交所相关规则,达到申报北交所上市的主要条件如下:

1. 以下条件任选其一

(略)

2. 其他条件

发行人应当为在全国股转系统连续挂牌满十二个月的创新层挂牌公司,具备健全且运行良好的组织机构。

(略)

九、存在的问题及建议

在经过前期的初步调查后,就发现的问题及处理建议列示如下:

(一)法律问题

1. 同业竞争问题

目前某公司实际控制人控制某某等医疗机构,主营业务与医疗相关,与某公司连锁构成同业竞争关系。

建议:

《公开发行证券的公司信息披露内容与格式准则第 46 号——北京证券交易所公司招股说明书》第 58 条规定,发行人应当披露是否存在与控股股东、实际控制人及其控制的其他企业从事相同、相似业务的情况,如存在的,应当对不存在对发行人构成重大不利影响的同业竞争作出合理解释,并披露发行人防范利益输送、利益冲突及保持独立性的具体安排。发行人控股股东、实际控制人作出规范或避免同业竞争承诺的,发行人应当披露承诺的履行情况。

虽然有前述规定,但对于直接与主营业务相关的业务主体,建议进行同一控制下企业合并或者注销相关业务主体。

2. 关联交易及关联方资金占用

根据公司提供的资料,某公司连锁均从某医疗企业采购医用耗材,形成关联交易,2021 年前三季度,关联采购金额占总采购金额比重为 70%。同时公司往来款中存在关联方资金占用情况。

建议:

虽然审核不要求杜绝关联交易,但某公司医用耗材均从关联方采购,金额占比较大,会导致对关联方的重大依赖,审核会对经营独立性存疑。建议直接对外采购。建议公司控股股东、实际控制人在报告期外及时归还占用资金。如在报告期内归还,建议尽早归还,同时需要支付利息。

3. 业务资质事项

公司开展业务所需要的资质包括《医疗机构执业许可证》《放射诊疗许可证》《辐射安全许可证》及其他与经营业务相适应的许可等。根据公司提供的资料,公司取得的生产经营资质见附件,子公司存在尚未完全办理资质的情形。

建议：

IPO审核过程中对发行人在取得经营资质前从事经营活动重点关注，主要是：取得相关资质、许可证书前开展经营的情形，是否存在后续被要求整改或行政处罚等影响业务持续运行的风险；在取得经营资质前从事经营活动对发行人可能产生的影响及潜在风险，相关内部控制制度是否健全有效，并能保证公司合法合规经营等。

建议某公司及其子公司取得相关合法合规证明并及时办理完成所需资质。

4. 控股股东存在股份代持

根据某公司提供的资料，湖南某医疗科技有限公司存在股份代持，具体情况见"二、基本情况与历史沿革之（二）历史沿革"。

建议：

监管机构在IPO审核过程中重点关注：(1)发行人的股权清晰，要求：控股股东和受控股股东、实际控制人支配的股东持有的发行人股份不存在重大权属纠纷；(2)代持的原因、合理性、还原的真实性、合规性等。

根据规定，控股股东和受控股股东、实际控制人支配的股东所持发行人的股份权属清晰，不存在代持情况；同时，发行上市需要核查历史股东情况，需要对股权历史沿革、股权代持情况进行核查，并进行充分披露。

建议公司及时对股东访谈，确认代持情况并进行还原。前述访谈和代持还原事宜尽快进行，以免出现历史股东不配合访谈及股权还原时出现个人所得税无法代扣代缴情况。

5. 房屋租赁事项

某公司目前门店均为租赁，但门店均未办理租赁备案手续且公司未能提供相关房产的产权证书。

建议：

根据《商品房屋租赁管理办法》第14条第1款、第23条之规定，房屋租赁合同订立后三十日内，房屋租赁当事人应当到租赁房屋所在地直辖市、市、县人民政府建设（房地产）主管部门办理房屋租赁登记备案。违反上述规定的,由直辖市、市、县人民政府建设(房地产)主管部门责令限期改正;个人逾期不改正的,处1000元以下罚款;单位逾期不改正的,处1000元以上10000元以下罚款。因发行人或其子公司存在上述未办理房屋租赁登记手续的情况,相关主管部门可能对其作出责令其限期改正或罚款等处罚。

建议公司签订租赁合同后及时到主管部门进行租赁备案。

另外,若租赁房屋为出租方转租且未取得产权人同意的,根据《中华人民共和国民法典》第七百一十六条第二款规定,承租人未经出租人同意转租的,出租人可以解除合同。租赁关系存在解除的风险。若某公司未与出租方签订长期租赁合同,亦存在对经营稳定性的风险。

建议公司在租赁前对房屋用途进行核实,为租赁的房屋及时办理租赁备案并获取出租方产权证书、续租承诺等。

6. 商标、专利问题

公司的注册商标在某科技公司名下,同时某科技公司于2021年4月—10月期间先后取得八项实用新型专利,具体见附件。

建议:

鉴于上市主体由某科技公司变更为某公司,IPO审核过程中会关注资产独立性,且上述商标、专利与主营业务相匹配。

建议公司将上述商标、实用新型专利变更至某公司名下。

(略)

十二、工作进度安排

某公司单独挂牌,建议新三板挂牌申报期为2021年、2022年、2023年1月—3月,申报基准日初步定为2023年3月31日。股改基准日初步定为2022年9月30日;北交所申报期为2021年、2022年、2023年、2024年1月—6月,申报基准日初步定为2024年6月30日。针对2021年及前期的财务情况在会计师的指导下先进行完善规范。

由于我们对贵公司的了解有限,本报告中不涉及具体问题的整改,如贵公司需进一步探讨技术层面的问题,我们愿意与贵公司及其他中介机构一起进行建设性的探讨和分析,以向贵公司提出更全面、更深入的建议。同时,我们将着眼于和贵公司建立长久的合作关系，为贵公司提供持续、全方位的优质资本市场服务，与贵公司共同成长。

恭祝商祺！

（附件略）

某公司北交所项目组
年　月　日

第四节　如何设计员工合伙人计划

一位朋友从某大公司辞职出来创业，找我聊天。他成立了一个公司，自己也是一个好的产品经理，开发能力、营销能力很强。他使用原公司的退股资金和补偿金开发了一个比较好的产品，他的产品主要解决门店经营者获客的痛点，也能够帮助经营者根据周边客流情况来改进产品和服务方式。他非常喜欢和我聊他的产品和产品的市场空间。我说，这个市场上其实不缺好的产品，但好的运营、好的策划、好的团队，却一直是缺的。现在不是一个产品能打天下的时代了，投资人也不单单看产品市场前景，更看重是否有个好的团队。不是创业者强就行了，现在要考虑的是如何融资，将股权分出去，尽快搭建一个好的团队。

我的一位朋友在浙江经营药品零售生意，有几百家门店的区域连锁。他的经营质量很不错，因为成本费用低，除了连锁总部和几家直营门店外，其他门店都是加盟商。浙江连锁药店之间的竞争非常激烈，经常会有一个加盟商带着门店转投另外一个品牌的情况。他有一个特别灵活的机制，就是加盟商内部可以合伙，公司可以投入资金扶持加盟门店，持有门店的股份，加盟商之间也可以相互投资合伙参股，这样，几乎所有的加盟商因为内部以及相互之间的各种合伙、参股的关系，形成了一个非常复杂的网络，就不那么容易被其他品牌商挖墙脚。同时，因为加盟门店内部的合伙关系、加盟商之间的参股关系、公司与加盟商之间的参股关系,大家的收益都绑定在一起,公司与加盟商之间也就没有那么多的竞争和博弈,整个加盟体系就非常有弹性,抗压能力也很强。

我有客户做餐饮连锁,也有同行朋友开餐馆。可能很多人还是会认为,开一家餐馆,首要是选址。这其实只是表象。长沙市很多核心闹市位置的餐馆,也经常一批批地关门换招牌。选址固然重要,但更重要的是团队、是运营、是服务、是机制。人流密集的地方,开一家十平方米的奶茶店,哪怕只需要两三名员工,也需要建立团队的规则,建立起收益的分配机制,否则也经营不好,客户投诉也会很多。哪怕在偏远的地方开一个餐馆,如果管理得当、服务优质、团队紧密,上门的客户照样要排队。

餐饮经营其实非常辛苦,是一个"勤行",这行的最基本要求是人要勤快,眼勤、嘴勤、手勤、腿勤。不要觉得这个简单,一般人还真干不好。慢慢悠悠地享受舒适生活,那是客人。餐饮从业者早上五点起床备餐、晚上十二点没有打烊,是常事。服务人员都在客人看不见的地方忙着,大家都休息的时候,餐厅是最忙的。如果你开一个餐馆,就不能按早九晚五的方式来设计薪酬和待遇,也不能按工业企业的方式设计内部管理机制,否则无论你的产品多好,也无法长久。首先创业的老板要投资也要参与经营,要占大头;其次是拉一些朋友来参股,这些人不能参与经营,仅投入资金;再次就是门店的大堂经理、厨师长、领班等人也要有一些股份,他们也要出小部分的资金;最后所有的员工,除了领工资薪金外,还要对门店的利润有一个集体的分红机制。

我那位做口腔医疗连锁的朋友,一开始也是自己夫妻二人摸爬滚打做一个单店,一起应付七七八八的琐事。和他一起创业的口腔医生,目前很多人也只是守着一个单店,不是每一个人都能够做成连锁机构。有人带徒弟、带助理,过几年徒弟就离开自己了,但他带徒弟这么多年,没几个徒弟单干。目前公司的骨干,大部分是他的徒弟、徒弟的徒弟、徒弟的朋友。其实还是有一个机制,让大家在一起做事。我们设计了一个很有意思的连锁合伙方式,那就是在连锁管理机构下,多种合作方式共存的模式。公司有直营中心门店,这些都是投资大、面积大的机构，支撑公司的重要服务项目和公司形象，这些店的员工领取薪酬和门店的绩效；公司有直营社区门店，这些面积小，位置分散，服务社区客户，门店的医生是预备合伙人，如果条件成熟、经营成熟，直营社区门店就转为合伙门店，这么做是为了不让合伙人承担门店成熟前那段时间的亏损；公司有合伙门店，是成熟的社区店，基本不会亏损，由公司控股、医生参股，公司股权占多数，但分红公司占少数，这就不是每一个老板能够做得到的（很多合伙，门店还是亏损的，就是要让合伙人承担风险、承担亏损，这样看似正确，其实不符合人性，人性天生厌恶风险）；公司还有加盟门店，公司占很少的股份，加盟商使用公司的品牌、服务，支付一定的品牌使用费即可。这就是这类机构能够在严苛的市场竞争下发展的生存机制，符合人性、方向大致正确、组织充满弹性。

有个巴别塔的故事，故事许多人都知道，我就不讲了。但我们可以思考下，为什么语言一致、理解能力差不多的人，在一起做不到合作，做不成一件事，或者在一起过不了多久就散伙呢？其实，道理很简单，即便有一个大家都看得见摸得着的目标，如果没有一个共同的理念，没有一个机制激励和约束这群人，那个目标只怕也是水月镜花而已。

一个人再怎么努力、再怎么优秀，其实也干不成多大的事情，而找一群普普通通、不那么高学历、不那么高资历的人一起干事，只要理念正确，价值观趋同，机制符合人性，反而能够干出一些事情来。

这一节介绍如何设计一个好的合伙人计划，让一群普通人能够合作干一些事情。这项事务从法律上分析并不复杂，也不高深，没有培训机构说得那么神乎其技。但有一点很重要，我们需要深入研究公司业务、深入分析公司中的成员，没有现成的模式可以套用。所以，网上下载模板基本没有什么用，也落不了地。这就是为什么这几年做合伙人方案设计的机构和律师的业务不错且客单价高。大家可以掌握好这项手艺。

一、为什么要合伙

第一个问题,为什么要和别人合伙?我一个人做事,一个人享有收益多好,为什么要和别人合伙呢?

比如,我开始有了一些客户,工作还是很忙,客户的一些业务也不是我擅长的,但我也不能推脱,就需要将业务转出去,让适合做这个业务的律师来做。这是一种简单的合作方式,算不上合伙。当我的客户越来越多,客户还是连续不断地给我业务,我就需要找更多的律师来合作。但是,这些律师平时事情也多,不一定顾得过来,我又不太愿意招聘授薪律师来分担更多的成本,也不想找不靠谱的律师合作,那就迫使我要找一些合作紧密的人。大家一起来做这些业务,一起来分配这些收益,一起来发展、维护客户,这就是合伙。我们有一些律师团队,由一位律师谈客户,然后将案件交由团队律师办理,支付薪酬或者提成,这看上去像合伙,实际不是合伙。合伙是要共同投资、共同经营、共担风险、共分收益的。

合伙人和股东是有区别的。合伙人可以投钱、投技术、投时间,股东主要是投钱;合伙人肯定要参与企业的经营管理事务,股东投完钱,可以不参与经营管理;合伙人关键时候要撑住,股东可以撤退;合伙人收益分配比较灵活,可以是薪酬、奖励、提成、分红,甚至可以多于其投资份额分配,而股东的利润分配要由股东会作出决议,要按公司章程的规定办事。

为什么要合伙?主要是因为一个人创业难度太大、风险太高,基本做不成;骨干员工是"香饽饽",大家都想要,他们离职的成本又太低,需要将优秀的员工留下来、收下心,激励这批人拿到成果、冲刺目标、挑战难度,而不是只领工资薪金过日子;创始的老员工跟着干得太久了,会没有安全感,会产生很多变数,公司的实际控制人要为这些人提供确定性,要给老员工合伙人的地位和利益。生意场上有一个说法:"财散人聚,财聚人散。"公司业绩有波动很正常,如果有个合伙人团队精诚团结地拼业绩,就能够抵御这些波动,不会因为市场下滑,但公司就没有人支撑。

今年我特别有感受,医药销售行业内很多机构业绩下降,门店一批批在关闭,我的朋友这个机构不同,一线股东、门店合伙人、骨干员工团结在董事会的指挥下,一起拼业绩、做服务、维护客户,上半年的业绩甚至超过了去年同期业绩。在关键的时候,将团队和业绩撑住了,可见当年的合伙人计划发挥了作用。

二、如何选择员工合伙人

我们设计的合伙人计划能否落地实施,能否产生效果,不在于计划多么完善,而在于合伙人的选择。

我做过一些合伙人计划,也有不成功的案例。有个合伙人计划运行一段时间后,合伙人提出更高的利益诉求,导致合伙无法继续。因为合伙协议可以约束人的行为,但不能约束人的欲望。而欲望和理想不同,欲望的膨胀,会让很多人的动作变形,从而破坏良好的合作。

我服务过一个比较理想的销售公司。大股东年龄最长,在行业中的资历也最丰富,创业之初设计了产品结构、服务模式、管理架构,然后带了几位小股东创业。小股东基本是大股东带出来的徒弟,后来团队陆陆续续吸收了几位合伙人,大家的价值观一致,都是想慢慢来,把公司做长久一些,产品选择从来都是把客户、质量、服务放在第一位,不是将利润放在第一位。在利益面前,首先按规矩办事,大股东也让着小股东。在管理层面,小股东各负其责,带着经营团队往前冲;而股东会决策层面,方向都由大股东定,一个项目决策提出,小股东从来不考虑要不要做,只思考怎么做好。这个公司这些年不显山露水,悄悄地做得风生水起。主要原因是合伙人选得很对。

合伙人的选择,是一个双向奔赴的过程。 要从以下几个方面来考察。

1. 要选价值观一致、能力互补、破釜沉舟的人做合伙人

价值观没有对错,价值观是一组排序。在遇到事情时,优先考虑什么,优先选择什么,觉得哪个才是最重要的,就是价值观。比如,同样一个医疗纠纷,有人优先考虑如何规避风险,推卸责任;有人考虑如何主动承担,积极处理,避免损失扩大。这就是价值观不同。

一个团队,要有管理者、要有运营者、要有操作者。大家有的擅长决策,有的擅长执行,要各取所长,能力互补。大家都来做决策,都说"听我的,你是错的",那就无法成事。都低着头做事,没有人看方向,或者没有做决策的眼光和能力,那也做不长久。

《资治通鉴卷第十·汉纪二》中收录了一段荀悦的精彩论述。他分析说,韩信攻打赵国的战役,大破赵军;而刘邦在彭城与项羽作战,却被项羽打得丢盔卸甲,被赶入睢水。这是什么原因?他说,韩信带领湖北人在山西作战,靠着水边列队,大家都知道,如果战败就无归路,所以奋起一战,而赵军在自己家门口作战,安全感十足,就算打不过,也可以退回去重整旗鼓再战;而在彭城之战中,刘邦占领彭城后,就以胜利者自居,摆设酒宴盛会宾朋,士兵没有战心,而项羽的士兵因为失去都城,内心愤懑不平,怀着决死之心。

我们找合伙人,就要找没有什么退路的人。如果自己已经安顿好了,没有什么后顾之忧了,再出来合伙创业,一碰到问题就思考退路,那就基本没有什么可能做成。

2. 不能选有资源的、做兼职的、认知低的人做合伙人

有资源有关系的人,可以合作,但不能合伙。合作,干成一个事情,结算完毕,双方可以继续做朋友。合伙,是要长久在一起干事业。有资源,得变现才能叫资源。认识几个关系人,能搭上几条线,那不叫资源,只能叫负债,因为还要去维护。而且,合伙人如果真的有关系有资源,哪天无法合伙了,那对合伙项目的伤害可能也难以承受。

合伙创业,需要全身心投入,要共同面对经营中的各种杂事难事。找个兼职的人,有事却找不见人,那肯定是不行的。我那位朋友在长沙创业,找了位山东青岛的朋友做合伙人,那朋友在山东还有一摊子买卖,他们每天开线上会议决策,我看着就觉得这项目难做成。

认知低就是没有见识、格局不够的意思。考虑问题比较短浅,也不看长远一点,先过完今天再说明天的事。有个项目,签合伙协议的时候,合伙人提出来要每月分红,因为他觉得钱放在公账上不放心,放自己口袋才可以,如果三个月不分红,他就退伙。还有就是,做合伙,他不是以做事业为出发点,仅是为赚钱,那就比较难在一起讨论了。并且这种人比较固执,你和他沟通解释基本是无用的。赚了点小钱,就小富则安;有点大钱,就忘乎所以。

3. 要向潜在合伙人提的几个问题

萨希尔·拉文吉亚(Sahil Lavingia)在《小而美——持续盈利的经营法则》一书中,谈到长期合伙之前要考虑的问题。他说,要向潜在的合伙人提出下列几个问题。

开心的合伙关系是怎样的?

这个生意如果成功会是什么样子?

退出合作会是什么样子?

我们想要以多快的速度发展?

我们为什么要在一起创业?

关于选合伙人,选哪类,不选哪类,只是个人之见,没有对错,供参考而已。但是,**要确保选择价值观一致的人合作,要安排好退出机制,要将丑话说在前面,这是合伙的基础要件**。至于怎么操作,每个人都有尺度,只是提醒各位操作这种项目的律师,合伙人计划不是一个文本,是一个项目的底层逻辑。人对了,文本不全,没多大问题,人不对,就是写本汉英字典做协议,那散伙也是迟早的事。以下为吸收合伙人规则实施方案的示例,供参考。

某公司吸收合伙人规则实施方案
(简版)

一、吸收门店创业合伙人开店计划的目的

1.1　使核心医疗技术人员的收益与公司以及门店的整体收益挂钩,且通过多重激励相互结合,与公司目标形成一致,实现公司永续经营,创造长青基业。

1.2　培养与吸引对公司/门店发展有助益的人才,增强公司/门店的竞争实力,促进公司/门店的持续健康发展。

1.3　完善公司/门店的治理结构,提升执行力。通过合伙人机制,培养员工的事业心、主人翁精神,使得公司制度和文化理念有效落地,增强公司/门店的凝聚力,提升公司/门店的管理效能。

1.4 提升公司/门店的绩效。建立科学的价值创造体系和利益分配体系,激发员工不断努力提升业绩、提升收入,降低公司/门店经营成本,减少浪费,从而提升公司/门店的经营利润。

1.5 拓宽员工事业发展通道。通过此计划,让优秀员工有机会与公司合伙开设新的口腔连锁门店,拓宽员工的事业发展通道。

二、新开门店创业合伙人的思想品质要求

2.1 高度认同并践行企业文化:"正道而行,唯善唯德"的信仰,"责任、尊重、诚信、感恩"的核心价值观,"诚实正直、不投机、不走捷径"的经营理念。

2.2 境界高格局大,能吃亏不计较,有担当懂感恩。严格执行公司指令,以身作则,职业素养高。愿意带领他人,成就他人。

2.3 家庭和睦,孝顺父母。伴侣支持,乐于奉献。

2.4 诚信为本,遵守契约,遵章守法,无任何失信记录。

2.5 凡与上述思想品质要求冲突的,不能成为门店创业合伙人。

三、吸收长沙本地门店创业合伙人的基础条件

(以下条件应同时满足)

3.1 本人取得口腔类别医师执业证书。

3.2 具备开店自有资金。

3.3 经公司考核合格,董事会讨论通过。

四、其他事项

4.1 凡符合上述条件的公司员工,有意向和公司开设合伙门店的,应当向公司提出书面申请,说明自身的开店意向、投资金额、经营思路、骨干人员组成等情况,经公司审核后,予以公示。在公示十天后,无提出异议的,可以作为门店创业合伙人的候选人。

成为候选人后,公司对其进行合伙人(创业)培训和考察,半年后考核。

考核内容:

①职业素养考核(企业文化、职场道德、团队协作、为人处世等)。

②实践技能考试(笔试、专业操作、急救处理)。

4.2 考核合格后,公司董事会与门店创业合伙人沟通门店的具体事项,并签订《门店创业合伙人协议》等各项合同文件,明确与公司合伙开店的各项责任、权利、义务等。门店创业合伙人应当严格遵守签署的各项合同文件。

4.3 根据工龄给予创业基金补助,入职公司三年以上,每增加一年补助1万元。

4.4 上述实施方案,自公布之日起执行,公司董事会负责解释,并有权根据实施情况对方案进行修订或制定管理细则。

三、设计完善的员工合伙人计划

员工合伙人计划一般是在公司业绩上升、规模发展的时间段才做。初创的时候不好做,大家不一定信服,得先做出效果来,才能说服大家。在经营下滑的时候不能做,这个时候很多人都在打退堂鼓,你说做合伙,大家觉得是在圈钱,公司更加撑不住。

做一个员工合伙人计划没有那么复杂。考虑如下三个方面即可。

(1)**从员工角度考虑**:我要投多少钱?年底能够分多少钱?未来能够值多少钱?我什么时候能够退出?能够退多少钱?

(2)**从公司角度考虑**:这一批要吸收几个人合适?按什么样的价格合适?定什么样的条件合适?

(3)**从实际控制人角度考虑**:这几个人靠不靠谱?他们放在什么位置合适?能够合作多久?配多少份额合适?他们赚了钱是什么表现,没赚钱是什么表现?退出的时候这几个人会有什么表现?用哪些方式做激励,用哪种方式做约束?

围绕这三个角度,员工合伙人计划至少有如下内容。

1. 定比例、定价格

比如做一个门店的合伙人计划,大概会有如下几个比例供参考。

实股比例:合伙人可以从5%起投入,逐年递增不低于5%,分3—5年滚动投资,最终获得门店40%的股权,享有对应比例的分红。(实际控股人需要确保门店控股权,不能低于51%的股权比例。)

赠送比例：公司根据合伙人持股比例、工作年限、资质水平等综合评定，给予实股合伙人一定比例的分红权。赠送比例控制在实股比例的30%以内。

在职分红比例：在进行年度利润分配前，合伙人可以获得门店净利润15%~30%的在职分红权，按贡献比例进行分配。在职分红分两次分配，年终分配一次，第二年年中分配一次。如合伙人在分配前离职，则取消该合伙人的分配权。

超额分红比例：在进行在职分红之前，如门店的利润/业绩超过年初确定的数额，提取超额部分的40%作为超额分红，按贡献比例进行分配。超额分红分两次分配，年终分配一次，第二年年中分配一次。如合伙人在分配前离职，则取消该合伙人该次分配权。

定价格要考虑两种情况，即入股的价格与退出的价格。

在加入合伙人计划的时候，入股的价格计算其实不复杂，可以按门店的实际投资额或者按门店净资产（Price to Book，P/B），或者按门店年销售额（Price to Sales，P/S），或者按门店年度净利润（Price to Earnings，P/E）的倍数来对门店进行估值。但有一点，合伙人按什么方式来入股，以后就按什么方式来退股。比如，一个门店经营了三年，年度销售额是200万元，那按门店年销售额一倍估值，门店价值为200万元，合伙人入5%的份额，就支付10万元入股金。当合伙人退出时，也应当按门店的年销售额的倍数来计算退出金额，比如，三年后退出，门店的业绩为300万元，那退出金额就按15万元计算。

当然，也可以按最简单的方式，按公司当初对门店的原始投入作价入股，公司不进行溢价，投入100万元原始投入，份额5%，就按5万元出资。退出时，如因双方协商退股，按合伙人入股的金额退出，公司回购。如因合伙人违反公司/门店规则，被公司责令退出的，应当承担公司/门店的损失后，按退出时门店净资产折算，公司回购退出。

2. 定目标、定模式

设计员工合伙人计划的目的不是大股东分配福利，也不是奖金，目的是激励合伙人完成业绩目标，拿到大家想要的结果。这个需要和大家讲清楚。

定目标,就是设定要达成什么样的经营指标。有业绩指标,有管理指标,每年要根据侧重点不同,设定不同目标。有些项目需要冲业绩,那年度销售额指标、回款率指标、利润指标就是合伙人要完成的目标,而有些项目不愁业绩,但需要团队做好服务,做好内部管理,那员工满意度指标、离职率指标、培训达标率指标、客户满意度指标就是合伙人的目标。

定模式,就是设定持股的模式。是持股平台,还是直接持股;是实股持股,还是虚拟持股,或是股权代持等。这些模式可以灵活选择。

例如,无论是否持有门店股权,符合一定条件的门店人员,在完成门店年度业绩指标的前提下,可以享有门店一定比例的分红。这就是虚拟持股模式。

又如,由公司转让一定比例的门店股份给合伙人,合伙人向公司支付对价,获得门店实际股权,办理工商登记,并按股权比例获得分红。这是实股模式。

还有,门店超额完成年度的业绩指标,门店的负责人、骨干员工可以获得超额部分一定比例的分红。这就是超额分红模式。

这些模式,也可以根据不同的合伙人情况,灵活变通综合运用。

3. 定规则、定协议

定规则,就是要将所有的"丑话"讲在前面。认可这个规则就参与,不接受就不要参与;参与了就按规则办,违反规则就按规则接受约束和承担责任。规则分为如下三类。

(1)管理规则:公司按连锁管理"七统一"(商标VI、财务管理、运营管理/督导、人力资源、采购、价格、营销活动)规则管理门店;合伙人服从公司的统一管理,不得干预和阻挠等。

(2)财务规则:公司统一管理门店财务和调拨门店资金;公司每季度安排合伙人进行财务对账,公布合伙门店的经营业绩情况;合伙人对门店经营业绩、财务状况有知情权等。

(3)禁止规则:禁止合伙人干预、阻挠公司对门店的管理和决策;禁止合伙人挪用、侵占、收取门店营业款项;禁止合伙人在公司体系外从事竞业经营活动。这是红线,踩了红线,就解除合作。

定协议,就是将上述的约定形成法律文件。内容符合法律法规规定,协议签订符合意思自治原则,文件符合合同文本格式。

这是一个机构的《吸收合伙人协议》,属于实股持股的员工合伙人计划,供参考。

吸收合伙人协议

甲方：某公司

乙方：　　　　　　　　　身份证号码：

合伙机构：

上述双方经友好协商,本着平等自愿、互利共赢的原则,一致同意依据相关法律规定,甲方自愿将其持有合伙机构的部分股份出让给乙方,吸收/晋升乙方成为甲方体系的合伙人,具体协议约定如下。

一、股权转让

(一)标的估值

(略)

(二)转让方式

(略)

(三)支付方式

(略)

二、投资人增加/份额转让/股权激励

如果门店发展需要增设新的投资人/合伙人,可以采用增资扩股、份额转让等方式解决;采用增资扩股方式的,甲乙方的投资份额同比稀释。但最终甲方的比例不得低于55%。

三、合伙人的责、权、利的约定

1.甲乙双方按投资比例拥有本门店的所有权和债务承担义务。

2.甲方职责如下。

拥有本门店的决策权。有权决定门店的发展和经营方向,对门店的日常经营进行监管、指导。

(1) 对外：负责本门店与政府行政部门的接洽和证照办理等，包括医政、工商、税务、城管、卫监、环保等，费用由门店支付。

(2) 对内：提供内部运营管理支持，包括财务管理、资产管理、人员招聘/管理/培训/考核/薪酬激励/辞退、流程设计、质量控制、客服、营销、后勤保障、装修/物资器材采购、网络维护、品牌宣传等。

(3) 其他(临床接诊操作以外的事宜)。

(4) 对乙方进行 KPI 等考核。

3. 乙方权责如下。

(1) 享有分红权、选举权、被选举权、建议权、其职位的管理权、剩余资产分配权等。

(2) 以门店合伙人(或院长等行政职务)的身份参加公司的各种会议，对门店运营提出合理化意见或建议。

(3) 对于门店店长管理的日常事项，有权向甲方提出建议，但不得直接干预甲方公司管理部门、甲方公司以及门店店长对门店的管理。

乙方义务如下。

(1) 执行甲方体系的"七统一"规定(统一品牌标识、统一财务管理、统一工资体系/人力资源管理、统一医疗服务管理、统一物资/物料采购配送、统一运营/营销管理、统一客户管理)，支持和配合店长(院长/行政院长)的工作，不干涉/不直接插手门店日常运营管理、人事管理、财务管理。完全执行甲方/甲方管理机构发出的经营性指令，配合门店的日常经营管理工作，不得质疑和打折扣。

(2) 不得泄露甲方以及门店的商业秘密；对于经过甲方公司和股东会决定的事项，应坚决执行，不拖延搪塞。

(3) 不得在其他医疗机构执行医疗服务活动，不得担任其他医疗机构的股东、管理人员、技术指导、顾问等。

(4) 日常医疗工作、薪酬待遇及其他日常工作等全部按照运营系统统一实施。

(5) 有义务承担门店的与股份相应的债务。

(6) 乙方家属及直系亲属不得在本门店任职，不得变相参与/干扰本门店的运营和管理。

(7)遵守《股东守则》(后附)。

四、本门店权属关系及品牌使用

1. 门店使用"××"品牌,由某公司按月收取品牌特许使用费(营业额5%)。

2. 门店严格执行某公司制定的相关规定,如有违反,本门店及相关责任人愿意接受相应的处罚。

3. 有关体系内部的股权调整以及其他变更事项,需要乙方予以配合的,乙方应当配合办理。

4. 本门店/公司依法依规注册发生变化时,乙方应当配合办理相关注册登记手续,相关注册登记文件与本协议以及本协议的相关附件等不一致的,以本协议以及本协议附件的约定为准。

五、门店运营机制及决策

1. 本门店的战略发展、大型设备采购以及门面搬迁、重大决策等,由双方共同商议,最终决策权归属甲方。门店日常管理运营由甲方负责。乙方有权协助,但不得干预。

2. 本门店院长由乙方担任,须严格执行某公司制定的运营系统的统一标准,包括但不限于人员培训、薪酬制度、流程设计、质量控制、客服、营销方案、后勤保障、网络维护、品牌宣传等。乙方须定期向股东会报告工作进度以及财务报表。

3. 院长薪酬统一按公司体系执行。院长年度超额分红激励统一按公司体系执行。

六、财务管理

1. 本门店财务统一由某公司管理,独立核算,每季度上交报表给股东。股东有权审查账务。

2. 门店利润约定:门店每月营业额按时打入公司指定账户(日常流水不计利息)。除去所有开支,包括房租、水电、材料、工资(包括奖金及提成)、税务、公关、运营、某某公司收取的品牌使用费(营业额的5%)、广告、伙食、折旧等所得部分为纯利。纯利再减去10%"门店发展储备金"的剩余部分为红利。门店分红按自然年度,每年分配一次,在次年第二个月的三十日前分配完毕。

3. 关于门店发展储备金：每年门店纯利提留10%作为发展储备金。发展储备金用于本门店固定投资、新设备的添置、新装修、升级改造等。发展储备金不用于易耗器材购买、器物维修、广告宣传、人事经费、人员伙食费、食宿费用、义齿加工费、水电费、工资开支、门面房租、税收、各项保险费等。

4. 门店/公司日常流水、折旧摊销、发展储备金(法定及任意盈余公积)等资金所有权归属本门店，统一由公司管理/调配，不计利息。在门店注销之前，不因股东变化而提前分配/返还。

七、合伙人退出的约定

约定一：门店在发展中，因客观原因经营不理想，业绩严重下滑或出现危机，如行业危机、国家经济大环境不好、连续半年亏损、不可避免的自然灾害、门面到期不能续租等，双方一致同意关停处置资产或转让给第三方。按出让给第三方的价格，或处置资产剩余的价值，各自按比例分摊收益或亏损。

如果另外一方愿意继续经营，则双方商议，由继续经营的一方受让股份。此条款不属于违约。后述违约条款不约束本条款。

约定二：如遇意外情况发生，导致乙方(因伤残、疾病或无民事行为能力等)无法继续胜任相应的工作(临床和非临床)，为确保本门店继续运营，乙方须出让至少一半股份，以同等价格优先转让给内部股东。如果乙方的合法继承人有能力胜任本门店工作，可以根据实际情况全部或部分转让给合法继承人。受让者须与甲方签订合约。

约定三：如有违法、侵害对方利益等行为，给对方造成损失(包括金钱损失和信用损失)，如严重违法违规、严重失职渎职、贪污受贿、挪用公款、自谋私利、以权谋私、收受佣金回扣、将顾客转出至其他机构、在其他医疗机构从事医疗服务等，甲方有权要求乙方退出股份，按乙方原始投入资金的30%回购乙方股权，并要求乙方支付违约金及赔偿损失。

约定四：竞业限制。合作期内，未与甲方协商，乙方同时在同城(县/市/地区)从事同类医疗经营活动(投资或变相投资新开医疗机构或将门店顾客转出)与甲方体系内门店形成竞争关系的,构成违约。按以下约定出让全部股份后退出,合作终止。如对甲方或本门店造成损失,违约方还应当支付违约金并赔偿损失。

(1)自合同签订之日起,未满三年,按乙方原始投入资金30%退出;

(2)三年后按乙方原始投入50%退出。

约定五:在门店经营状况良好,门店持续盈利的前提下,乙方确实因为自身发展需要或者家庭等其他原因,不能继续在本门店或者甲方体系内其他门店工作(如出国或投资从事其他不存在竞业限制的行业),按乙方的原始投入额,甲方回购。

约定六:如甲方体系整体上市或被并购需要将本门店全部纳入公司,则乙方无条件配合将乙方股权按第三方估值兑价成甲方公司的股票,或者直接折现退出(按当时的第三方估值,须双方认可),仍可通过返聘在本机构工作。

约定七:在上述任何情况下乙方转让或退出的,之前产生的利润按比例分配。两个月之内核算后返还。同时,乙方不得要求分配门店提留的发展储备金及折旧摊销/公积金等留存资金。

八、合伙人退出程序

1.解约方式

(1)合伙人提前三十天向甲方公司提出解约申请,并交接工作、签订《退出协议》,约定具体退出事项。为避开行业周期敏感期,一月至四月,十月至十二月不得退出。

(2)提前三十天配合办理工商变更(如需要)。

2.支付方式

(略)

九、当门店已经达到良性运作阶段,乙方经营能力非常强,有意向也有能力再与甲方合作投资新门店,可以根据当时的政策提出申请,经甲方同意后投资。乙方不得与其他第三方合伙开设相同或类似的机构。

十、商标特许使用

(略)

十一、保密约定

(略)

十二、风险承担

(略)

十三、违规

(略)

十四、违约责任

(略)

十五、争议解决

(略)

本协议及相关附件具有同等法律效力。

附件：

附件一　【公司章程】

附件二　【保密协议】

附件三　【股东守则】

附件四　【合伙人行为公约】

附件五　【合伙人宣言】

甲方盖章：　　　　　　　　　　乙方签名：

时　　间：　　　　　　　　　　时　　间：

总结下这一章。冯唐说，这些年的经历中，他逐渐领悟到了四条重要的成事路径：读书、行路、学徒、做事。

要成就一件事情，**读书是最便宜、最简单，却也是形成自己认知最基本的方式**；在我们的职业生涯中，会走到不同的地方，遇到不同的人，看到不同的风景，听到不同的故事，我写的这些案例，都是别人的故事、别人的风景，但也能够给我们一些启发和启示；人在不断循环做学徒的过程中，需要参加各种讲座，观摩同行的各种技能操作，打一个官司，写一个合同，做一个咨询，会见一个客户，接手一个项目，就是学徒的过程,我们不仅学会了如何做事,更学会了如何做人,"**世事洞明皆学问,人情练达即文章**";做事不仅检验我们的学习成果,更锻炼我们的能力和素质,内心确信,才敢做事,内心安定,才能做事,不断做事,不断验证自己的判断,才能最终成事。

丰子恺先生说:"**不乱于心,不困于情,不畏将来,不念过往。**"如此,安好。

第八章
律师助理的知识管理

如果你想得到某样东西,就让自己配得上它。

——〔美〕查理·芒格(Charlie Munger)

有位年轻律师开始独立执业，她想尽快积累客户，拓展人脉，她的做法是经常参加行业内的各种活动，也组织一些读书会、交流会之类的活动，她还参加了家乡在长沙的商会，担任了这个市级商会的秘书，这个商会还有其他好几位律师参与，但她除了花大量时间参加商会各种活动外，没有获得太多业务机会，认识的各种老乡也并无深交。我对她说，你的这种到处混个脸熟的做法是低效率的，真正拓展人脉的做法应当是让自己变得有价值，让自己变得对他人有帮助，让他们愿意和你交换，愿意将你推荐给别人。酒香不怕巷子深，你若盛开，蝴蝶自来。

　　我经常找一位年轻的律师合作案件，其实他在我们律师事务所并不活跃，也不怎么参加律师事务所的活动，只是带一个小团队，扎扎实实做自己的业务。我之所以找他合作业务，是因为我看他经常在自己的公众号上发表一些相关案件的分析、解读、评论文章，逻辑上非常清晰完整，而且他也很善于分析、总结和提炼，文章中都是他自己经办的案件，胜诉率非常高。所以，我觉得他能够胜任，和他合作以后，发现他还能做其他方面的工作，我就将其他业务也推荐给他。这个公众号是我和他建立链接的一个渠道。其实在一家大一点的律所，同行之间的合作非常频繁，年轻律师与资深律师形成紧密合作关系很正常。

　　我有位律师朋友，只在一个很窄的领域内做业务，客户基本是某个领域的头部公司，他的日常不是做服务，而是做大量的商业研究，对很多问题进行分析整理。我是他短视频账号的关注者，他每周大概会发一到两期的短视频，五分钟左右的内容，提出的观点非常新颖，很多愿意深度思考的人都喜欢看他的短视频。这个短视频账号，也是他与潜在客户建立链接的一个很好的载体。

他的视频内容几乎不谈法律条款,但句句不离社会法治,不谈商业理论,但一篇下来,却阐释了他对商业的深刻理解。从律师的职业特征来做知识输出,他的账号是一个很好的借鉴。

我受一家餐饮企业客户的委托,参加公司的股东会,我的工作是见证会议,并制作会议纪要、拟写股东会决议。公司股东中有几位餐饮行业投资的领军人物,这次会议开了将近五个小时,我做了两万多字的完整会议记录,记录了与会每位股东、专家对行业趋势、公司发展战略、具体经营项目决策、公司管理等各个方面的发言。我的这家客户是餐饮行业的头部企业,而股东也是餐饮投资行业的知名机构。这次股东会议,几乎开成了餐饮行业的小规模研讨会,股东们的发言围绕企业成功的关键是什么、企业的核心竞争力是什么、下一步的做法是什么展开,我重新梳理了战略管理、企业管理、项目管理的知识点。我电脑中的这两万多字的会议记录,几乎让我对餐饮行业有了新的认知。后来,我又在网上听了这位大咖股东对餐饮行业的趋势分析,加深了对餐饮行业的了解。

什么叫知识?手边的一本书,网上的一篇文章,做的一个重要会议的记录,这些都不叫知识,只能叫物品或者数据;接下来你读了这本书,读了这篇文章,读了这个会议记录,你感到很开心,然后过几天就忘记了,这也不叫知识,充其量是你阅读了这段信息;但当你读完书后,你认可书中的观点,并在工作生活中根据书本中的理念,调整了自己的工作生活方式,或者你读完文章或者会议记录后,梳理吸收了这些信息,学习了他人的经验、思维方式,将信息变成自己的输出,指导你的工作,那你学到的才叫知识。

王阳明讲"知行合一",很多人对知行合一的理解有偏差。如果你学习了一个老师的学问,却不能将这些学问变成自己的行动,那只能说明你没有学会。知识的定义很多,我认可的知识定义是,那些能够改变我行动的信息才叫知识。

这几年流行一个概念叫"知识管理"。其实没有多么深奥玄妙,知识管理就是一个信息筛选、获取、储存、分析、提炼、总结、输出、传播、二次开发、利用、反馈、更新迭代的动态过程。

口腔医生职业可能和我们律师职业差不多,都是需要知识管理的职业。医生学习的技能越专业,受过的培训越多,服务的患者病例越丰富,他们在行业中的地位就越高,收入也就越高。他们平时要做很多知识管理的工作,参加行业领军人物的培训、参加规范化培训、去上游医疗器械公司做产品的使用培训、同行之间会诊、整理患者的病案资料、教导学生、参加机构组织的病例比赛等,都是他们行业领域内的知识管理活动。一位口腔医生在职业生涯的前几年是全科医生,口腔清洁、拔牙、补牙、牙周治疗、根管治疗、儿童牙齿治疗等基础性的治疗活动都需要开展,到一定的职业年限后,他们就开始分化,有的医生专门做种植手术,有的医生会专门从事正畸手术项目。往更专业发展,有的医生可以开展口腔外科手术等项目。和律师职业一样,口腔医生的全部职业生涯都在做持续的学习和知识管理,只要哪天停止学习,就会被同行超越,甚至被行业淘汰。

以前,我在网红直播间买直播产品,并不是觉得他们的产品有多么好,他们卖的货其实更贵。我是去看一下网红的表达,看他们如何演绎团队的文案。他们的很多文案是用"爆款文"的方式来写的,这些文章以前是公众号上阅读量过十万次的文案,而经

过他们生动地演绎发挥,在一个大的平台造就千万级流量的播放。同样一个文案,在不同的载体上输出,由不同的人来演绎,有不同的效果。一个有千万量级受众的直播间卖什么货反而一点都不重要。从另外一种意义上讲,商品的价值里附加着使用价值和情绪价值。他们对商品的介绍、直播时的知识服务、演绎的"小作文",发掘出了商品的情绪价值,同时,他们的输出也是能够提供情绪价值的服务,我买的货物里附加了这些情绪价值,也是因此我不在意他们的产品价格高于其他直播间。这就是我看网红直播间产生的认知。

　　回到我们的行业。从底层逻辑和本质上分析,律师也是一名知识工作者,职业生涯就是一个不断学习新的知识理论,输入数据、信息,然后通过自己的大脑储存、积累、分析、处理数据和信息,并且输出、传播知识的过程。吸收越多、处理越快、输出越丰富,作为一名知识工作者就越强大。所以,律师更应该做好知识管理。

　　律师为客户代理案件,做法律顾问,做专项服务,就是为客户提供专门的定制化知识服务的过程;律师做法律培训、出版书籍、发表文章,也是对公众或客户普及知识的过程;律师对某个热点的社会问题、商业现象、有影响的案件发表意见,发布短视频或者进行直播,提供的是自己的知识服务。

　　律师的知识管理有三个维度。第一个维度是信息资料管理的维度,侧重于如何管理现有的信息、数据、资料,如何整理归类文件,如何快速检索法律,掌握某个类型的法律知识需要收集哪类资料、看哪些书、听哪类课程等。第二个维度是如何更好理解、盘点、反思、复盘、应用所掌握的专业知识,比如如何做读书笔记、

做思维导图、使诉讼可视化、写工作日志、写结案报告等。第三个维度是如何在所掌握的信息、知识的基础上,提炼出普遍性的规律、找到发展的趋势、提供评论、分析意见、对知识第二次开发等。比如,行业发布的发展报告;比如,我所讲的那位餐饮专家股东会上的发言,他就是将餐饮行业内投资、企业管理等方面的信息、知识归纳出来,提出具体项目的分析和意见;比如,我那位做短视频分享的朋友;比如,我们做案件分析意见、做企业战略研讨等。

关于信息、资料的收集整理,有比较多的工具可以使用。法律及案例的检索工具、检索站点大家都在用,检索方法我也做过介绍,大家也可以回到之前的章节复习。案件资料的整理、归档、研究、使用,各个律师事务所都有工作流程要求。各种行业的研究报告、政策法规、数据发布,需要及时收集、记录、整理、存档、备份,这并不复杂,可以使用的APP有企查查、印象笔记、全能扫描王、幕布、简书等,目前通义、文心一言、讯飞星火等AI大模型也可以使用试试。这些工具的具体使用方法网上有完整的攻略,每位律师也有各自的偏好,我就不一一介绍了。

十几年前的律师和现在的律师以及未来的律师,本质上并无区别,只是在吸收信息、分析处理信息、输出信息的工具、媒介、方式、手段上有所不同而已。各种工具的使用,加上短视频、自媒体的兴起,丰富了律师知识输出的方式,也提高了频率,同时提升了律师知识输出的效率,肯定也加剧了律师行业的竞争。

但是,我们还是要庆幸,这是一个可以成倍扩大我们影响力的时代,是一个只要你哪怕有一个小小特长,就能够被发现、被认可、被传播,能成事、能得到回报,不会被埋没、被遮盖的时代。

第八章 律师助理的知识管理

> 在这章,我要介绍一些知识管理的方法、做法和工具,让我们提高自己吸收、发现信息,储存处理信息,输出传播知识的效率和效能。

第一节 养成专注一个领域的能力

大家可能不太了解保健品行业,或者对这个行业有些厌恶,因为销售人员经常要推荐非常贵的奶粉、按摩椅、床垫,还让大爷大婶家里塞满了各式各样的瓶瓶罐罐。但不管你有多大的误解和成见,保健品行业不会消失,而且在深度老龄化的今天,这个行业还会越来越壮大。

我认识一家不采用上述做法的保健品公司,这可能会成为今后行业的趋势。大部分保健品公司只选市场流行的产品,甚至一年内换很多产品,然后一遍遍"收割"顾客。但这家公司经营了快二十年,却始终只做一个主导产品。大部分保健品公司会找一个豪华宾馆做会销,卖完货就消失。而这个公司将社区门店开到顾客的楼下,贴近客户做服务。时时刻刻和客户保持黏性,中老年顾客有就医、买菜、家政服务、朋友聚会、短途旅行等方面要求,这家公司都包揽。客户非常开心,基本没有客户投诉;员工也很开心,在服务过程中,找到了自己的定位和价值。这么多年下来,顾客一直在增长,需求一直在增长,业绩也一直在增长。那这还是一个卖保健品的公司吗?不是的,这是一个健康服务公司。一家服务公司,有大量有服务需求的客户,经济下行又有什么好担心的?

大家对辣条的印象可能不太好,而我恰恰是一家生产辣条的企业的法律顾问。这家公司为改变公众对辣条的坏印象，做了大量的工作。公司投资做工厂技术改造，将车间升级成药品级无菌车间，有一段时间还将生产区开放，组织公众参观。在公司最艰难的时期，公司决策层做了一个决定，将与辣条生产无关的各种休闲食品的生产线全部砍掉或者外包，公司专注于一个产品，打透市场。这几年过去，在辣条领域内已经做成全国排名靠前的品牌了。

我还是一家暖通企业的法律顾问，其产品会出现在很多大城市地铁口，还会生产巨大的冷凝塔。这是一个细分行业，这家企业有开发生产空调主机的能力，但基本没有做。这二十年左右只做冷凝塔。我另外一家客户只聚焦不锈钢的钣金件和管件的生产，为行业大厂和零售客户做配套和代工。你能够想象到的不锈钢管件和钣金件基本都能做。

湘菜餐厅的竞争要用惨烈来形容。我一个做餐饮的客户，早年做的是传统湘菜，有很多菜品，但知名度并不是那么高。这十年来推出了两个主打产品，作为餐厅推荐招牌菜。到长沙旅游的朋友基本会光顾这家公司的连锁餐厅。我这位客户的品牌门店已经开到了上海，是长沙的餐饮名片企业。

再举一个公司经营失败的案例。我早年做过一家建材生产企业的法律顾问，这家企业做建材行业的一个小品类，即乳粘胶。这个产品是种耗材，用途很广泛，用量也比较大。公司全盛时期，能为湖南省乃至湖北省、广东省的一些供应商供货，其品牌甚至有取代乳白胶通用名称的趋势，是建材店的标配。后来，模仿者越来越多了，公司也没有花大力气在品牌保护、技术更新、产能扩大、渠道维护上，转而将资金投到当时流行的新能源、新材料的项目中，主业逐渐萎缩，而新项目的投入不断加大，后来资金链断裂，公司也就消失在经济大潮之中了。

我还可以举出很多客户的情况，不论在哪个行业里，能够在行业中立足十年以上的企业，基本是专注主营业务、主导产品的企业。这些企业将自己的注意力、资金、研发能力、经营管理、市场资源，全部倾注在一个领域内或者一个产品上，然后不断更新迭代，才形成了目前的规模和实力。

我们这个行业内做成事的律师,大多也是将自己的能力、才华、时间、资源专注在一个领域内的人,不胜枚举。我们的法律体系博大浩渺,一生能够研究透彻一个领域已属不易。在实务领域,能够在某一个小的业务范围内成为行家里手,也需要反复刻意练习。我们刚刚入行,在乱花渐欲迷人眼的状态里,如何养成专注一个领域的能力,是律师知识管理的第一要务。

如何做到专注一个领域,我的建议如下。

一、少则得,多则惑

一招鲜吃遍天。少则得,就是要聚焦和专注,只有将自己的精力、学习力、注意力持续专注在一个领域上,打透一个专业领域,才能成事。学习也是一样,精研一位或者最多三位老师的成果就可以了。比如,仇鹿鸣老师是研究三国晋代历史的专家,听他的课、看他的书,得到的就是一手的研究成果和最新资讯,比看大量通识历史有价值得多、有收获得多。再比如,我们学公司法、民法,看李建伟老师的课件和书就很好,他讲得很通透,应用在工作中也已经能够在实战中领先同行了。

很多人还是有"既要、又要、还要"的"拼多多"心理,怎么可能有质量好、价格又便宜而且服务好的事情?多则惑,就是你的选择太多、欲望太多、需求太多、受的诱惑太多,吃亏是肯定的。悟空找菩提老祖学手艺,菩提老祖问悟空要学三十六变化的天罡,还是学七十二变化的地煞。悟空认为七十二多于三十六,就选了七十二变化的地煞。和二郎神对战,却被二郎神擒住。其实,真正厉害的还是三十六变化的天罡。

我们很多人每天早上起床,就开始刷短视频,接收各种信息,一个小时下来,除了大脑昏昏沉沉,其实什么都没有得到。我现在看信息,也就固定看几个人的评论,只看某几类资讯,其他一概屏蔽,与我无关。你需要得到什么信息、知识,得由自己决定,不能由算法推送。其实,学习佛经的人,一辈子读懂《金刚经》就够。这个经,通篇就是讲如何"善护念",如何让你降伏自己纷纷攘攘的内心。

我有个企业家朋友,他以前非常喜欢参加各种各样培训咨询机构组织的企业家学习营,这些学习营有讲战略的、讲管理的、讲品牌运营的、讲人力资源的、讲财税的。他每年要花很多时间和资金在这些学习上,学了回到公司还是不能操作,因为培训师讲的那些理论和案例要落实到公司执行时,需要对公司做大规模的调整,说不定还会引发公司业务的变动。总不能因为鞋子小就裹自己的脚。后来,他慢慢只去学对公司品牌运营有帮助的课程。

我们行业也有很多培训和学习的课程,每次专家来讲课,很多人就去赶场子,总觉得学一点总比不学好,自己不去学,别人学了,自己会吃亏。其实没多大必要,不是每一个领域内的知识都要掌握。自己要学什么,不要学什么,要根据自己的职业发展来定。

二、慢即快

知识体系的搭建,是一个缓慢的过程。以前,我三十来岁的时候非常喜欢读书,一年大概要买几百本书,书柜永远放不下,每年也要读上百本书。我的一个理念是,一本书才几十块钱,中间哪怕有一句话对我有用就值了。现在,我慢慢改了这个习惯,只买自己想看的书,读书的速度也慢很多,现在读的大多是一些很厚的书,《资治通鉴》《国富论》《公司法评注》这类,一边看,一边琢磨,一边写笔记,这没办法快起来。

比如,大多数人认为《资治通鉴》这本书是一部历史书,一辈子都不会去读,全都是文言文竖排,太难读了,对法律业务似乎也没什么帮助。其实,我认为它不单单是一部历史书,它对我知识结构的建立有极大的帮助。在时间维度上,可以讲述过去与未来;在空间维度上,讲述大到天下、中到朝廷、小到家族的兴衰荣辱;对个体而言,至少它能提供指引,指出关键时候如何做选择。但这种书,一下子读不完,读完并且消化后,也已是知识体系、处世观念建成的时候。

还有,上文我说所谓知识,是能够改变行为的信息。刷条短视频,只会博一笑或博一怒,它只能改变一秒钟的心情,不一定会改变行为,过几分钟就忘记了。对我们有价值的知识,需要细细阅读、理解、加工,然后存放在合适的地方,时不时拿出来练习和检验,才是最有效的知识管理。

不重新来才叫快。 我们的职业生涯,难免会走弯路。很多朋友入行,跟错了老师,不得已选了自己不太适合也不太喜欢的专业领域,学了一些以后也不太使用的知识技能,过几年后,发现自己还是喜欢另外一个领域,要改行另外学习一套体系,那才叫慢。比如开始跟一位带教老师做刑事辩护,三年后想改行做民商事业务,你以为刑辩的经验可以用在民商事业务吗?不是的,前面三年积累的知识体系估计要推倒重来,而同时做民商事业务的朋友已经有三年的经验,也积累了三年的客户,你至少落后他三年。你说,谁更快?你的转换成本有多高?

三、无用之用,方为大用

我们搞房子的装修,需要砖头、木材、电缆、地砖、涂料等这些结构性的主材,从来不觉得沙子、水泥有多重要,因为在装修成本中,这些只占不到3%的预算。但你装修一个房子,却不能缺沙子、水泥,这是将主材连接到房屋毛坯上的关键材料。

我们学习法律,要学公共基础课程、专业必修课程,还有通识课程。

公共基础课程,讲的大概是如何表达、如何写作、如何辩论,商务礼仪,办公软件如何使用等。专业必修课程,就是我们的法律专业课程,是我们选定的专业方向,

而通识课程,就是告诉我们如何思考、如何分析问题、有哪些分析工具可以使用。具体来讲,就是逻辑、历史、文学修养、艺术鉴赏这些没有什么学分,也不在司法考试中考的知识。

而通识课程,就是我认为的无用之用的课程。这些看似无用的知识,是我们理解世界、做好专业的必备知识。好的辩护词,必定具有可读性和文学性;好的股权设计方案的内核,必定会有对人性的深刻理解;好的法律顾问,必定通晓古今,博学多才,这样才能源源

不断输出。我们专注一个领域的研究，那围绕这个领域的通识知识虽然看似无用，但这些无用的知识却是我们知识结构中不可或缺的黏合剂。

我推荐过朋友读《资治通鉴》，估计他们都没有时间去读，这个就是我所说的无用的学问。这本书里讲了识别人才的八个方面，"聪察强毅""正直中和"。你不读这本书，就不会了解现在我们评价人才还在用这个标准。所谓德才兼备的干部，如何阐释德和才，就是用的司马光的观点。做法律顾问，是要协助老板识别人才，法律不会写人才是什么样子，但历史书会写。

专注于某一个专业领域，更能够提高我们知识管理、服务客户的效率，也能够避免低效能的重复。从经济学比较优势理论的角度来分析，专业分工越细，越能够体现我们的专业价值，也越能够提高市场的整体福利。专业化分工，也是我们这个行业的趋势。当我们准备独立执业时，就需要认真思考和选择了。

第二节　律师助理常用的知识管理图表

"一张图能顶1000个字。"这是一位做策划的朋友跟我讲的。那个时候他正帮我设计一个直投宣传册。我不断要求他往我的简历上加文字，以期展示我的执业经历。他说，其实没有人愿意看上面的文字，将你的职业照片放在宣传册上吧。然后我同意了他的说法。那本印着我穿律师袍全身照片的宣传册，成为我拜访陌生客户的敲门砖。客户谈下了不少，而且不少客户还问我这张照片是哪位摄影师拍的。

我的微信收藏中，有我的自我介绍文档，里面基本是图片、图表。连我正在服务的客户，我也用它们的商标来表示。这个文档看起来就很直观，很轻松，也很容易留下印象。平时认识陌生朋友，我们加上微信后，我会将这个文档发给他们。效果很不错，他们基本会将这个文档收藏在微信里。

公司的各个部门，都会树立很多看板，上面会有各种各样的图表。

销售部门的销售进度、每月的业绩回款折线,财务部门提供的财务数据分析,人力资源部门的工作流程图,生产部门的质量控制、生产进度图表,网络投放部门的日活用户、月活用户的分布图等,这些都是公司经营管理日常用的图表。这些图表能够直观表达各个部门的经营进度和状态,是一线人员量化管理的有效工具。

前几年,我担任了一家公司的独立董事,是战略委员会的成员,要参与公司战略制定和分析。于是,我花一个月时间研读了迈克尔·波特(Michael Porter)的《竞争战略》,学习了一些分析工具,结合公司的调研情况,向公司董事会做了战略报告。这次报告在很多方面得到公司董事会的重视,并予以采纳。

我们是知识工作者,在整理输入信息、分析信息、输出成果的时候,需要表达流程进度、表达复杂关系、分析原因、形成结论的时候,使用图表能够更有利于理解,更能节约沟通时间、提高效能。

我介绍几个律师在工作中常用的图表和分析工具,供参考。

一、时间轴

时间轴适用于对案件在时间维度上进行主要事实的分析和归纳。使用时间轴来分析归纳,能够清晰直观了解案件的演化过程,便于找到案件的突破点和争议点。

为方便分析和判读,时间轴的横向为时间推移,纵向可以分别标识为合同双方或几方在时间轴上的行为。可以用不同的颜色来区分不同主体的行为,如果有更多的主体,时间轴的纵向可以分层。时间轴绘制时,与案件无关的事件就无需纳入。

我代理过一个时间跨度比较长的案件,为方便律师和当事人分析案情,也方便法庭了解案件的经过,我将出租方和承租方在合同签订、履行合同过程中的所有重要事项都在时间轴上做了标识,能很清楚地看到双方在履约过程中的行为动作。(见图 8-1)

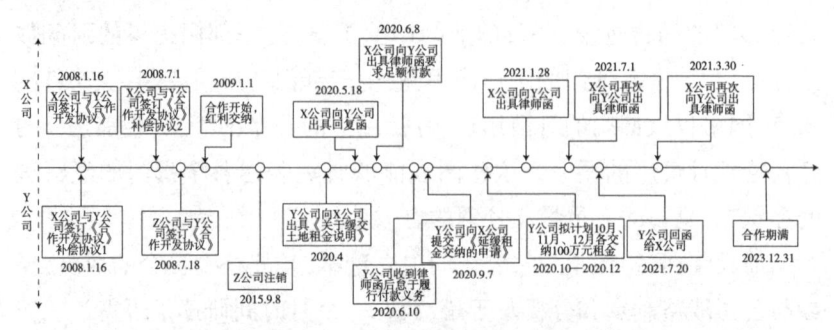

图 8-1　X 公司与 Y 公司土地租赁合同纠纷法律事件时间轴

二、关系图/股权结构图

如果我们做股权设计、合伙人计划、股权激励、尽职调查等业务，要将交易结构、权利义务关系、股权控制关系表达清楚，那肯定要画得很流畅。借助关系图的直观表示，律师、当事人、法官等使用者就能够非常清晰地理解各方在交易中的地位、控制关系、法律关系。

我参加过一个连锁公司的股权设计，通过直观的关系图/股权结构图，清晰表达了整个体系的控股层、投资层、实体层、业务层的投资控股关系，明确了各个层级的法律地位、隶属关系、经营定位。客户拿到后，就能够明确各公司在整个体系中的位置，也就便于对整个体系全面掌控。(见图 8-2)

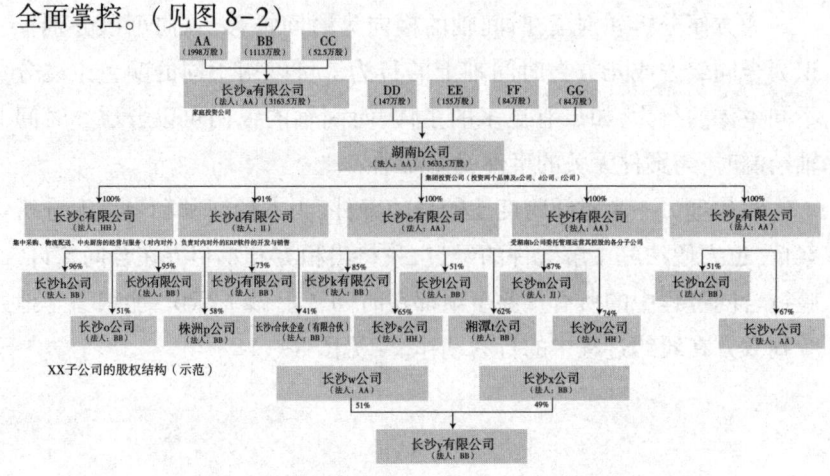

图 8-2　××集团股权总体方案(子公司形式)

三、流程图

流程图有助于全面了解某项业务的处理过程。首先,流程图能简单明了地表达业务流程,其直观性优于文字描述,更容易理解和记忆。其次,流程图通常附在产品文档中,有利于对业务的理解,有助于清晰地展示业务走向。

这是某公司人力资源部门的员工工作调动流程。(见表8-1)对于公司而言,建立工作流程是支撑公司管理制度的基础,也是公司业务有序开展的必备要求。如果我们担任公司法律顾问,协助相关部门设计工作流程,找到关键的控制节点是法律顾问的重要工作内容。

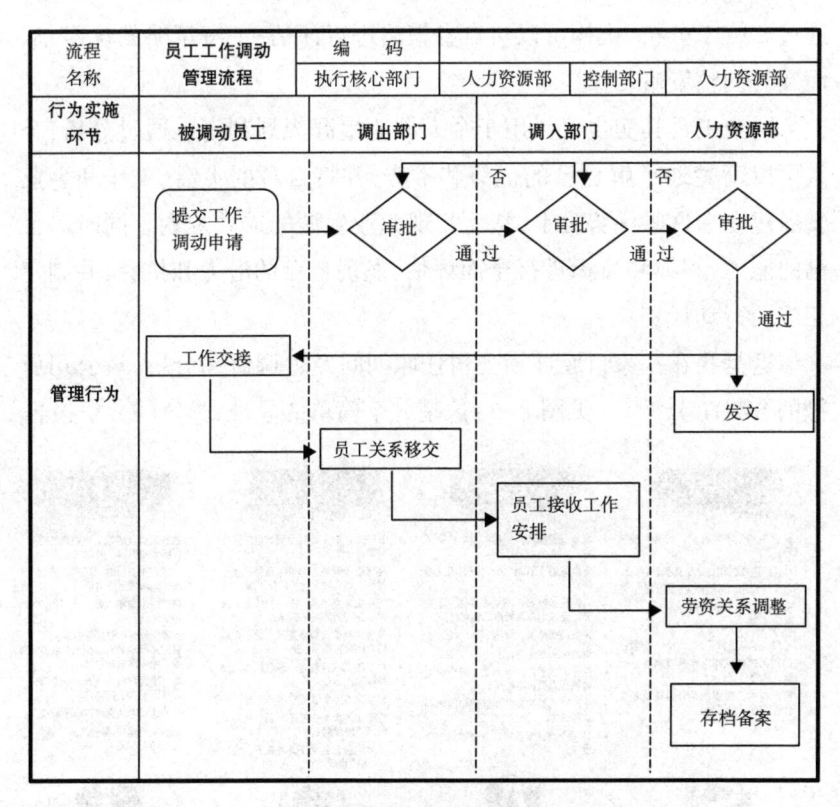

流程名称	员工工作调动管理流程	编码		
		执行核心部门	人力资源部	控制部门 人力资源部
行为实施环节	被调动员工	调出部门	调入部门	人力资源部
管理行为	提交工作调动申请 → 工作交接 ←	审批 否↑ 通过↓ 员工关系移交 →	审批 否↑ 通过↓ 员工接收工作安排 → 劳资关系调整 ↓	审批 通过↓ 发文 ↓ 存档备案

表8-1 员工工作调动管理流程

四、SWOT 分析

做公司策略分析，SWOT 分析是基础的工具之一。用于评估一个项目、组织或个人的优势、劣势、机会和威胁。它由四个要素构成：S（Strength，即优势）、W（Weakness，即劣势）、O（Opportunity，即机会）和 T（Threat，即威胁）。分析识别内部和外部环境的关键因素，为制定策略和做出决策提供指导。通过分析机构内部的优势和劣势，可以帮助机构发现自身的优势和劣势所在，从而更好地发挥自身优势，改进劣势；通过分析外部环境的机会和威胁，可以帮助机构了解市场趋势、竞争对手、政策环境等因素对企业的影响，从而制定出更加有效的策略；通过 SWOT 分析，机构可以对自身策略进行评估，了解策略的优劣，从而及时调整策略。

这个工具其实也可以用于个人职业生涯规划制定。通过分析，个人可以清楚地了解自己的优势和劣势，并将自身的生活、工作和事业发展建立在这些优势之上，从而实现职业生涯的成功规划。同时对自己的能力、兴趣和目标进行全面评估，发现自身的潜力和机会，并制定相应的行动计划。

这是我在一家口腔连锁公司任职期间经过调研和分析，对公司所做的 SWOT 分析。(见图 8-3)这是一个简单的呈现，具体的分析报告

优势	劣势	机会	挑战
· XX 品牌 24 年的沉淀，积累大量客户；	· 成本显著增加，机构利润率持续下降；	· 长沙区域市场暂时无资本型的强劲竞争对手进入；	· 监管机构及政策呈现趋紧的态势，保护公立机构，限制民营机构；
· 连锁门店社区化，遍布长沙多城区；	· 发展战略不清晰，公司发展增速趋缓；	· 疫情以及经济下滑等导致潜在竞争对手、现有竞争对手扩张迟缓；	· 消费者来源分散，需求多元化，对品牌的忠诚度减弱；
· 经营管理团队协同作业的能力；	· 门店在长沙城区布局不均衡、不充分，无法形成区域市场绝对优势；	· 行业集中度不高，主要竞争对手暂时缺乏有力的竞争策略；	· 获客成本急剧上升，且行业价格竞争白热化；
· 医疗技术部队的服务能力；	· 现有门店装修、设施陈旧、老化；	· 长沙市持续人口净流入，城市规模持续扩大，需求旺盛；	· 主要竞争对手获得资本加持：宏观经济出现衰退、疫情、防控政策等可能导致经营情况；
· 经营现金流充裕，负债率较低；	· 资金使用效率低；	· 具有基本服务能力的医疗技术人员持续流入行业；	· 高水准医疗技术人员、运营管理人员被竞争对手挖角；
· 已形成多层级的股东、合伙人配置；	· 高水准的医疗技术人员、专业化运营管理人员普遍缺乏；	· 宏观政策降低融资成本；	· 长沙区域内的空白市场逐渐减少；
· 门店和运营总部之间的隶属关系清晰，风险可控；	· 客单价持续下降，欠缺提供高毛利服务能力；	· 市区出现大量空置的门面，房租单价不断下降趋势；	· 新的商业模式、替代产品和服务（美牙机构）出现。
· 医疗技术、管理团队年轻化、专业化程度在逐步提升。	· 公司内部决策效率、管理效能有待提高。	· 单体门店因经营不善原因，合作/收购的意愿上升。	

图 8-3　XX 公司的 SWOT 分析

报送给董事会审议。在此基础上,董事会启动公司 2022—2025 年度的战略制定。

五、思维导图

思维导图是我们常用的知识管理工具,已经流行很多年了,大家都经常使用,用法很多,用途广泛。在此简单举例。(见图 8-4)有很多思维导图的应用,可自行下载。

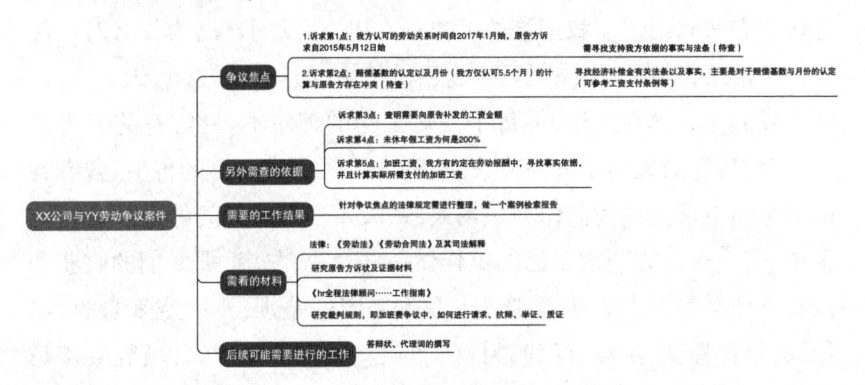

图 8-4　XX 公司与 YY 劳动争议案件思维导图

六、工作日志

自从开始执业,我就养成了写工作日志的习惯。因为工作越来越多,任务越来越重,不可能记得住每一件事情,那就只能做记录。一年一本的日志,记录了我工作中的各种事务,工作中接触到的人、办事的进度、读书的收获、工作时的情绪和感受、对一个事情的判断和思考、工作的复盘和反思。

我每周都要开不少会议,有另外一个会议记录本。记录会议的梗概,会议作出的安排、分工、决定。做完记录后,我会在空闲的时候回头进行整理和复盘。这是我的工作习惯。

我的工作日志是迭代的,早些年记录的大多是流水账,记录较多,反思很少。后来使用了四象限的记录方式,分为重要紧急、不重要不紧急、重要不紧急、紧急不重要这四类。这样的分类有一定的帮助,但还是缺乏反思和复盘。

从知识管理的角度来看,记录不是目的,记录工作日志的目的在于反思、整理。通过反思和整理,提升自己对某个事情、某类事情的认知和判断。

比如,我翻看和研读一次股东会会议记录,我对餐饮行业有了新的理解;我研究一些公司的董事会会议记录和决策,会对行业的判断以及董事们的管理决策能力有新的认识,而且也能够找到更多沟通、合作的方法和渠道。我记录的工作日志里,会反问自己为什么对一件事情有情绪,是哪一个点触发了自己的情绪,如何避开这个点。

我们每天都在工作,但每个人对工作的理解不一样,有的人为了养家糊口,有的人为了安身立命,有的人为了实现自己的价值,各有各的目标和追求。但我们作为职场人,每天花一点点时间记录下自己的工作,花一点点时间对自己的工作做一些反思、复盘,那我们的收获和成长应该会和他人有所区别。人和人之间的差别,不一定来自收入、职级、教育程度、年龄、经验、财富、名望。人和人的最大差别,应该是反思的能力、自省的能力、学习的能力、认知的能力。

这是一个迭代后的工作日志模板:九宫格。(见表8-2)内容可以自己定义,我从一本书上找到后自己做了修改。现在还看不到效果,但明显比以前的四象限日志好很多。

每日小记 天气:　　心情: 身体状况:　就寝时间: 起床时间:	今日摘要	理财、收入
昨天成功的三件事	人际关系、家庭、朋友情况	工作、创意、兴趣
昨天的感悟/反思	健康、饮食、锻炼	每日读书笔记

表8-2　工作日志

接触到一条信息、一个工具,你如果对其不感兴趣,那这个就不叫知识,知识是改变你的行动的信息。如果你拿到这个九宫格日志后准备使用一下，那这个就是知识。

因为篇幅有限，我来总结一下这个章节。

我经常让我的助理讲她读的一本书、一篇文章的心得。我们很多年轻的助理不敢去讲，不敢表达，我第一次做讲座几乎是逐字念稿子。给别人讲的过程，其实就是一次学习的过程。不要认为一定要学会一个知识才能去教别人，这是不对的。你给周围的朋友讲的过程，同时也是自己学习整理的过程，这就是知识管理。

我也一直让我的助理、年轻律师写自己的办案心得体会，并且发表在公众号、自媒体上。如果准备好，要做短视频，要做直播。这个过程既是知识的输出过程，也是一次正向的反馈过程，就相当于复利，你的输出是本金，反馈给你的评价是利息，然后你再次输出的时候，就是本金加利息。一个领域，你用这个复利原理滚动几次，那基本上就对这个领域一清二楚了，这就是知识管理。

我写文章或者通过一系列的文章积累成一本书，看似是一个输出知识的过程，其实，还是一个不断整理、复盘过往职业生涯中所经历的各种案件、各类客户、各种学习和验证、各种经验和挫败的过程。通过这个过程，我获得了更多的认知提升，我运用知识的效能更高。这也是知识管理。

《道德经》说："**万物之始，大道至简，衍化至繁。**"知识管理，是一点一滴积累的过程；是复盘梳理、对自己否定之否定的过程；也是刻意练习、不断输出、复利反馈的过程。我们的职业生涯，就是一个知识管理的过程。理解了这一点，做什么都不会错。

第九章
如何设计律师法律服务产品

少时壮且厉,抚剑独行游。
谁言行游近?张掖至幽州。

——[晋]陶渊明《拟古(其八)》

行业内经常会组织法律服务产品比赛，各参赛律师会在这个比赛上讲自己的服务产品方案，比如做一个标准的清收债权文案，把如何审查分析、如何谈判、如何诉讼、如何执行、如何结算和标准的价格等打包，就是一个产品，还有劳动用工风险产品、数据合规产品、家族财富传承产品等。每次都会有各种各样的法律服务产品，有的普通、有的新奇、有的前端、有的基础。评价一个法律服务产品是否有效的最重要标准，就是有没有人买单，能不能大卖。这个时候，你不能说我能做什么，而是要听客户说要什么。应该从一个产品经理的角度、客户的角度来审视所设计的产品。没有人买单的产品，即使再精妙，也是空泛的屠龙之术而已。

早年我设计了一个法律顾问服务产品。卖得还不错，推出的第一年，我自己和一个助理做推广，卖出了几十单法律顾问服务。当时律师主要在诉讼业务市场竞争，法律顾问一般都是大公司在聘请，价格很贵。当时基本忽略了中小企业的法律顾问服务。我设计的这个产品价值在于让中小企业能够找到适合自己的法律顾问服务。服务的内容也很简单，能够解决客户的痛点。当时的费用价格也很低，对企业而言只需要按照支付一个员工月工资的标准，就可支付法律顾问一年的费用。我这个产品应该比较经典。十几年过去，我现在大部分的时间在维护老客户，就没有再开发新的客户，这个法律服务产品也已经没有再卖了。

一位年轻律师和我讲，他准备开发一个人力资源方面的服务产品，设计一个从员工的招聘开始，覆盖通知、入职、签约、试用期、培训、转正、转岗、调薪、休假、违纪、竞业限制、保密、离职仲裁各个方面的流程及法律文件，并对人力资源部门进行培训。这个产品可以是小程序，也可以做成视频培训课程。当然，类似的法

律服务产品市场上有不少,问题是,这些都是产品的内容和功能,这个产品的卖点在哪里,如何交付才是关键。

一位从事餐饮项目的客户老板演讲他的商业模式,说道,情怀是最极致的价值主张,是未来能否"活下去"的唯一基因。他经营一家高品质的庭院餐厅,餐厅设立在中式庭院之中,庭院内,松涛竹韵,曲院风荷。他的目标客户已经不满足于一顿美食,一个美食故事,或者一个上档次的接待的人,他们更多的是想体验一种精致的生活方式,找到在东方庭院里宴请朋友的感觉。客户不是为一餐饭买单,而是为一种生活方式买单。

我认识的一位同行,最近在很多媒体做服务宣传,在公路要道的广告牌上投放广告,在小区电梯、道闸广告位做宣传,请明星做代言,甚至还找团队做电话推销。我不清楚这样做的效果,但这样做要投入大量的资源成本,项目收入和成本应当能够匹配才合理;而另外一位同行曾有点得意地对我说,他不亲自写材料,如果要他亲自写一份材料,收费定然不菲。据我了解,他写一个材料,也就花不到一周的时间,成本极低,而收益极大。

服务产品也好、服务方案也好、价值主张也好、广告推广也好、服务价格也好,都是我们商业模式的一个部分而已。一个独立执业的律师在职业生涯中,都需形成一个个人品牌形象,有自己专属的服务产品,逐步形成个人的商业模式。这个章节来讲讲商业模式分析、律师的品牌形象建立、法律服务产品设计等内容,这包括如何发现自己的价值主张、如何做客户细分、如何交付、有哪些关键动作、如何做收支测算等。做完这些设计,我们才能从容不迫地独立开始自己的职业生涯。然后在职业生涯中不断

迭代我们的模式,不断发展我们的个人品牌形象,使其日臻完善,日臻完美。"苟日新,日日新,又日新。"这才是一条比较合适

第一节 一个完整的商业模式

企业是以营利为目的的机构。企业家/股东将资金、设备、土地、房产、人员、材料以及各种技术、无形资源组织在一起,根据市场的需求创造出产品或服务,然后再将产品或服务交付给客户,收回资金,并支付人工开支、材料成本、各种租金费用、税费等的过程,就是一个商业循环。

一、一句话定义商业模式

设计一个商业模式,其实是很复杂的事情,但可以用一句话来定义:一个组织/个人,为客户创造并传递价值,以此获得回报的方式。用更简单的话来说,就是组织/个人用什么方式赚钱。我们做律师,一句话描述自己的商业模式:我们为客户提供定制的法律服务,收取客户支付的费用。就这么简单吗?简单,但没有意义。

二、口腔门诊的商业模式

我对民营口腔医疗行业比较熟悉,在此分析一下民营口腔医疗行业的商业模式。口腔医疗服务市场上,有很多的口腔医院、口腔连锁、门诊部、诊所,有的机构规模不断扩大,有的仅能维持运转,有的却濒临倒闭。什么原因?

主要还是不同的口腔医疗机构商业模式不同。口腔医疗行业中

有所谓的"莆田模式",就是通过大量的搜索引擎竞价、广告投放、地面推广、电商、网络引流等方式获客,有的夸大宣传、低价吸客,在服务过程中更加追求短期的收益最大化。也有机构走纯技术路线,不采用任何营销手段,将主要资源倾向医疗技术队伍,机构由医生当家,更加注重医疗质量、客户感受等,对经营利润不做重点关注,这个以梅奥诊所(Mayo Clinic)为代表,算"梅奥模式"。也有机构采用单一"大店模式",在一个区域设立一家几千平方米的大门店,集中优质的医疗服务资源服务客户。也有机构走连锁模式,一个区域内分布几十家社区门诊,就近服务患者。因市场情况不同,资源获取状况不同,故还有各种模式的组合。

这些商业模式并没有严格意义上的好和坏。"莆田模式"和"梅奥模式"都能够满足一部分客户的需求。但走"莆田模式",不能资金链断裂,因为营销费用太高,市场或者经营一旦出问题,或者股东要求撤资,那机构就会崩溃。而"梅奥模式"对医疗人员的依赖程度太高,一旦知名专家离职,会带走不少顾客,机构又不注重运营,那也会导致门店倒闭。"大店模式"对运营管理的要求更高,因为资源高度集中,缺乏弹性。而连锁模式不依赖专家,也不太依赖营销,但非常依赖内部运营,最大的问题是资源分散,运营成本较高,对区域的依赖比较强,很难跨区域经营,即便是上市医疗公司,除总部所在区域机构经营不错外,其余省外的分支机构,也难产出高的收益。

从经济学角度看,资源永远是稀缺的。所有机构都是根据所选择的商业模式做出资源匹配。"莆田模式"将资源大量倾向营销、机构运营、成交,但没有更多的资源匹配到医疗技术、客户维护上;"梅奥模式"的资源主要向医疗人员、医疗技术、客户感受集中,就没有更多资源做品牌输出、营销,对机构规模的扩张就形成阻碍;"大店模式"对设备的投入、装修的投资会更加大,一旦经营出现问题,损失巨大;而在连锁模式中,公司的资源主要集中在连锁运营管理上,会建立庞大的连锁管理机构,配置大量的部门和门店的运营管理人员,这些费用又会消耗门店大量利润,一旦减少运营管理部门,或者门店医生的技能不如梅奥模式下的专家,门店因为缺乏运营的支持,也难以做好经营。

各个口腔机构的客户也有不同。"莆田模式"口腔机构的客户，主要是做种植、正畸的客户，客单价比较高，因为他们主要通过广告引流而来；而"梅奥模式"口腔机构的客户，主要来自转介绍，是机构专家们的忠实客户；连锁口腔机构的客户，一般来自周边社区，初诊量比较大，客单价不高；"大店模式"口腔机构的客户来自整个区域，客单价相对高一些。

口腔诊所有很多服务种类，最简单的是洁牙，一位医生或者医生助理可以处理牙齿上的牙垢或者结石，发现预防其他牙病，也可以拔除智齿，还可以补牙，以及种植、正畸等。口腔诊所的服务种类也会迭代革新，价格也会因技术进步而降低。以前的矫正大部分是用金属托槽或者自锁托槽的方式，后来发展到隐形矫正；以前牙齿缺失，大多用的是活动假牙，现在普遍使用种植技术。新技术出来时，价格非常高，而现在新技术普及，价格已经非常低了。

一个商业模式不能包打天下，一成不变。这几年，行业客户群体越来越年轻化，年轻客户喜欢从网络上获取口腔服务机构信息，然后对比各个机构服务的优劣，从网络上咨询下单。那口腔机构的商业模式也要进行相应调整，不能完全采用坐等顾客上门的经营方式。很多机构开始建设网络营销部门，开始在美团、小红书做网络投放，开始缩减传统搜索引擎的投放，对投放也开始讲求精准。还更加注重私域运营，提升客户的黏性，也开始做大量的存量客户的激活动作。这就是商业模式的迭代更新。一个商业模式的迭代，有时会彻底改变一个企业。从传统模式迭代到效率更高的模式，是市场力量的推动，非人力所能抗拒。如不转变，公司就很难维持。

以上只是口腔行业商业模式的一个部分。举这个例子是想向大家说明，我们不能像青蛙一样，只看到自己井口那块天。任何一个行当，都不亚于我们这个行当。我们不可能脱离商业社会，要迭代传统的作业模式，对自己的职业生涯和商业模式做全盘的设计规划。

三、一个商业模式设计的必备要素

早年，我认真研读过美国的蒂姆·克拉克（Tim Clark）和瑞士的亚历山大·奥斯特瓦德(Alexander Osterwalder)以及比利时的伊夫·皮尼厄(Yves Pigneur)写的《商业模式新生代：一张画布重塑你的职业生涯(个人篇)》，他们提出了商业模式画布这个工具。这个工具很多机构、个人在运用，我也参考了这个工具来设计我的法律服务产品和商业模式，大致介绍下这个工具。

分析或设计一个商业模式，大致从以下九个方面进行。

1. 客户群体

我们做不到为所有的客户服务，不能来者不拒。在做职业之前要思考，我们能够帮助到谁，能够为哪些人带来福利。任何一个机构，都会有不同的客户群体。综合型的律师事务所服务的客户与红圈所服务的客户是不一样的。但客户群体不是一天形成的。我和一位律师朋友沟通，他最近碰到一些问题，手头上的业务太杂，各种诉讼案件，刑事、民事、劳动仲裁都接，也修改合同，服务担任法律顾问的单位，早些时间还做了一个尽调项目。我和他说，哪些才是最重要的客户，哪些客户支付的费用比例最高，哪些客户的业务最符合自身专业发展方向，这是选择客户的几个参考。不可能什么客户的业务都做，没有那么多的资源。

2. 价值服务

能够给客户带来哪些价值是做商业模式设计时要思考的重要问题。我们要问自己，客户请我们完成什么工作？完成这个工作可以给客户带来什么好处？解决了他们哪些问题？满足了他们哪些需求？他们将获得哪些方面的改善？我们的工作与其他人有哪些不同？我们的工作，是否帮助提高了效率、降低了成本、控制了风险、促进了交易、化解了矛盾、提高了性能等。即便现在进入了动车时代，如果你提供了一个马车服务，满足了一部分人体验慢生活的需求，那你的服务也是有价值的。

3. 渠道通路

我们要考虑的是，如何让客户了解我们的价值服务，如何让他们聘用和委托我们，如何与他们建立信任关系，如何交付我们的服务，如何售后。同行购买了一个高速公路边上的大广告牌，聘请明星做代言，无非就是想打通和客户之间的渠道。不同的商业模式、不同的价值服务、不同的客户细分，采用的渠道通路也完全不同。一闪而过的广告牌很难吸引到临时通过的人来购买服务，对从来不上高速的人，这个广告媒体对其没有意义。

比如我建议一位年轻律师设计一款服务产品，开发一款微信小程序，可以直接通过线上进行交付，这样就节约了交付给客户的成本，提高了效率。

4. 客户关系

客户关系是指，我们如何提高客户的黏性，维护和他们的友好合作关系，以求得到他们的复购或者转介绍。宜家的客户关系就做得很好，这和他们的价值主张也有关系。我有一家做餐饮服务的客户，有条不成文的做法是，当单独一位顾客在餐厅用餐时，主厨如果不忙会陪这位顾客聊下天，顾客买单的时候，会让顾客免单。客户觉得，这位顾客一个人来门店吃饭，比较孤单，应该受到更好的照顾。如果任何一个顾客对门店的菜品有意见，这个菜品无条件免单。我们一些同行，对待客户就不一定那么真诚和用心，这和他没有建立商业模式有一定的关系，他不认为这是重要的。

5. 收入构成

要记住，我们的收入就是他人的支出。这里涉及收入来源、价格制定、折扣、促销等各个方面。收入构成与客户细分相关，与价值服务相关，与客户关系、关键业务、重要合作相关。我们在不同的执业阶段，也会有不同的收入构成。律师的收入由几个方面构成，律师代理费收入、顾问费收入、培训费收入、法律服务产品收入、版权收入、转介绍收入、其他咨询顾问劳务收入等。在我们设计自己的商业模式时，要考虑收入的多元化，不能单单依靠一个或两个方面的收入，那样有些被动。

6. 核心资源

设计个人商业模式时，要问自己，我是谁？这是一个灵魂之问，很多人一辈子都不会问这样的问题。

还要问问我拥有什么？这个可以量化，拥有的人力资源、资格资质、有形的资产、财富、现金等。

对一位刚刚进入职场的人，年轻、耐力、学习能力也算是核心资源。前辈没有精力和你拼体力，也玩不转新媒体、新技术。年轻人的核心资源还有对工作的热情、做事业的激情、战胜前辈的勇气、挑战难度的斗志。这其实对设计商业模式以及运行商业模式至关重要！

7. 关键业务

律师的业务范围比较广，法律咨询、诉讼代理、劳动仲裁、合同起草、法律顾问、知识产权、婚姻家事、破产清算、刑事辩护、投融资项目、非诉讼事项等。但我们不可能什么都做、什么都精通，我们要从这些业务中选择与自己拥有的客户群体、价值服务、核心资源相匹配的业务作为自己的关键业务。

8. 重要合作

我们不可能什么都能够做好。哪怕是重要客户的某些需求，我们也不一定能够完全满足，这就需要我们和同行、外界机构建立合作。为什么资深律师愿意将客户业务转介绍给年轻律师，将年轻律师作为重要合作伙伴，而年轻律师却宁愿自己不胜任，也不太愿意将自己搞不定的案件转介绍给适合的律师呢？律师之间，律师与会计师、税务师以及各种咨询培训机构之间的合作应该是很频繁的。对一个公司而言，上游供应商、厂房的房东等都算是公司的重要合作伙伴。对于一个商业模式而言，没有合作伙伴，是很难做好的。

9. 成本

成本就是放弃了的最大代价。比如，我们买票去看一部电影，电影票50元。那这个电影票是沉没成本（沉没成本不是成本），而看电影所花费的时间才是成本，因为去看电影要花两个小时时间，而这两个小时，你可以逛街、读书、和朋友聊天，可以改一个合同。如果你改一个合同可以收500元，那这场电影的成本就是500元，而不是50元。当你看到一部质量不好的影片，你的最佳选择是离开，而不是想反正来了也是来了，看完算了。

同样，你选择一个客户，就必定放弃另外一个客户，选择一项服务，就必定放弃另一项服务，选择一个专业领域，就必定放弃另外一个专业领域。你放弃的就是你的成本。

所以,设计和运行一个商业模式要尽可能提升成本付出的效能,放大收入。比如,我们投入一笔营销开支,投放一个电商广告,我们要计算投产比,要计算获客成本。如果设计一个商业模式,没有充分考虑到成本,其收入与成本不能匹配或者成本高于收入,那这个商业模式完全不能成立。

我们判断一个商业模式的优劣也大致会通过这几个模块进行分析和评价。这些模块组合成一个完整的商业模式,各个模块之间存在着很多有机联系,一个变化了,另外几个也会发生相应的变化。政策和市场发生变化了,那原有的商业模式肯定也会面临重新调整,甚至完全失效。固守一个商业模式的企业没有前途。执着于现有模式的律师,也可能就是那个守着树桩等捡兔子的人。

第二节　法律服务产品设计

一、我想成为什么样的律师

做一年律师助理后,还是要给自己一个初步的定位。大概有三个问题要问自己:我是谁,我要做一个什么样的律师,自己的最终成就和目标在哪里。

我给客户单位的员工做入职培训,我问那些年轻的医生和护士们,他们为什么要工作。他们的回答各种各样,有的说,读了很多年书,要给父母亲一个交代;有的说,要买房子、车子;有的说,我是外地人,要在长沙这个城市安身立命;有家室的人说,要养家,要还房贷。当然这些都没有错,这都是人的基本需求。但仅仅这样定义工作,那工作也就没有太多的意思了。

对于一名医护人员而言,工作不仅仅是谋生的手段,还可能是人生的发展方向,通过工作积累技能、经验和客户,可以做到合伙人的位置,可以自己独立创业,经营自己的诊所,也可以做到领域内专家的位置。工作也可能是一种使命的召唤,通过帮助患者,解除患者的不便和痛苦,他们会获得更多的精神满足感和成就感。工作还有可能是自我实现的一种方式。我的一位企业家朋友对我说,他就想看看他这么做,能够将公司做到什么样子。

我应聘入职的时候,那位年轻的律师事务所主任问我,你要做到什么样子？那时我基本什么都不懂,我壮着胆子说,我想做你的合伙人。他很开心地收下我。最终,我还是没有成为他的合伙人。我和朋友办了个小机构,自封为合伙人。再后来,我到了一个大平台,晋升为高级合伙人。

我们很多人选择律师这个职业,不一定是自己内心的选择。我当初做机械制造,公司下岗,不得已而转行;有位在企业工作很多年的朋友,觉得之前那个工作已经没有前途,主动转到律师行业;还有很多人考公考编不得意,找个律师工作安身;也有从法检系统辞职,转而投身律师行业的人。

上文我提到的那位律师,他每日做的事情杂七杂八,整日匆忙而奔波,不是在开庭,就是在开会。他的职业变成了他谋生的工具,没有时间思考自己的发展路径。他最近也在思考自己的发展路径,这样的做法不可持续。在律师行业里,同质化的人太多,一个城市里,成千上万名律师在执业,我们怎么才能脱颖而出,让客户能够了解、认识、信任、委托。我想成为一位什么样的律师,这是我们当下要思考的。

二、找准自己的定位

最好的工作方向定位,就在你的**个性**、**技能**、**兴趣**的交叉点上。这样工作起来就不会觉得很艰难,不会将工作作为一个不得不完成的任务。

约翰·霍兰德(John Holland)提出个性倾向有六个类型:**企业型**、**社会型**、**艺术型**、**研究型**、**现实型**、**常规型**。我们可以拿他的模型对自己的性格做一些分析,从而发现自己适合哪个职业方向。比如,我是企业型为主的性格,适合做法律顾问;而社会型为主的性格更加适合做诉讼律师;常规型的个性,适合做非诉律师;艺术型、研究型的个性,更加适合做创作和研究。当然,这只能对自己的定位有些参考意义,并不具有决定意义。如果找一个和自己个性相关的专业领域,当然更加有助于取得成就。

我的那位年轻的朋友是一位对未知领域充满好奇、喜欢辩论、对人热情周到的人,他的个性其实更加偏向于社会型;他做了很多年的诉讼业务,各种领域的业务基本经历过,庭审的风格绵密细致,说理清晰,他的胜率很高;另外,他的兴趣点在于学习新的技能,接触各个行业的人,和他们建立联系。所以,我觉得他应该以诉讼律师作为自己的定位,建立自己的个人品牌形象,发展出自己的商业模式来。

而我脱离诉讼业务很多年,大量的时间精力投入公司治理、企业管理、合规和风险控制的实操和研究上,参加各种会议、起草各种方案计划、和部门合作、参加管理课程、培训人员,我的兴趣点落在建立体系,和管理层开会、讨论、制定解决方案等方面,所以,我选择做法律顾问方向符合自己的定位。

不管我们选择哪个大的方向来从事自己的职业,我们内心都要发一个愿:我要在自己这个领域内做到最好,这才有价值。

三、我能够给客户带来什么价值

我们的收入不是我们的劳动回报,而是我们给人带来价值后对方给我们的补偿。所以,当我们准备成为一名独立的执业律师,开启自己的执业律师生涯时,内心还是要摒弃那种没有功劳但有苦劳这种看似正确而实际有谬误的观念。

我们的商品和服务大致有三个价值:**交换价值、情绪价值、成长价值**。

比如,我做法律顾问,能够帮助客户识别、规避一些法律风险,帮助他们处理法律上的一些事务,出具一些法律文本,这是我服务的交换价值;另外,我能够让客户的团队在工作中找到支持,有安全感,在谈判时有底气,这是法律顾问提供的情绪价值;除此之外,法律顾问给团队提供培训服务,给老板输出知识服务,能够帮助企业发展,能够帮助团队成长,这是法律顾问的成长价值。

对于那位年轻诉讼律师而言，他一件案子的代理费收费5万元，这5万元代理费的交换价值是避免客户100万元的损失，或为客户追回100万元的货款；在服务的过程中，如果他经常与客户保持沟通，让客户内心确信他的服务能够规避损失、化解焦虑，那他就提供了其他律师没有提供的超额价值——情绪价值。如果通过这个诉讼让客户认识到类似的坑不能再踩，开始注意和防范交易的风险，那他还提供了成长价值。

律师为客户创造价值的时候，也要回避和客户产生利益冲突，保持独立性和客观性。这样双方都能两便，不会尴尬，也不会产生矛盾。

举两个反例：

一个反例是，我曾代理过一个客户的委托。客户交给我们很多件债权清收的事项，这个委托发生在客户的配偶去世后的几个月内。据客户描述，这项工作曾由其他律师经手（客户配偶生前委托的律师），但他们对这位律师不太信任，主要是因为这位律师本身就和客户配偶有生意上的往来，他们认为这个事情再交给这位律师办理会对他们有影响，有可能会损害他们的利益。这个案子给我的提示是，在诉讼业务上，我们要给客户创造价值，但我们不太适合与客户成为共同体，遇到可能会和客户产生利益冲突的情况，我们应该回避。

另一个反例是，客户公司需要开展一项股权激励业务，我其实对股权激励业务的操作非常清晰，也有很多成功的案例。但因为我在这个机构担任了独立董事的职务，我如果亲自操作这个业务，那就不客观，制定的方案就不公平公正，所以，我提出回避，最终这家公司选择了其他机构作为专项顾问律师。我们为客户提供价值的同时，要时刻警惕我们可能给客户带来的损害，要规避这种情况的发生。

四、建立律师个人品牌形象的基本要求

最近有很多客户专门组建设立了策划与短视频的团队/部门，帮助客户策划和拍摄短视频。行业内，也有很多同行在做短视频，有的主要分享案件心得，有的传授经验，有的普及法律，还有的展示才艺，还有些评点社会热点。一些做短视频的同行在网上找到了客

户,也有做短视频的同行积累了很多粉丝,也拿到了案件的委托。这就是所谓的"流量变现"。

人人都希望建立自己的个人品牌形象,分享这个流量时代的红利。律师如何建立自己的个人品牌形象呢?有几个基本要求。

(1)**有专业性**。我和一个朋友聊天,希望他帮我策划个人品牌形象,他说,律师是很好做个人品牌形象的,因为律师有专业性、有差异性、有信息分析能力和解读能力,能够为用户提供价值。

(2)**有表达欲**。做自己的个人品牌形象,是将自己的观点形象鲜明地展示给他人,不能羞羞答答、吞吞吐吐、欲说还休,不敢表达自己的观点。有些时候,你其实就是你用户的代言人。

(3)**有传播欲**。个人品牌形象可以传播知识、传播信息、传播观点,要有通过传播影响他人的欲望,要有通过自己的传播让这个社会变好的想法。

(4)**有镜头感**。在镜头前,能够侃侃而谈、能够挥洒自如、能够自然流露,不作假、不浮夸、不惺惺作态。保持专业人员的态度。

朋友圈可以作为打造个人品牌形象最基础的私域流量载体。当然,还有很多载体,小红书、新浪微博、抖音、头条新闻、视频号、公众号、快手、知乎、简书等,这些都可以作为载体,受众也各有不同,我们可以根据自己的定位选二至三个作为载体来重点做。

我的助理最近开始写自己的公众号文章。她的第一篇原创文章标题是"长沙大雨,泡发在水里的爱车如何找保险公司索赔"。这篇文章首发于朋友圈,然后又经过转发(我也转发了),很多人加了她的微信。这是她走向独立执业的第一步。

如果我们要打造律师个人品牌形象,在朋友圈发表文章或者照片要特别注意,不能发太多的广告,照片也要精心选择。我有一位做咨询公司的客户,他喜欢每天在朋友圈发他机构的广告,不是发一条,而是发好几条,我后来忍不住将他的朋友圈屏蔽了,我问了其他几位他的熟人,他们也都屏蔽了他的朋友圈。

五、律师个人品牌形象建立的几个步骤

1. 建立"人设"

很多网络主播之所以流量大，是因为人设定位准确。我有个从事机械制造的朋友打造个人品牌形象，他的定位是"机械行业奥特曼"，不屈不挠，打怪升级；而我那位从事口腔医疗连锁的朋友打造个人品牌形象是"一个好人"，因为他公司的名字里有个好字，意为好好工作，做好人好事。

律师的"人设"标签有很多种，对于年轻律师而言，可以推荐的标签有"勤奋""创业""专注""学习""专业""稳重"。围绕这些标签，可以发一些法院背景、法庭背景的图片和视频；发一些培训、开会、会见客户、与客户签约的图片等。发表的文章，应当以原创、解决专业问题为主。不太推荐的标签有"精致""休闲""娱乐""奢华"等。因为这不太符合年轻人的身份。打扮过于精致，暴露名牌包，出入高档会所或照片中出现名车等，就不利于建立年轻专业律师的"人设"。

"人设"可以调整，但调整后粉丝会减少。没有维护好，"人设"也会崩塌。没有特色，就没有人记得住，没有持续稳定输出，"人设"就无法维持。

2. 持续稳定输出有价值的内容

陌生人和你建立链接，有一个认识、了解、信任、追随的过程。有特色的"人设"可以引流，可以快速让人产生了解和认识，但不足以建立信任和追随。需要持续输出有价值的内容，才能够长久维持。

很多律师打造个人品牌形象坚持不了几天，因为没有持续稳定的输出。我建议一位朋友在公众号持续写自己代理案件的心得，他前面坚持了一个月，后来业务繁忙就放下了，现在再想输出内容，基本只能另用一个新号了。而我另外一个朋友持续两年在视频号、抖音输出他在股权、商业模式设计方面的心得，深刻点评社会热点，他的股权专家、连锁模式专家的个人品牌形象就已经建立。

持续稳定输出，必须在自己熟悉或准备持续开发的业务领域内。比如，我做法律顾问，我的输出内容就应该持续聚焦在公司治理、公司管理、架构设计等方面。如果你定位是某一个领域的诉讼律师，那么你的输出内容就是该领域内的最新案例、最新规则以及你的经验心得。要不断在一个领域内发掘探索，给自己建立起"护城河"。

持续输出，必须做好内容规划、文案设计、拍摄剪接，这些可以通过不断学习来提高，也可以请专业人员协助。输出过程中接收到用户的反馈后，要及时一对一回应，让用户对你建立信任。

3. 持续获客

获得流量有很多办法，但最重要的是坚持。如果一篇有价值的文章可能会新增一百个关注者，那就持续写二十篇或者更多。我有一年在网上发表了一篇论述农村"半边户"权益的文章，很多有类似经历的读者和我建立了联系，委托了好几件类似案件给我。这就是通过专业文章获客并且变现的例子。"线上引流+线下分享"也是一种很好的方式。我关注过一个叫"达叔天演论"的公众号，我经常读他的文章，他也经常做线下分享，我们在长沙见过一次面，他给了我一些咨询意见。我偶尔也会组织客户的人力资源部门聚会，针对他们工作中常见问题进行研讨和培训，人力资源专员之间也可以通过我组织的聚会建立链接，互相推荐员工、讨论问题。我也经常安排重要客户聚会，他们可能会有一些生意上的投资合作，这样我就不单单是一位法律顾问，还可能是一些新项目的创始人、投资人。

4. 业务变现

评估律师个人品牌形象的成就，要看这么做能不能带来源源不断的业务流。我那位拥有股权专家、连锁模式专家个人品牌形象的朋友，他的用户会给他很多项目咨询、项目落地实操的委托，也会邀请他作为连锁项目的投资人，这就是个人品牌形象的业务变现。如果律师有服务产品，可以通过服务产品变现。比如，我和一位年轻律师合作，开发一个简单的服务产品，定非常低的价格，用于在引流获客过程中给用户福利。这个产品的升级版就可以进行产品变现、内容付费变现。根据律师个人品牌形象的不同人设，也可以做直播、做产品、做广告变现等，只是这方面有成功经验的律师不多，但可以做这个方面的尝试。

六、如何设计一个法律服务产品

暑期一般是口腔医疗行业的旺季,各机构都会推出自己的促销产品和主导产品。针对青少年牙齿矫正,我的客户最近推出了一款"矫矫者"的服务项目。对于刚刚参加完中考、高考的青少年客户,有非常多服务和优惠。最近接待了较多的咨询,成交了很多单。**这是一个短期的产品。**

还有很多口腔机构会推出"家庭口腔保护套餐"产品,对家庭成员提供早期矫正、沟窝封闭、涂氟、洁牙、牙齿美容、根管治疗、牙周治疗等一揽子套餐服务,按年度收费。对于家庭而言,管理家庭健康的一般是女主人,她们会极为关心家人的口腔问题,关注的项目有小孩子牙齿的早期矫正、老人的牙齿修补、丈夫的洁牙、自己的牙齿美容等。和女主人沟通好了,这个产品就不难销售。这个套餐对客户的好处就是有一个口腔机构为家庭成员的口腔健康提供保健服务,不需要女主人为一个个项目临时去找医生,费用也是一揽子解决,不需要单独计费,在重大的治疗项目上,还可以有适当的优惠;对于机构的好处是,建立了一个家庭的口腔档案,定时提醒客户来检查和护理,积累了稳定的客群,节约了获客成本。**这是一个长期的产品。**

我曾经开发过几个法律服务产品,一个是为企业提供清收应收账款服务的,但竞争不过市场上专门从事清收应收账款服务的律师和公司;另一个是为初创企业提供基础法律服务的产品,这些年迭代更新,从基础款到升级款。我现在服务的客户都用这个产品的升级款,升级款一年也会新成交几单。

对于一个初创的公司机构而言,在法律需求上,主要考虑合同文本、人力资源这两个方面,平时的日常咨询、股东关系、制度建设、诉讼还是比较少。市场上的法律顾问收费一般都在 2 万元至 3 万元,对公司而言不太经济,提供的服务也不一定能够解决主要问题。所以,我设计了一款直击其痛点的法律服务产品。

(1)**服务的客户定位**:50 万元以下注册资本,成立五年的小微企业。

(2)服务的内容总共六项：①经营合同文本服务。起草、审查企业的各类合同文本。②人力资源服务。协助人力资源部门工作，协助处理劳资纠纷。③公司治理服务。起草股东协议、起草股权转让协议等。④制度建设服务。协助公司建立管理制度和内部控制流程。⑤日常咨询服务。提供法律咨询意见、发律师函。⑥争议处理服务。对公司涉及的诉讼、仲裁事项提供律师分析意见。

(3)服务费用：上述六大服务类别打包，全年只需支付服务费用3600元。如需委托律师参与诉讼仲裁活动，则另行商议收费。

七、引流产品

以上就是一款简单的法律顾问服务产品的核心内容。这个产品其实是一个引流产品。它用于刚刚执业的律师快速积累客户、打开市场。律师如果看重这几千块的法律顾问费，那就基本上做不好这个产品。

以我的经验而言，客户在购买这个产品后，平均每年采购法律服务的费用在2万元至5万元，因为客户还会有一些诉讼服务的需求。对于一家成立三年、员工五十人以内、年营收1000万元左右的小微企业，这个产品包含的法律顾问服务内容足够，而且每年支付2万元至5万元左右的律师费(含法律顾问费用)还是经济合算的。客户采购这个法律顾问服务，相当于买了个法律服务的保险，需要的时候可以很快找到服务律师介入，不需要临时再去甄选，而且在长久的合作过程中，双方会建立信任关系，合作就更顺畅。我刚刚执业的时候，就是靠这款产品在市场上立足，进而一步步走向公司法律顾问服务领域。

对一位刚刚独立执业的律师而言，需要客户基础作为支撑，陪着客户一起成长，应当是这个阶段律师的最好选择。

引流产品有以下特点。

(1)价格足够有吸引力。很多直播间的引流产品标价9.9元，品质也不错，商家要亏一些物流费。而在零售药店，也有很多的引流产品，价格也极低。

(2)品牌宣传。对于一个新的律师个人品牌形象而言，需要有一款比较适合的引流产品来有效提升品牌的吸引力和市场影响力。我当时推出这个引流产品,客户的反应就非常好,但同行却有争议,我也不好解释,这只是一个引流产品而已。

(3)简单明了。引流产品要简单,客户没有时间对一个引流产品作太多了解,购买决策也在一瞬间。一位年轻律师设计了一款人力资源的服务产品,我给的建议是越简单越好,用小程序来做交付,客户能够和你加微信就可以。价格可做到极低,因为不需要售后。

(4)与主要服务存在关联性。引流产品要和主要的服务存在关联性。比如上文所述引流产品,我当时的关联服务是诉讼以及劳动仲裁等业务。所以,我在引流产品中关联了诉讼仲裁优惠的内容。

八、法律服务产品的评价标准

评价一个法律服务产品有一定标准。

1. 可视化

能够用图片、文字、图表、流程来对这个产品进行说明和展示。让客户清楚这个产品的内容以及如何使用。

2. 标准化

包括产品服务的内容标准化、服务流程的标准化、服务质量的标准化、文档格式的标准化。比如,即便是 3600 元的年度服务,我们也要提供季度的工作回顾、年度的工作总结,定期要去客户办公室拜访,我们要在工作群中随时解答客户咨询等。

3. 实用性

对于一个服务产品而言,要能够解决客户的具体问题,给客户购买和续订的理由。

4. 可定制

比如一套软件系统,要能解决某个具体的问题,也要能满足客户的定制化需求,能够根据客户的需求进行功能的增减,有方便客户的界面。比如我的这项服务,如果客户在某个领域内有超范围的服务需求,我们也可以提供衍生、增值服务。比如人力资源服务,我们可以对客户的人员做入职培训,可以接受劳动争议纠纷的委托等。也可以在基础服务之上，满足客户的定制化服务需求。

九、设计法律服务产品的注意事项

1. 功能简单，用途明确

对于一位准备独立执业的律师而言，设计的产品功能应当极其简单，哪怕只能解决一个问题也可以，不能过分要求功能齐全。以后等到经验更丰富、客户积累更多的时候，可以再根据客户的需求对产品进行升级迭代。

2. 直击痛点，解决问题

我们设计的产品要符合客户的需求，直击客户的痛点才可行。比如法律服务的价格过高、律师行业信息不对称、律师工作效率太低、律师服务缺乏个性化定制等都是痛点。能够设计出破解这些痛点的服务产品就能大卖。

3. 推出验证，不断迭代

产品变成商品有一个过程，就是交易。没有人购买，不能叫商品。服务产品没有客户，那就只能叫作方案。所以，产品基本成型后要向市场推出，不能一直在手里打磨，直到尽善尽美才拿出来。坐在办公室里设计出来的方案，肯定会存在诸多问题，只有在市场上打磨才能完善。一个产品，需要不断迭代发展。技术进步了、效率提高了、需求变化了，都需要完善迭代产品。我的那个法律顾问产品，根据客户的需求已经迭代了很多次。

一家个体诊所经过几十年的时间发展成一家医疗连锁。其企业规模、人员数量、营收金额等扩大了近百倍，但并没有脱离为患者做医疗服务的商业本质。企业的商业模式也从简单到复杂，体系也发展得越来越庞杂。这是一个曲折的过程，需要遵循公司发展的规律才能做到。

从一名实习律师，经过数年时间的积累，成为一名有个人品牌形象的律师，有适合自己和客户的服务产品，形成了自己的商业模式，其实也并未偏离律师作为一位知识工作者的本质。但这也需要对自身有清晰的定位和思考，对市场环境有周密的分析和判断，对自己的服务产品有仔细的推敲和设计，这其实是一个复杂的思考过程。市场有几十万名律师,并不是每一名律师都能够做到。

真正想做成一件事,上面讲的大都是一些方法,实际真正的心法是"敬""恒"两个字。"敬"就是尊重常识和积累,不走捷径;"恒"就是在事上投入时间和精力,不求速效,不着急。曾国藩说:"'敬'字、'恒'字二端,是彻始彻终工夫。"冯唐也说,"敬""恒"就是抓手,对自己狠才是真狠,才能在职场上获得真的自由。

下为法律顾问服务方案(节选)示例。

关于为某公司提供法律顾问服务的方案(节选)

三、服务范围

根据贵公司的要求以及相关法律法规的规定,针对项目的实际情况,结合本所以往为相关项目提供法律服务的经验,本所就本项目向贵公司提供如下法律服务方案。

通过提供全面、深入的法律顾问服务,依法规范企业的经营管理行为,预防、减少企业法律纠纷和经营风险,提高企业在市场中的竞争力。

本所律师拟向委托方提供的**常年法律顾问法律服务共九项**,具体范围如下:

(一)日常法律咨询(八项服务)

1. 每月访问贵公司一次,了解企业需求;
2. 提供企业日常运营法律咨询;
3. 对企业突发紧急的法律需求派员跟进;
4. 企业员工个人法律问题的咨询与建议(与企业利益有冲突的除外);
5. 解读国家有关法律法规、政策,就关涉的法律问题提出意见;
6. 对企业管理层进行法律方面辅导,增强管理人员的法治意识;
7. 协助对员工进行专项法律培训;
8. 出具律师函。

(二)劳动人事制度(六项服务)

1. 建立健全、完善企业劳动人事制度;

2. 起草、完善员工劳动合同、劳务合同等用工合同;

3. 起草、修订高级管理人员聘用合同、保密合同以及竞业限制/禁止合同;

4. 处理企业劳动纠纷,为企业法律风险防控提供法律咨询;

5. 协助管理企业人事关系,为企业法律风险防控提供法律咨询;

6. 参与员工入职培训,保障企业规章制度落地与执行。

(三)业务合同板块(五项服务)

1. 参与建立健全、完善企业合同管理制度;

2. 对企业业务过程中签订的合同条款进行审查;

3. 对企业担保业务提供专项法律意见;

4. 对正在履行的合同提供法律建议和风险预防指导;

5. 对企业合同纠纷案件处理提供法律咨询。

(四)知识产权服务(四项服务)

1. 协助企业建立、完善知识产权管理制度;

2. 为企业知识产权申请、登记、管理、保护提供咨询意见;

3. 对企业的商标注册、专利申请流程进行指导;

4. 对企业知识产权转让、许可使用提供咨询意见。

(五)财务税务制度(两项服务)

1. 根据企业需求完善应收账款、账目管理、税务制度;

2. 根据企业现有应收账款状况,提供补救与预防的法律意见。

(六)公司治理制度(五项服务)

1. 对企业法人治理结构、经营模式等事务提供咨询,出具书面的法律意见;

2. 参与起草、修订企业章程、管理制度、议事规则等;

3. 为企业的设立、变更登记、注销程序提供法律咨询;

4. 为股东权益纠纷提供初步法律咨询;

5. 参与股权结构设计、股权激励、合伙人计划。

(七)增值法律服务(五项服务)

1. 参与商务谈判,制定商业谈判策略与方案;

2. 基于监管部门的政策,提出专业分析;

3. 参与公司股东会、高管会、重大事项的谈判;

4. 每年不定期开办(两次)专题讲座与培训;

5. 年度法律顾问工作总结报告。

(八)快速响应服务

诉前指导、公司涉诉处理策略等。

(九)专项法律服务

1. 代理各类纠纷的调解、仲裁、诉讼活动另行收费,给予顾问单位优惠价,另行商议;

2. 接受公司委托,参与重大投融资、并购、项目收购、资产重组、股权转让、资产处置等,提供专项法律意见。

上述服务范围中的第(一)至第(八)项为常年法律顾问服务中应提供的服务范围,支付常年法律顾问费后不再另行收取其他费用。第(九)项为需要另外支付专项服务费用的范围,除本服务方案的收费外,其余事项的具体收费由双方另行协商。

第十章
迈出独立执业的第一步

你写PPT的时候，阿拉斯加的鳕鱼正在跃出水面；
你研究报表的时候，白马雪山的金丝猴刚好爬上树尖；
你挤进地铁的时候，西藏的山鹰一直盘旋云端；
你在会议中吵架的时候，尼泊尔的背包客一起端起酒杯在火堆旁。
有一些穿高跟鞋走不到的路；
有一些喷着香水闻不到的空气；
有一些在写字楼里永远遇不见的人。

——"步履不停"店铺文案

团队里有位年轻的律师助理,她拿到律师执业证后,就决定独立发展,不再领取固定的薪资,开始自己找业务、自己谈客户、自己独立完成委托。最近她忙着出差、开庭,做的业务以诉讼为主,也接受律师事务所安排的一些公共案源。看她朋友圈里每天不是在法庭,就是在出差,仍是比较开心。因为不管有多难,她已经在路上做事了,这是另外一种人生状态。

有一次和几位团队律师沟通,聊到职业规划。有位独立执业的律师说,有家大型的公司邀请他去做法务负责人,薪酬要比现在高很多,他仍有点犹豫。我说公司的法务总监其实是法律顾问的一个好的出路。既不脱离行业,也要比做执业律师获得更多的收入和发展机会。我们其实不必被自己从事的业务困扰,要有随时切换赛道的能力。

有人说,我是新人,没有资源、没有人脉、没有资本、没有经验,凭一腔热情来到法律行业,却发现行业的大部分赛道都被前面的人占据了,我还有什么机会?我只有"躺平"算了。这是很多新人的心态。其实在我看来,新人的机会很多。比如我做法律顾问,我估计自己没有可能切换赛道,因为我的切换成本太高。如果出现新的赛道,老律师们几乎不可能切换,而新人基本上没有成本,这就是新人的机会。比如,以前老律师获客,可能需要喝酒、去KTV、打麻将,而现在的年轻客户对这些活动完全不感兴趣,他们更喜欢和年轻律师沟通;老律师输出还是通过做讲座,写公众号、做短视频非常蹩脚;而新人在抖音、微信视频号、小红书上能够很快吸引到粉丝,他们的获客渠道比以前更多、更迅速。

现在所有的行业都说生意难做,都说"卷"。自媒体的很多意见领袖在说,这个时候,千万不要辞职、不要投资、不要创业、不要

买房,先"苟"着。乍看有道理,但换一个角度看,如果你是一个消费者,你今天可以吃小炒黄牛肉,明天可以吃小龙虾、麻辣烫。对你来说,你是希望选择少,还是多呢?没有一个消费者会说,餐厅太多了,不要太多。我的女儿有很多包,各式各样的,她从来都在说,还缺一个。对于消费者来说,他们需要更多的餐厅、更多的服装店、更多的包包,有更多的味道、样式、款型让他们去挑选,这就是需求。消费者之间从来不会竞争,他们只会选择更适合自己的,更有性价比的。

我那个做机械制造的朋友,他以前做几家大公司的代工,但现在订单量下降,还有几百名员工要工作。大批量的订单没有了,他就开始做自媒体,宣传自己的企业、自己的生产能力,接各种各样的小订单,做定制化的产品。这个模式其实很多年前就开始了,只不过刚刚传导到他。

当年,我还是一个新人,拿着一沓电话号码簿,一家一家地给这些单位的传真机发我设计的那款创业企业法律顾问的资料。我能够确信,我的客户就在电话线的那一头。他们是否选择和我见面沟通,其实不太取决于我的能力水平,而取决于我能否足够多地发送我的资料,取决于我的方案的覆盖率。受当时的条件和资源限制,我没有可能让哪怕两千家企业收到我的材料,而在长沙这样的城市,这样的企业不下两万家。我做的这些工作,获得的这些客户,无非是在广袤的草原上拔了几棵草而已。

所谓"内卷",其实就是同质化的竞争,导致大家的产出越来越低。如果不同质化,大家都做先付费的诉讼业务,那我就做风险代理;大家都做大企业的法律顾问,我就做创业企业的法律顾问;大家都做全行业的服务,我就做连锁细分行业的服务;大家都抢房地产项目的业务,我就做餐饮、医疗、零售行业的业务;有人开始做娱乐名人的业务,我就做自媒体达人的业务。总会不断有新的赛道被开拓,这个赛道满了,我就换更细分的行业、更细分的领域。你只要在行业中,就总能够找到自己的赛道。只要有需求,就会有人找到细分的市场。

未来是不确定的,唯一能够确定的是,只要你保持自己的竞争能力,就能够在不确定的未来找到自己的位置。

口腔行业非常"卷",但新的机构不断涌现。律师行业也很"卷",但源源不断的新人在进入。竞争永远存在,新人的机会也永远存在。

第一节　你准备好开始独立执业了吗?

我认识一位公司人力资源的负责人。他在专业领域内见多识广,他说,现在公司都不想雇佣太多的员工,除了几个核心岗位,其他辅助岗位几乎都外包了。对于一个公司而言,其实所有的岗位都可以外包,只看老板是不是喜欢办公室人山人海的感觉。车间的劳务外包毋庸赘言,网络运营和投放、营销策划、宣传设计、法务、人力资源招聘和培训、社保处理、报税,这些岗位都可以外包给第三方团队。我创业时,财务和网络服务就是外包的。

一、独立执业律师不是打工人

我和一位策划领域的朋友有很多年的交情。他是一个持续创业的人,我是他创业第一家公司的法律顾问,为他收购一个 DM 杂志

(Direct Magazine，意为"直投杂志"）。他从一家国有上市公司的高管团队辞职出来创业，不是一个安于现状的人，喜欢各种"折腾"。做完杂志后，又做了餐饮、做了体育项目、做了文创产品、做了轻养生产品、做了专供道观的药酒，最近在做短视频。他常常在一个项目过程中碰到一些机会、认识一些人，又有新的项目想法，就马上整合资源开始新的项目。他说，他一直在创业的路上，头脑中有源源不断的想法冒出来，他就迅速地将这些想法转化为产品。我估计他已经忘记在国企早九晚五的上班生活了。

我执业之初在一个年轻的团队。主任也是个年轻人，我们七八个年轻人算是一个创业团队。他负责谈客户和案件，我们来做。当时给我的月薪是800元。以当时团队的业务量来看，他要付房租、带团队、搞应酬，车辆保养也要费用，所以能够给我们按时按量支付薪酬也属不易。我要租房子、要吃饭、要学习，这些钱肯定不够，而且在他的团队里，即便再做几年，我也没有什么可能积累自己的客户，没有机会发展自己的专业方向，更没有什么可能突破收入。现实逼着我不能再这样下去。我几个月后要求改为提成律师，自己创业，他同意了。

独立执业的律师需要工作，但不需要上班。他没有上级，没人给案源，没人按月支付薪酬，没人帮助分摊费用，没人安排工作进度，没人安排作息时间和休假，没人进行考核；他自己雇佣自己工作，自己寻找客户，自己规划发展，自己收获成果或负担失败。独立执业的律师不是打工人。

如果你还在担心自己的年薪、月薪问题，那你离独立执业还有很远。独立执业的律师，在大部分的律师事务所，收入下无保底，上不封顶。

二、律师助理、授薪律师与独立执业律师的区别

律师团队的律师助理或者授薪律师担负的大多是基础性工作，如整理资料、准备代理合同、传递材料、做会议记录、负责一个诉讼、审核合同文本、参与尽调、参与谈判等。似乎做了很多律师的工作，但其实和独立执业律师还是有非常大的区别。

1. 律师助理、授薪律师不需要单独承接业务

公司的销售部门、业务部门最不想和法务部门沟通,法务部门的人基本在办公室电脑前,审查业务部门辛辛苦苦谈来的合同,法务一句"有风险,不能签",就有可能让他们一个月或者几个月的努力白费,甚至奖金提成泡汤。我也指导几家客户的法务部门,我对法务的要求是尽量达成交易。律师助理和授薪律师不需要和客户沟通,对业务如何谈成基本不参与,有时难以掌握客户的心态和诉求。如果不换位思考,就很难有同理心。

2. 律师助理、授薪律师不需要负责维护客户

一般而言,主办律师负责维护客户,也有团队负责人维护客户的情况。律师助理、授薪律师只管具体业务开展,和客户基本是文件往来,没有商务上的关系。这样容易出现的问题是,没有和客户产生黏性的想法,做事也缺乏灵活性,公事公办。如此做完一个业务,基本也就丢掉一个客户。

3. 律师助理、授薪律师不需要对结果负责

我喜欢和几位固定的律师合作,因为他们能够对案件以及结果负责。我和其他律师合作案件,最担心的是他们不对结果负责。案件不是他们承接的,客户也不是他们的,对他们而言案件输了也没有什么大不了。既没有案件分析报告,也没有代理意见,更没有结案报告。这种心态养成了,就很难再做好这个职业,也没有哪位律师敢和这样的律师合作。

三、独立执业的好处

我的认知里,上班只能拿到薪酬,薪酬是员工劳动时间的对价;独立执业律师获得的是收入,收入是对独立执业律师承担风险的回报。所以做律师助理时,我从来不抱怨,为什么一个案子几乎全部是自己做的,老板的收入却比我高很多倍。我从来不提增加薪资的事,我只想,有本事我自己去接案件、找客户。争几百块的月薪,显得自己没志气。

独立执业后,确实有一些好处。

首先,是独立自主。哪怕开始的时候收入极低或者不稳定,但至少自己能够掌握自身发展的步调,可以掌握自己的时间,安排自己的工作进程。我很多年没有早九晚五地上班了,这也是我的很多朋友们羡慕我的地方。只不过我自己明白,工作时间自由的代价其实是没有休息时间,有时为赶进度,熬夜写材料也是常有的事。

其次,会有很多机会选择。独立执业后,会在工作中认识不少人,有可能会结识一些朋友,有机会参与他们公司的运作,成为他们的项目股东、合伙人。我认识一位年轻律师,他参与了一些客户项目的投资,这是比较常见的情况;另外,如果选择在一个领域内深耕,有可能成为这个领域的专家,你既懂法律规则,又懂行业,那就有可能被业内企业邀请做高管。我认识一位律师,执业年限并不长,他对投融资比较熟悉,也懂管理,一家企业就邀请他做一个投资项目的负责人,他已经离开律师行业了。我只是从客观上描述独立执业的一些机会,请不要做过多的解读。

最后,收入突破。我刚刚认识不久的一位执业律师,她在律师助理阶段的薪酬大概每月 4000 元,这在我们这个城市并不是很低。现在她独立执业,自己接一些诉讼、劳动仲裁的案件,也与资深律师合作或接受资深律师的转介绍,她的收入已经能够达到每月 10000 元左右。她的信心很足,自己安排工作、设计方案、推广法律服务产品,非常充实。

四、独立执业的难度

走出独立执业的第一步真的很难。要改变自己的工作方式,从确定的状态转向不确定的未来,需要突破自己的认识,走出舒适区,这不是每一个人都有勇气做到的。我认识几位授薪律师,他们在工薪状态下不愿意调整;但我的一位律师助理,就一直在寻求突破自己的路径。

1. 客户问题

任何一位独立执业的律师,都会面临客户问题。刚刚执业的律师,面临的是如何拿到客户的问题;度过生存期的律师,面临的是如何竞争到好客户的问题;资深律师,面临的是如何优化客户的问题,以及如何与符合自己价值观的客户共进退。如何拿到业务，看上去有点难，但还是有很多技巧和安排。这个问题迟早都会面对，现在认为自己没有准备好，选择不独立执业，三年后也不一定能够准备好，还是要面对。**王阳明说:"人须在事上磨,方立得住,方能静亦定,动亦定。"** 业务上的问题，需要在找业务的过程中解决，不能在办公室解决。其实走出去后真的也没多难。我有位朋友做策划项目，他有一次说，真的羡慕我有一批稳定的客户。我说，这是不是一年得来的，是多年积累下来的。

2. 心理承受问题

独立执业意味着要放弃固定薪酬，执业前期收入不稳定，刚刚执业对客户的把握还不那么精准，害怕没有做好工作丢掉客户，丢掉客户又非常自责和懊恼。焦虑和迷茫肯定是存在的，每个人都会有这个阶段，要沉得住气。对于工作中的问题，要复盘总结，但不能患得患失。我有个创办企业的朋友，放手让团队去做事，他说总会有几个盘子被砸掉的，不能害怕失败就不去做了。我曾激励自己，谈成一个客户，续约一个客户，或者打赢一个官司，我就给自己买一个好东西，例如笔、电子产品、衣服等。这是我保持积极状态的一种做法，效果比较明显。

3. 机会成本问题

实际上，越早走出这一步，成本越低、损失越小、机会越大。我只做了很短时间的律师助理和授薪律师就独立执业，那个时候，我没有什么成本，无非就是业务好不好的问题。如果拿到律师执业证五年后还在做授薪律师，即便能够拿到1万元至2万元的月薪，其实也是个负担，因为这个时候再选择独立执业，机会成本就是20万元的年薪，没有几个人有勇气放弃。何况这时独立执业，要和年轻人一起拼业务、拼客户，而自己已经端起的资深律师架子放不下来。这也是很多从法检部门转行做律师的人，开始不太适应的原因。我当初从企业下岗出来，内心并不焦虑，因为我无家室负担，养活自己就行，几乎没有成本，未来的收益只会越来越高，所以我内心积极向上；而现在很多企业在裁员降薪，那些高薪员工是最痛苦的，因为拖家带口，负担很重,而且年龄超过三十五岁,技能也基本固定,在市场上面临选择,正处于机会成本最高的时候。所以,在独立执业这个事情上,宜早不宜迟!

五、独立执业前的准备

准备独立执业,从战略上不能动摇,不能畏惧;在战术上要做充分的安排、周密的准备。我当时从那位年轻主任的团队出来独立执业,到自己和朋友一起合伙办所,中间走了很多弯路,幸好及时做了调整,但如果当时能够考虑周密一点,可能会有不同的安排。

我认识的一位年轻律师,他为独立执业稍微做了一些准备。他入行前是一位汽车销售代理,有很好的销售经验,通过律师实习期后,他就选择了独立执业。他从自己熟悉的汽车行业开始做律师业务。他在从事汽车销售代理期间,认识很多购车的客户,这些客户很快就成为他做律师业务的客户。这些客户有车辆保险、交通事故索赔、与4S店的维修纠纷等事务,基本交给他处理,他慢慢地与客户产生了黏性,客户商务方面的事务也慢慢交由他处理了。他从一位实习律师成为一位有稳定业务的执业律师,仅用两年时间。他的快速转型和切换,给我们很多启示。

独立执业前要有如下准备。

1. 突破自己固有认知

人永远赚不到自己认知之外的钱。《论语·子罕篇》有言:"子绝四:毋意,毋必,毋固,毋我。"意思是凡事不主观臆测、不想当然、不固执己见、不唯我独尊。我们在实习律师期间、工薪期间,不用接触客户,不用独立面对具体的业务问题,会有很多固执己见、钻牛角尖的情况。比如,我和一位年轻律师一起工作,我多次提醒她,开庭前一定要和客户沟通到位,反复确认。她觉得自己应该讲清楚了,这不就是个小事吗?但到了开庭的时候,客户该带来的文件就是没有带来,而且客户还说她没有提醒,十分被动。我说,你不要想当然,你如果当时给对方发一个清单,保留了依据,那对方还能怎么说?她现在就学到了经验,第一时间和客户沟通,发书面的清单;给法庭寄材料,一定保留凭证，并和法官助理沟通好细节；收到裁决书，一定拿到送达回证。突破自己的固有认知，这是独立执业的第一步。

2. 准备启动资金

准备独立执业要和家庭做好沟通，储备三至六个月的生活费用。毕竟这是一个有风险的决定，不能确保自己顺利度过这个时期。六神磊磊在他的一篇文章中说，当时准备从单位出来做独立自媒体创业，他不能确保自己立得住，做了资金上的准备。即便没立住，还有几个月的周转时间，不至于那么被动。如果有条件，可以给自己购置一辆车（二手车也行），一台好用的电脑，这些都是生产力工具，方便工作，够用就可以。我也听说有给自己买间公寓做工作室的律师（我以前买过两间公寓做自己律师事务所的办公室，目前还没有亏，但现在估计要慎重），有这个条件当然更好，更有利于开展工作，但投资较大，就丰俭由人了。

3. 建立链接

就像我认识那位从汽车销售转行的朋友那样，你要搜集自己潜在客户的名单或者你要告知周边能联系得上的亲友，你准备做独立执业律师了，希望他们能够知道你职业的发展变化，并且要展示出自信；请他们聚一聚，谈谈你的想法，或者到他们办公室拜访一下，记得准备一份你的资料和伴手礼；也要和律师事务所的资深律师建立好联系，让他们了解你的专长和执业精神，和他们做好合作。

要做成任何一件事，只有走出第一步，摆出了架势，才会有机会。尽快独立执业，律师成名要趁早！

第二节　获取自己的第一波客户

我为一家"城中村"（集体经济组织）做了十几年的法律顾问。由于城市化发展，城市周边的农村集体经济组织已经没有农业生产了。村集体成员生活拆迁安置后，村集体名下还有大量的土地房产用于生产、生活安置，我们这边称为"两安用地"。这些土地房产基本租赁给公司商户用作物流园、商铺经营。同时，"城中村"也面临集体经济组织的股份制改革，从农村联产承包转变为从事工商业活动的经济合作社、有限公司等，会面临集体经济组织人员身份转换、权益确认等问题，有大量的工作、纠纷和诉讼产生。比如嫁出去的女儿户口还在娘家，有没有股权待遇，能不能享受房屋安置；又如，在人口截止日后出生的人口，能不能享受集体经济组织成员身份待遇，有没有股权分配等。这些问题背后，都隐藏着很大的经济利益，是具体而且争议极大的问题。当时我在一个街道办事处担任法律顾问，主要做纠纷调解工作，和周边很多村集体有工作上的交集，当时这些村还没有聘请法律顾问，所以我想能不能做这些村的法律顾问工作。

我和同事设计了一个专门为"城中村"提供法律服务的方案，着重为"两安用地"以及"城中村"股份制改革提供法律服务，为社区居民提供法律咨询服务。在这个方案的基础上，我们开展了一项"百名律师进百家社区"的公益法律服务活动，组织律师事务所的百名律师，分别联系区域内的百家社区，开展公益法律宣传咨询服务，这项活动也得到了当地区政府的支持。这项活动完成后，我们担任了十几家"城中村"的法律顾问，很多律师通过做社区的法律工作，承接到一些诉讼委托。这项活动虽然过去十多年了，但因为规模大、时间长，仍然被很多当地村干部记得。

活动结束后，一些服务社区、"城中村"的律师陆续退出，当地区政府、司法局等机构也拨专款为社区聘请法律顾问，这个活动成为政府基层法律服务的一个延续。而我最多的时候担任了三四家"城中村"的法律顾问，现在则一直担任一家"城中村"的法律顾问，见证了这个村的变化，村集体改为合作社，村民转化为合作社股东，又陆续收回自己对外出租的土地自营物流园，建设几期安置小区，慢慢从农村变为城市。

我曾和一位年轻律师合作。他入职律师事务所，做的是行政岗位，拿几千块的固定薪酬。我说这么做不太适合他，建议他和我一起做点事。他没有犹豫，就开始独立执业了，前期我们合作做了一些业务，包括上面讲的那项"百名律师进百家社区"的活动，他也被聘为几个社区的法律顾问,这是使他在行业中立足的第一批客户。接下来,我和他合作中标了一家工业企业的破产管理项目,这个业务周期很长,他一直在里面负责项目,慢慢积累了很多破产项目操作的经验,接着他又合作中标了几个破产项目,慢慢成为破产法律服务领域的专家,现在他带团队在全省开展很多项目。其实深耕一个领域,只需要几年时间就能够成为这个领域内的资深人士。他只用了几年时间,成为湖南省破产管理人协会的副会长。

这些都是一些机缘巧合的事。无非是不是发现了中间的一些机会,能不能去把握这些机会,能不能创造这些机会。

一、不要有路径依赖

实习期的时候,跟着什么样的带教老师,在什么样的团队里,独立执业后,会对之前形成路径依赖。我做律师助理和授薪律师,基本上做的都是公司客户以及与公司相关的诉讼,积累的也是公司、合同诉讼方面的技能。在独立执业的时候,也以公司业务作为方向,沿着这条路径,我做了很多初创企业的法律顾问,也为一些初具规模的公司提供法律服务。对我来说,说得主观一些,会形成我的路径依赖,因为走这个方向,我更熟悉、更轻松。

我和一位做娱乐法业务的律师是好朋友。他的很多客户是本地媒体的资深人士或者电视台的当红花旦。他进入这个领域其实出于机缘,因为他当初代理一家知名企业,做商标维权业务,有力打击了本地市场上的假冒伪劣商品。而这个品牌的代言人是当地的知名主持人,就委托他做了几件自己的名誉权侵权案件。这个朋友做事很利落,于是顺利在娱乐圈出名了。有知名业界人士推荐和助力,他拓展业务就更加顺手。

我和另外一位做刑辩业务的律师也是好朋友。他结交各行各业的奇人异士,还有好多老乡和同学。他只做这些认识的人的业务,不做不认识的人的业务,也不在乎律师事务所品牌环境,一年也不去律师事务所几天。最近他和我说,业务有压力,还是认识的人太少了。

有的律师从检察院辞职出来,有的律师从法院的专业庭室辞职出来，都是借助以前的工作经验和能力积累来做业务，前期肯定有很多助益，但后期是否能够突破，就需要花更多的时间和精力。我们刚刚执业，也肯定要沿着之前的路径，否则无法打开局面。但这里会有一个问题，我们对业务和技能一旦产生路径依赖，不太愿意切换路径，不太想做产品和服务上的创新，就很有可能失去一些机会，业务也会出现问题。

我和一位年轻律师沟通，问他要不要合作做一个好点的产品推向市场，他有些犹豫，因为做产品创新需要花费一些时间，也需要对自己的知识结构和客户重新定位和梳理调整，前期会有一些损失，后期能否产生好的业绩也不能确定。

我说这个的意思，就是即便开始独立执业，可以沿着之前的路径，但绝对不能产生路径依赖。既要低头走路，也要抬头看天。只有在服务上创新，在客户细分上创新，在自己的思维认知上有突破，才可能在这个竞争激烈的领域内立得住。

二、客户是分波次的

我现在有比较深切的感受，我职业生涯中的客户，是分波次出现的。开始独立执业的时候，能够借助的资源是担任授薪律师期间认识的一些客户，他们会断断续续地委托我一些业务，并且做一些转介绍。我做了一些离婚、债权清收以及交通事故赔偿案件，撑过了独立执业的第一年。后面开始和朋友合伙办律所，自己的技能有了提升，有客户开始聘用我们担任法律顾问，带给我们一波资源，我们拿到机会，继续通过转介绍发展客户。然后，自己开发了一个创业机构法律顾问产品，又承接了一波客户，担任了二十几家小微企业的法律顾问，承接这些客户很多诉讼仲裁业务。后来再转到一家大型律师事务所平台，借助平台的影响，开发了一波集体经济组织客户，为其提供了好几年的服务，后面又开发了很多家知名公司的法律顾问服务，做了这些公司大量的诉讼和非诉法律服务。

我在想，再往前走，新的一波客户在哪里？这些客户势必是在原有客户的基础上开发出来的，或者通过原有客户转介绍过来的，会有一些更新,会有一些变化,但肯定不是凭空出现,而是传承有序的。这是个规律。在职业生涯中,我们会不断遇到不同的人,随着经验不断积累、资历不断提升,客户圈层会越来越高,这是一个过程,不要担心错过,也不要纠结过往。人总是要朝前看,莫回头。

三、执业之初的第一波客户来源

一是做律师助理和授薪律师时候积累/私藏的客户,这是原始积累。我离开团队后,曾服务过的某家国企的业务负责人给我推荐了一个供应商,这家公司是我独立执业后的第一个公司客户,我帮其代理了很多人身损害和合同纠纷的案件。一般而言,之前团队负责人不会太计价你拿走一两个普通客户,这也是给你独立执业的助力,你只要不拿走团队的核心客户,不引起公愤就可以。

二是资深律师介绍过来的客户。资深律师处在优化客户的阶段,不是这些客户不优质,而是可能不符合资深律师的发展方向,但这些客户还是需要服务,就转介绍给自己信任的年轻律师。资深律师是我们独立执业的宝贵资源,要好好把握。有位资深律师要退休,退休之前,将自己的客户全部介绍给一位年轻律师,这位律师很快就成为律师事务所的高级合伙人;还有一位律师准备投资其他项目,自己也服务了不少客户,总得有个交代,他也是将这些客户全部转介绍给一个团队维护,平时和客户聚聚会,让客户参与他的投资,这样的情况也存在。我不是什么资深律师,但也经常将不适合我的案件及客户介绍给新执业的律师,也能够解决他们的案源问题。这些客户,如果他们维护得好,可以变成他们的客户,对我而言并无损失;对客户而言,有律师为之服务;对新执业的律师而言,是客户的积累,何乐而不为啊!

三是律师事务所的公共案源。很多规模大一点的律师事务所,做了一定的推广,就会有客户打电话咨询,或找上门来咨询,律所的客服部门会接待,并根据专业或成交率的不同,指定刚刚执业的律师来承办。你如果成交率高,客服一般都会指定你来做。只是要分配一些收益给客服部门,但这也是个好的渠道。

四是转介绍获客。自己在服务客户过程中,通过客户转介绍获得的客户的忠诚度都还不错,不会到处比对,不会和你砍价。我担任法律顾问单位的老板,经常将他们的朋友、亲属、合作商介绍给我,这些客户都很优质,从来不讨价还价,也尊重我的服务,而我也省去了很多开发费用和沟通成本。所以,执业之初要特别重视质量,不要过于计较得失,尤其对于种子客户,要尤其重视。

五是自己开发。刚刚开始执业,虽然自己开发能力有限,但不可以不尝试。现在的开发渠道太多了,各种领域其实也大量需要法律服务,只是你要有慧眼。我有位律师助理执业后第一波客户,就是她买的房子烂尾了,她组织了一个业主维权群,帮烂尾楼盘业主维权,然后她赢得了赔偿。只要你有心思,没有路径依赖,又还有点技能,而且也还积极,是不愁业务的。很多人生怕找不到客户,其实,只要用好上面几个渠道中的任何一个,就不难找到执业之初的第一波客户。

四、要重视种子客户

我这几年的主要业务是为连锁企业提供法律服务。最近我的一个律师朋友发短视频,也提到了他在发展连锁企业客户。他不知道,我的第一波客户,就是做连锁经营的,连锁书店、连锁幼儿园、连锁药店、连锁餐厅等。这些客户是我的种子客户。种子客户在我们独立执业之初非常重要。

首先,种子客户能够验证我们的服务方案是否成功。我做一套法律顾问方案,需要由市场检验,只有种子客户才愿意真金白银地支持我。种子客户有时还会对服务提出意见、建议,给出一些好的反馈。

其次,种子客户有足够的忠诚度。我现在很多客户,还是我独立执业之初的那一波客户,大家在一起成长,建立了信任,也互相了解。种子客户也会为我做推广和转介绍,这点尤其重要。而且,相对于新开发客户,种子客户的维护成本更低,续约率更高。

最后,种子客户决定我们一个阶段的执业走向。我对种子客户的态度是,不管我多忙,我都亲自服务,不假手于人。比如我做连锁客户的业务,对于这些连锁客户的需求,都是亲自来做,无论是一个法律咨询，还是一个合同修订。我不分彼此，所有客户一样重要。为什么呢？因为种子客户决定我一个阶段的执业走向，我如果还继续做连锁行业的法律服务，就得时刻关注客户的业务变化，跟着客户的节奏工作。如果我将他们的业务转介绍出去了，就说明这个领域我不再关注了。

种子客户和重要客户有一定区别。种子客户，一定是重要客户，但重要客户，不一定是种子客户。所谓重要客户，可能是某一个时间段占我们收入比重较高的客户，比如占到我们收入的30%。我的一位学生有一年一单收入近百万元，但那只是一件风险代理的收费，这个客户做完这单，就基本上没有其他方面的委托了。这单业务能够解决很多问题，但不足以决定业务发展的方向，不能将发展的希望寄托在这样的客户身上。

我们要有安排，要尽量让自己的收入曲线平滑，不能让单一客户的费用占收入的比例太高，否则就会"关心则乱"，被客户的需求绑架。如果失去这种大客单价的客户，我们的收入会产生很大的波动。我的做法是，要保持客户的数量，但客单价一定要做好安排，不能让单一客户占收入的比重太高，也不能让单一客户占用太多的时间。

种子客户支付的总律师费用也占我们收入的很大一部分，种子客户能够给我们带来更多的业务增量，种子客户影响我们产品服务的设计，也决定我们职业的走向。因此，我们必须对客户做一些分析，列出重点维护的种子客户，与种子客户一起成长。

第三节 和客户一起成长

最近一家客户准备去国外团建，邀请我一起参加。我说这是核心团队的福利，我参加不合适。他们说，是老板亲自安排，说我这么多年和公司共进退，帮助团队学习成长，希望能抽出时间一起出去走走。

每年年底，我都会收到客户的邀请，去参加他们举办的年会活动，见证他们一年的成就，分享他们的喜悦。因为我为很多公司服务了多年，看着很多公司从几家店，到几十上百家店，再到上千家店。年会的宴席,从几桌,到几十桌,再到上百桌。这个时候,我感慨道,我在和公司一同成长。

有一年,我帮助一位企业客户的老板解决了一个重大纠纷。我知道他很想感谢我,但不好表达。第二年,他要做一个新的项目,他很委婉地和我谈,说这个项目还缺一位合伙人,他们也需要律师的帮助,是否可以参与他的项目。这是一个机会,能够让我比较深入地了解一个行业的情况,我非常开心地参与了,现在这个项目运行得比较好,项目公司的规模也在扩大。

一、那些成为过往的客户

我们的职业生涯中会有很多客户匆匆来过,和他们有点交集,又相忘江湖。我有时也会复盘,为什么会丢失客户。

有一个客户服务了快十年,但前几年不再续约,主要原因是交给我的一件案件没有办好。我将这个案件交给学生处理,案件代理费收得很高,输得却很惨。这个案件我要担责,代理费应该退还一部分才合适。因为这个事情,我很长一段时间状态不好,不是因为丢客户损失了收入,而是因为自己工作这么多年,却犯低级的错误。

也有主动放弃的客户。 客户不是上帝,也可能是唯利是图的人,还可能是"挖坑"的人。有客户找律师的目的,并不是希望得到律师的法律服务,而是希望律师成为他们打击对手的工具,成为他们获取非法利益的帮凶。在办理刑事案件的时候,要特别注意,不能做那些"踩坑"的事情。有一年,我接待一个客户,去过一次他们的机构,觉得他们做的是正当的生意,但有一天,他们让我参加一个招商会议,我问是什么内容,我要做什么事,客户的办公室主任说,老板召集了一些上下游供应商和客户,宣讲他的合伙模式,希望搭建一个供应链平台,要我做法律上的见证和到会宣讲。我惊出冷汗,这该不会是非法集资的一种新玩法吧?我马上就拒绝了,这种事情,我不掺和,合作到此为止。这种客户,我们要谨慎识别,要赶紧远离。尤其刚刚执业的律师千万要警觉。

二、如何维护和客户的关系

对于维护客户关系,我做过一些工作,所以我的续签率还是比较高,客户的转介绍也比较多。在维护客户关系上,我一直坚持几个做法,可以给年轻律师参考。

1. 在维护客户利益的基础上,坚持自己的观点

有客户要求我解决一些确实强人所难的问题。比如双方合同约定了付款数额和付款期限,但客户就是不想付款,客户说你是律师,你想办法解决。我说,我可以按你的意见去和对方沟通,讲清楚我们的状况,尽量争取宽限付款期限,或者尽量按分期付款的方式支付,但有一点,对方可能不一定接受我们的意见,合同明确约定的事情,我们还是要履行。年轻律师可能会觉得很难处理,不敢坚持自己的观点,唯唯诺诺地去执行,既达不到效果,又可能惹上麻烦。

2. 在建立信任的基础上,指出问题

客户咨询一个可能出现严重问题的事项,最好不要随便回复。要评估和客户的信任程度到了哪个层次,如果还不够信任就不要直言,这是大忌。大多数人不想听真话,只是想验证自己的看法是否正确。这个时候你应该问他是什么看法,有什么想法。如果你觉得客户对你足够信任,那你就得指出问题的严重程度,提出化解的办法,这样才能有效。只要是人,都会有缺点,年轻律师要先和客户建立信任,再谈问题。

3. 认可你的价值,再决定是否持续合作

愿意为你付费,不一定认可你的价值;愿意持续为你付费,并对你的建议及时回复或采纳,才算认可你的价值。这两者有区别。我们这个职业,做到一定的程度,是参谋的定位,我们对一个事情只能提出建议,并不能左右客户的决策。如果客户不接受建议,那你不要劝,客户对自己的决策负责,我们不能参与其中,不要轻易加入别人的因果。如果你慢慢发现客户很自负、很固执、很虚伪,不要去说服他,要和他保持距离,要尽快结束这种合作。

三、如何与客户一起成长

律师要在"道""术""器"上和客户一起成长,甚至还要领先于客户的发展,才不至于跟不上客户,不至于丢失好的客户。

提高认知,和客户一起成长。 我执业很多年,见证了很多客户从小机构发展为大公司,当然,这有时代红利的因素,也有机缘巧合的因素,但不可否认,有客户认知成长的因素。有句陈词滥调说,你不可能赚到认知之外的钱,你凭运气赚来的钱,可能会凭实力亏掉。这个话有一定的道理。我的很多客户在经营企业的过程中一直在学习,一直走在行业的领先位置,这和他们认知提升有很大关系。我为了跟上客户的发展也在不断学习,不断提高自己的认知能力,这样沟通起来才不会觉得有差距。

增强技能,和客户一起成长。 客户是小微企业时,我不需要学习公司法的技巧,不需要学习管理知识,不需要懂公司治理,也不用学习股权激励和合伙人计划的设计。但当客户在一年年发展,规模一步步扩张,组织越来越复杂,我不学习新的技能就不能做好客户的服务项目,无法同步公司的发展进度。

迅速行动,和客户一起成长。 古龙在小李飞刀中说,"天下武功,唯快不破"。迅速行动,才能和客户保持相同的成长速度。有一次客户公司董事会开会,老板提出,公司要尽快梳理下一阶段的战略规划。我会后马上找了关于战略的各种专门作品来读,王志纲的书,迈克尔·波特的书,也运用学习到的很多战略分析工具来做公司分析。然后花了一周时间起草了公司下一阶段的战略规划建议报告。赶在下一次董事会例会时发给了各位董事。大家拿到这个报告,看完后都觉得很惊讶。

与客户一起成长,就是要警示自己,要敬畏市场,要尊重客户,技能并不能安身立命、高枕无忧,而那些一直服务的客户,一直买单的客户,一直尊重律师工作价值的客户,才是律师生存发展的基础。没有这些客户,我们空具屠龙之术而已。

我劝大家快点独立执业的意思是,律师本来就不是拿工资的职业,是一个用自己的知识技能,服务于认可你价值的客户群体的职业。一定要用工资去限制自己,显然没有认清这个职业的本质。

　　做人做事做职业,就像我多年前在南岳衡山看到的那个摩崖石刻,四个大字,"平正真诚"。我做这行快三十年,一直拿这个警醒自己,不忘初心,方得始终。

后记

2004年六七月间，朋友邀我合作开了一家律师事务所。到2024年6月，正好二十年时间。起初一起合伙的那些朋友，有的已经是一家大型律师事务所的主任，有的已经在商业上风生水起，有的已经再也联系不上，有的还在行业里做一些事情，比如我。二十年，弹指一挥间。

本书首次出版(2007年)至今已届十八年，上一版三本《在路上》系列律师助理进阶书籍，是我刚刚进入律师行业的一些心得体会。受当时的眼界、认知、格局、经验的限制，现在再看，还存在不少的不足和错误。所以，我沿着当年的脉络，重新进行梳理，将这十五年的经历、感受、成长补充进去，订正原来的不足和错误。

本书是我现阶段对律师行业的理解和看法，这里有我这些年的工作心得和成长轨迹。中间有我办理过的案件、服务过的客户、交往过的朋友、指导过的学生的影子，没有任何不敬，如果有不适、有不正确、有可以讨论的地方，也请一并指出。

如果有机会，再过十年，我还在这个行业，我可能会再次梳理那一个阶段的经历，再来出版。人生需要不断整理和复盘，如果能够给年轻律师提供一些小小的参考，也有价值。我们不能指望读完一本书，就能够完成自己的职场规划。这本书里，哪怕有一句话、一段文字、一个案例能够给亲爱的读者一点启发，作为一位行业中的老律师，就非常欣慰了。

最后，感谢我的太太、女儿对我写作的支持，她们在我写不动、想放弃的时候给我鼓励。感谢编辑老师的指导和斧正，能够让这些文字付梓。感谢我的合作律师,提供了部分案例文书作为示例。感谢我的律师助理、带过的徒弟给我提供意见和建议,让我知道年轻律师们对职业发展的心声。感谢所有支持我的朋友们,我会继续努力。

谢长宇

2025 年 3 月